北京联合出版公司
Beijing United Publishing Co.,Ltd.

圆明园

故事

阚红柳　主编

北京市圆明园遗址保护基金会
赞助出版项目

图书在版编目（CIP）数据

圆明园故事 / 阚红柳主编 . —北京：北京联合出
版公司，2023.5
ISBN 978-7-5596-6701-4

Ⅰ . ①圆… Ⅱ . ①阚… Ⅲ . ①圆明园—通俗读物
Ⅳ . ① K928.73-49

中国国家版本馆 CIP 数据核字（2023）第 034691 号

圆明园故事

主　　编：阚红柳
出 品 人：赵红仕
出版监制：刘　凯
责任编辑：申　妙
封面设计：刘　洋
内文排版：麦莫瑞文化传播有限公司

北京联合出版公司出版
（北京市西城区德外大街 83 号楼 9 层　100088）
固安兰星球彩色印刷有限公司　新华书店经销
字数 206 千字　787mm×1092mm　1/16　19 印张
2023 年 5 月第 1 版　2023 年 5 月第 1 次印刷
ISBN 978-7-5596-6701-4
定价：68.00 元

目　录

多少人与事

帝后在御园

牡丹台往事

康熙四十六年（1707），康熙帝将北京西北郊畅春园北面的一座园林赐给第四子胤禛，即后来的雍正帝，并亲自命名为"圆明园"。牡丹台，就是后来圆明园四十景中的"镂月开云"，位于后湖东岸，南临曲溪。殿前种植牡丹数百株。花开时色彩缤纷，争奇斗艳，自成一景。雍正帝曾做诗赋之："叠云层石秀，曲水绕室斜。天下无双品，人间第一花。艳宜金谷赏，名重洛阳夸。国色谁堪并，仙裳锦作霞。"

据《清圣祖实录》记载，从康熙四十六年（1707）到康熙六十一年（1722），康熙帝曾12次临幸圆明园。康熙六十一年三月二十五日，康熙帝受皇四子的邀请来到圆明园牡丹台观赏牡丹，不仅胤禛随侍在侧，时年十二岁的弘历也被召见，祖孙三代共享天伦

圆明园四十景之　镂月开云

之乐，这也是弘历首次见到祖父。据说康熙帝见到弘历后，爱其聪明伶俐，很快便宣谕召至宫中养育。

弘历来到宫中后，从生活起居到学业教授，都受到祖父的悉心关照。他曾在避暑山庄里的颐和书室读书居住，康熙帝特命两名年轻的妃子佟佳氏和瓜尔佳氏，住在书室旁边的静佳室，照顾他的日常生活。康熙帝不仅曾"亲授书课，教犅有加"，还命翰林院庶吉士福敏教其读书，令二十一阿哥贝勒允禧教其骑射、十六阿哥庄亲王允禄教其火器。并于出巡时时常带在身边，在实际中锻炼和培养他的治国才能。乾隆帝在嘉庆元年（1796）曾回忆道，在入宫后不久，他即随同祖父前往木兰围场行围。行围前，在山庄门进行较射，康熙帝让他在侍卫们面前表演射箭，他连发五箭皆中，得到祖父的赞扬并获得黄马褂的奖励，这件事令其毕生难忘，后来做诗记之："阅射门前却自思，髫龄曾此沐恩慈。"在狩猎时，康熙帝用枪射倒一只熊，熊伏地久久不动，令御前侍卫引矛刺之，弘历此时将要上马，随后熊忽然突起扑面而来时，弘历在马上镇静自若，康熙帝急忙用枪将熊击毙，见弘历无事方才放心，并感叹地说："伊命贵重，福过于予。"又一日，"虞人告知有虎，皇祖命二十一叔父往，予奏愿去，皇祖抚予颊曰：'俟朕往之日携汝去。'"尽管时间已过去70余年，但乾隆帝每念及此，仍"辄不禁潸焉涕下也"。

弘历初见康熙帝时，曾为祖父背诵过周敦颐的《爱莲说》，流畅准确，康熙帝大悦，书写条幅赠予他。乾隆帝日后在《恭瞻皇祖御笔感赋》诗中回忆道："寸心已觉趋陪幸，尺幅曾颁翰墨光。"昭梿的《啸亭杂录》中对弘历幼时的聪颖亦有记载："纯皇少时，天资凝重，六龄即能诵《爱莲说》。圣祖初见于藩邸牡丹台，喜曰'此子福过于我'"。弘历在康熙帝身边"日承提命，历夏阅秋"，达5个月之久，直至康熙帝在畅春园病逝。

不管是胤禛的精心安排，还是无意中的巧合，总之这次牡丹台会面使得弘历在康熙帝的最后半年时光里占有了一席之地，也成为他后来所津津乐道的幸事。雍正帝曾自撰《圆明园记》，里面提到这次盛事："仰荷慈恩，锡以园额曰圆明。朕尝恭迓銮舆，欣承色笑。庆天伦之乐，申爱日之诚。花木林泉，咸增荣宠。"雍正四年（1726），雍正帝又御笔"序天伦之乐"匾文，命造办处做成木匾。

次年，做得，悬挂于牡丹台。弘历登基后，为纪念祖父当年的宠遇之恩，多次题咏此处。如乾隆九年（1744）咏"镂云开月"：

> 云霞卷绮疏，檀麝散琳除。最可娱几暇，惟应对雨余。
>
> 殿春饶富贵，陆地有芙蕖。名漏疑删孔，词雄想赋舒。
>
> 徘徊供啸咏，俯仰验居诸。犹忆垂髫日，承恩此最初。

在诗注中，乾隆帝写道："予十二岁时，皇考以花时恭请皇祖幸是园，于此地降旨，许孙臣扈侍左右云。"牡丹台赏花，成为乾隆帝少年时光里最难以磨灭的记忆。乾隆三十一年（1766）手书纪恩堂匾额，悬挂于圆明园镂月开云殿内，并御制《纪恩堂记》一文；三十八年（1773），乾隆帝再次御题纪恩堂匾额，悬挂于曾随驾住过的避暑山庄万壑松风大殿中，又撰写了《避暑山庄纪恩堂记》。他还命人镌刻了两方"纪恩堂"宝玺，并将两篇《纪恩堂记》制成玉册，分别储存在以上两处纪恩堂。两篇文章"名同而实异，文异而事同"，"圆明园之纪恩堂纪受恩之自，避暑山庄之纪恩堂纪受恩之迹"，均表达了对康熙帝鉴识和教诲之恩的感念以及自己勤勉执政、继往开来的努力，如《纪恩堂记》中说：

"若今纪恩堂之题额，实因纪皇祖之恩。……至予小子之恭承皇祖恩养育宫中，则在康熙壬寅春，即驾临之日而觐于斯堂之内云。斯堂在圆明园寝殿之左，旧谓之牡丹台，即四十景所称之镂月开云者，向于诗中亦经言及。惟时皇考奉皇祖观花燕喜之次，以予名奏闻，遂蒙眷顾，育之禁廷，日侍慈颜而承教诲。即雍正十三年诏尚以是为言。故予小子自践阼以来，敬惟古帝王所以凛承付托者，不过于其考，或偶于其祖，若予则皇祖、皇考付托所荐重。言念及此，

鏤月開雲

殿以香楠為材霽二色瓦煥若金碧前植牡丹數百本後列古松青青環以雜蘤名葩當暮春婉娩首夏清和最宜嘯咏

雲霞蔚綺跣檻麝散琳除家可娛幾暇惟應對雨餘〔值牡丹四月始盛而京師率雨時朕幸圓明園屆宴賞者祗一次耳〕殿春饒富貴陸地有〔指己七年而花時〕芙蕖名漏歟刪詞雜想賦舒徘徊供嘯咏俯仰驗居諸猶憶垂髫日承恩此寂初請予十二歲時皇考以花時恭〔皇祖辛是園於此地降〕

侍自許孫臣雲庭左右云庭

镂月开云咏

自视常若不足，遑敢弛朝乾夕惕之志？故凡出治临民，罔不尽心筹度，日慎一日，至于今三十年，仰蒙天佑，内恬外辟，政虽未臻上理，而民则可谓粗安。此所谓差不负皇祖之恩者乎！"

在《避暑山庄纪恩堂记》中写道："及从皇祖来避署山庄，乃赐居斯堂之侧堂，即三十六景中所谓万壑松风者。夙兴夜寐，日规天颜。绨几翻书，或示章句；玉筵传膳，每赐芳饴。批阅章奏，屏息侍傍；引见官吏，承颜立侧。或命步射，以示众臣。持满连中，皇祖必为之色动。"

乾隆帝将与祖父相处的点点滴滴，尽皆记录在案，细腻而动情，娓娓道来，祖慈孙孝之感跃然纸上。乾隆帝在写《避暑山庄纪恩堂记》之时，已年过花甲，在他的治理下，清王朝进入鼎盛时期，疆域平定，四海升平，统治平稳，乾隆帝大概觉得自己所取得的成就足以告慰祖、父的知遇之恩和培养教育，故有此文。

雍正帝和乾隆帝父子二人的种种记述，似乎让人有一种感觉，胤禛、弘历相继继承帝位与祖孙三代在圆明园的这次相会不无一定关系。事实上，乾隆帝本人亦不断在暗示这一点，刻意营造了一种圆明园相会成就了其日后登基的神秘色彩。如康熙帝在众多子孙中对他的特殊宠爱，"当年诸孙行，惟我承恩最"。嘉庆元年，他在《恭谒景陵》诗注中又说："予幼龄仰蒙皇祖恩眷，养育宫中，俾得日侍左右，亲聆训言。盖圣鉴洞烛至今，隐有付托之意，每一念及，感慕难名。"康熙六十一年（1722）七月二十日，胤禛请康熙帝前往避暑山庄自己的居住之所——狮子园进宴，当弘历的母亲钮祜禄氏面圣问安时，康熙帝当面夸赞其为"有福之人"。雍正帝在遗诏中也特别提到："宝亲王皇四子弘历秉性仁慈，居心孝友。圣祖皇考于诸孙之中最为钟爱，抚养宫中，恩逾常格。"诸如此类的叙述，都直指弘历日后登上帝位的必然性。

随后，这种说法又开始逐渐官方化。官方权威记载最早见于乾隆帝裕陵的《神功圣德碑》，碑文中记道："（帝）年十二，随世宗初侍圣祖，宴于牡丹台，一见异之曰：'是福过于予。'厥秋扈驾避暑山庄，暨木兰行围，躬承恩眷。详见圣制《纪恩堂记》，于是灼然有太王贻孙之鉴，而燕翼之志益定。""燕翼贻谋"出自《诗经·大雅·文王有声》："武王岂不仕，诒厥孙谋，以燕翼子。"指周武王欲传

恽寿平　牡丹图

位于孙，而安抚其子。"太王贻孙"也是一个故典，出自《论衡·初禀》。据说周朝奠基人太王古公亶父有三子：长子太伯、次子虞仲和少子季历。季历生子姬昌，太王独喜此孙，说："我世当有兴者，其在昌乎！"于是太伯知之，乃辞之吴，文身断发，以让王季。文王受命，谓此时也，天命在人本矣，太王古公见之早也。最终文王成就了一番霸业。《神功圣德碑》通过这两个典故点明了康熙帝因默定弘历为皇朝继承人而传位于皇四子胤禛的密辛。

　　嘉庆十二年修成的《清高宗实录》开篇即明确表达了这层意思，

"上之福祚久长，良由圣祖深爱神知，默定于前；世宗垂裕含诒，周注于后，用以继绳一体，锡天下臣庶无疆之庥。"后来，昭梿在《啸亭杂录》中也记录了弘历行围遇熊一事，并提到康熙帝的评论是："此子诚有福，使伊至熊前而熊立起，更成何事体？"由是益加宠爱，而燕翼之贻谋因之而定也。在最高统治者的推波助澜下，此说似乎已经定性。

而据《朝鲜李朝实录》记载，早在康熙六十一年十二月，朝鲜使者在回国后，就透露出这样的信息："康熙皇帝在畅春苑病剧，知其不能起，召阁老马齐言曰：'第四子雍亲王胤禛最贤，我死后立为嗣皇。胤禛第二子有英雄气象，必封为太子。'仍以为君不易之道，平治天下为要，训诫胤禛。解脱其头项所挂念珠与胤禛曰：'此乃顺治帝临终时赐朕之物，今我赠尔，有意存焉，尔其知之。'又曰：'废太子皇长子性行不顺，依前拘囚，丰其衣食，以终其身。废太子第二子朕所钟爱，其特封为亲王。'言讫而逝。"康熙帝对弘历的看重，看来在当时已是流传开来，并非宫闱秘事。

从弘历自己的登基之路来看，其实异常平顺，可以用顺理成章、波澜不惊来形容。雍正帝共有十子，按出生的次序依次是弘晖、弘盼、弘昀、弘时、弘历、弘昼、福宜、福惠、福沛、弘曕。其中，福宜、福惠、福沛三子因幼时即已夭折，故玉牒中只以乳名登记入谱。据《清史稿》之《诸王传六》载，弘晖生于康熙三十六年（1697），为嫡福晋乌拉那拉氏所出。但在康熙四十三年（1704）就夭折了，年仅八岁。弘历即位后，特追赠他为亲王。弘盼与弘晖同年，晚生三个月，三岁时殇逝，虽经命名，未予齿序。弘昀生于康熙三十九年（1700），四十九年（1710）殇逝，年十一岁，齿序上称为皇二子。弘历生于康熙五十年（1711），称皇四子。雍正十年

（1732）赐号长春居士。十一年（1733）晋封宝亲王。弘昼与弘历同生年，小三个月，称皇五子。雍正十年，赐号旭日居士，次年封和亲王。《清史稿》记其性格"骄抗"、"奢侈"，最喜排演自己丧礼，使家人祭奠哀泣，他从旁欣赏，引为乐事。福宜生于康熙五十九年（1720），第二年殇逝，未及正式命名和齿序。福惠生于康熙六十年（1721），母亲为贵妃年氏，是川陕总督年羹尧的妹妹，曾是雍正帝最喜爱的皇子。雍正三年十一月初三年羹尧被杀，十一月二十二日，年妃薨于圆明园。福惠于雍正六年（1728）殇逝，年仅八岁。雍正帝特命照亲王例殡葬。福沛生于雍正元年（1723），降生不久即夭殇，未命名亦未齿序。弘曕生于雍正十一年（1733），是雍正帝最小的儿子。乾隆三年（1738）将之出嗣为康熙帝第十七子果亲王允礼，袭封郡王。

由此可知，雍正帝虽有皇子十人，但有六子都是在十岁左右或更早时就殇逝了。能活到成年的仅有四子，由于第十子在雍正帝掌政期间还是稚童，因此，雍正帝在位期间，实际上能够任用的只有三子。雍正元年十一月十三日，值康熙帝周年忌辰，总理事务王大臣等以雍正帝一年之中已两次往谒陵寝，奏请"以礼制情，停止亲谒，于诸王内命一人恭代"。雍正帝接受此建议，"命皇四子弘历祭景陵"。弘历此时仅是一个13岁的孩子，而且没有任何爵号，祭陵大典，且是圣祖周年初祭这一关乎国家礼法的隆重大事，竟让一个未成年的皇子恭代，可见雍正帝之用意。雍正二年，康熙帝的第二次忌辰，代皇帝恭谒景陵的仍旧是"皇四子弘历"。雍正帝心目中的太子人选昭然若揭。雍正即位后就在"正大光明"匾后恭藏的传位密旨的皇太子之名也就没有任何悬念了。雍正帝驾崩后，弘历没有任何障碍地顺利登基。

　　因此，乾隆帝本人的继位不存在任何合法性的问题，那么，他为什么还要不断地强调自己是在祖父的期许和默认下得以继承大统的呢？反而将直接授位于他的父亲置于次要位置，这似乎有些不合情理，背后的原因究竟是什么？谈及继位合法性问题，就不难想到康熙帝晚年激烈的储位之争和雍正帝继位在当时引发的流言蜚语和朝野纷争。

　　康熙六十一年（1722）十一月十三日，康熙皇帝在畅春园驾崩。康熙第四子、雍亲王胤禛继承皇位，即雍正皇帝。但是，自雍正当上皇帝的第一天起，他的继位合法性就遇到了挑战。雍正七年（1729），雍正帝亲自撰文为自己辩白，将其文收录《大义觉迷录》中，以官方之手广为刊布，试图消除世人对其继位合法性的怀疑。但事与愿违，非但未能解惑，反而流传益广。关于他改诏篡位的传说，几百年来，人人乐道，代代袭衍，不但屡见于野史记载，而且在民间口头、文艺创作中广为流传，甚至连影响极广的权威工具书《辞海》在"胤禛"条中，也将此作为附释。自民国以来，历史学者们对这一谜案也在不断进行争论，继位合法说和非合法说反复纠缠，辩论不止。康熙帝因喜爱弘历而传位于他们父子一说，是持合法继位说的一个论据之一。

　　康熙帝晚年饱受立储的困扰，诸子之中，谁更适合继承大统？这一问题始终萦绕于怀，难以明确表态。康熙帝对弘历的钟爱除了舐犊情深，是否还有更深的政治期许呢？乾隆帝继位后，屡屡提及祖父认为自己命格贵重、福泽深厚，是为了渲染自己授命于天的正统性还是康熙帝真做此想呢？康熙帝一生多有建树，无论是在军事还是政治问题的处理，均以审时度势、果决裁断为后世所称道，唯在选立继承人一事上瞻前顾后，优柔寡断。在他的各种考量中，是否信"天命"应该是一个重要因素。我们今天觉得迷信的事情，但在古代中国则是顺理成章、合情合理的，"天命""天运"等学说是历朝历代统治者都在遵循的理论。康熙帝曾看过弘历八字，批语中有"此命贵富天然""为人仁孝""寿元高厚""妻星最贤最能""子息极多"之类，均符合《书经·周书》中定义的"五福（寿、富、康宁、攸好德、考终命）"包含的内容。因此，尽管康熙帝并未明确说过弘历将来有望继承帝位，但起码从其命格来看，是符合康熙帝心目中继承人的标准的，或至少是一个重要候选人之一。而弘历会一再强调自己是有福之人，从侧面也反映出康熙帝对这一因素视之甚重，执念很深。

康熙帝有子35人，孙辈上百人，是不是独独对弘历表现出了浓厚的兴趣和宠爱之情呢？有研究者提出反对意见，指出康熙帝虽然贵为天子，仍不能脱俗于含饴弄孙之乐，尤其是晚年，对幼子和孙辈表现出了特别的关爱之情，身边经常有子孙陪侍，弘历只是其中的一个，且陪侍时间较短，只有半年。有的子孙陪伴时间更长，如其幼子允祕、允禧均素为康熙帝所钟爱；孙辈中，康熙帝最为钟爱的当是废太子允礽的第二子弘晳。时弘晳已经成人，作为皇长孙，地位与众不同，且人品、才干俱佳。据朝鲜国使臣说："皇长孙颇贤，难于废立。或云太子之子甚贤，故不忍立他子。"连朝鲜国使臣都知道的如此清楚，可见弘晳一定是被康熙帝所喜爱和重视的。因此，如果挑选储君要考虑第三代继承人的话，膺选者可能是成年的弘晳而不是尚在幼龄的弘历。但反过来而言，弘晳即使再如何优秀，在继承制度森然的封建社会里，其父已经丧失了继位资格，他是万万不能越过其父而登上大宝的。《朝鲜李朝实录》所载，康熙帝临终之时依然牵挂废太子父子二人，留下遗言善待废太子并封弘晳为亲王，已成全与废太子的父子之情，从情理上说，更为可信。尤其是，这些安排以后都一一应验，可见李朝实录并非捕风捉影，凭空杜撰。当然，亦不能排除胤禛的有意安排和宣传。

另外，史家对雍正帝的评价观点大为不同，赞同者和反对者各执一词，对一个皇帝来说，得到后世如此迥然不同的评价，在历史上并不多见，但研究者基本都认同他是一个工于心计、深藏不露的人，在诸王争储的激烈斗争中，以邀请父亲赏花为名，将自己的儿子弘历引见给父亲，博得父亲的好感，也不失为一步好棋。康熙帝在位时间长达 61 年之久，有能力争夺皇位的皇子们岁数均已不小，对孙辈的考察也自然成为关系到祖宗基业能否顺利延续的关键要素，一个聪明伶俐且"富贵天然"的孙子会大大增加自己继位的竞争力。事实上，弘历的"生辰八字"也正是由胤禛巧妙地送到了父亲手中，康熙帝果然将弘历带到宫中养育，成就了一场祖慈孙孝、燕翼贻谋的历史佳话。如果此推断成立，那么，看似不经意的圆明园牡丹台相会，实则对清朝历史进程发挥了重要的影响作用，尽管这一说法并不能消除古人和今人对雍正帝继位正统性问题的怀疑。

乾隆帝一生皆奉其祖为自己之楷模，时时怀念，不断效仿。在位六十年后，自己主动退位让于嘉庆帝，原因如其在《驻跸桃花寺叠丙申诗韵》自注中所言："皇祖八龄登极，在位六十一年，已属自古帝王所罕觏，予登极之初，焚香告天，在位得满六十年，即当传位，不敢上同皇祖六十一年，以次递增。然其时予已二十五岁，实未计传位时寿当八十有六，乃竟奎符初愿。今岁元日，授玺子皇帝，而精神强固，敕几训政，犹不减昔，此更为史册之所未有也。"甚至在南巡的次数上，也正好做到和康熙帝一样的六次。退位时，他对自己执政期间的功绩作了一次总结："我朝统一中外一百五十余年，皇祖及予两代在位一百二十一年，自汉唐以来史册具在，从未有此享年袭庆者。而予幼仰蒙皇祖教育，自省六十年来，敕几励政，无敢稍懈，有负眷顾深恩，想在天之灵亦垂鉴欣悦也。"从垂髫少年初见祖父，到耄耋之年终于可以与祖父比肩而立，他为没有辜负祖父鉴识之恩而感到欣慰，为把清王朝发展成为一个空前强大统一的国家而骄傲。他在《永佑寺瞻礼》诗注中记道："予六十年中耆定武功十次，平准噶尔者二，定回部者一，扫金川者二，靖台湾者一，降缅甸者一，降安南者一，降廓尔喀者二，其外如诛王伦、翦苏四十三，灭田五，乃内地奸民弗厷其事。予即位以来夙以佳兵为戒，凡此皆不得已而用兵，仰蒙天贶，克臻十全，岂非厚幸欤？"此生可以功德圆满了，故自诩为"十全老人"。后世对乾隆帝及其时代多有评价，褒贬兼有，但客观而言，这一时期，无论在疆域、政治制度、经济、文化、军事等各个方面，均达到了中国封建社会的顶峰，从这个意义来说，乾隆帝的确实现了祖父的心愿，可以告慰其在天之灵了。

（孙喆）

胤禛韬光养晦之地

清代大型皇家宫苑圆明园被誉为"万园之园"，最初本是康熙帝赐给皇四子胤禛（后即位为雍正皇帝）的一座王府花园，位于康熙帝长住御苑——畅春园北面不远处的"林皋清淑，陂淀渟泓"之地。圆明园的兴建可追溯到康熙四十六年（1707），即康熙帝第一次临幸之时，彼时该园已初具规模，"因高就深，傍山依水。相度地宜，构结亭榭，取天然之趣，省工役之烦。槛花堤树，不灌溉而滋荣，巢鸟池鱼，乐飞潜而自集"，是一座别致的水景园，以略近方形的后湖为中心。具体范围大致是前湖、后湖及其周围地段，面积约五六百亩。园门设在南面，与前湖、后湖恰好在一条贯穿南北的中轴线上，成较规整的布局。当时，园内主要是以葡萄院、竹子院、鱼池、菜圃等命名的比较自然化的景观，一定程度上具有文人隐士园的风格。十余年间，胤禛12次恭请父皇康熙帝来园游赏、进宴，并获康熙帝御赐园额"圆明园"。

胤禛即位为雍正皇帝后，圆明园升格为御园，并由此进入大规模的兴工扩建阶段。雍正帝按照畅春园理政与园居功能并置的模式，陆续添建不同风格的景群，并向纵深扩展园林范围。将原中轴线往南延伸，在南部建成了具备上朝、理政功能的正大光明殿和勤政亲贤殿以及内阁、六部、军机处诸值房，用以"避喧听政"，形成"外朝"部分，并与后湖四周帝后嫔妃居住的"内寝"部分共同组成了相对独立的"前朝后寝"区，俨然是皇城大内的缩影。前朝区基本按中轴线左右对称的布局，自南而北形成完整的空间序列。在雍正帝园居期间，它成为清帝国的政治中心。雍正还将圆明园的北、东、西三面往外拓展，把多泉的沼泽地改造为贯通的河渠水网，构成山环水绕、以建筑群组为中心的园林空间。后湖东侧的东湖被开拓为"福海"，形成大规模的水上游乐区。而沿北墙的狭长地带，则增建成用以观稼视农、颇具乡村田园风光的游览区。这样，至雍正末，圆明园的面积已达3000余亩，园林景观30多处，总体规模和基本格局已大体形成。

胤禛原被封为"雍亲王"，受赐圆明园，他是圆明园的第一位主人，自称"圆明居士""圆明主人"，并有"圆明园宝""圆明园""朗吟阁""御赐朗吟阁宝""朗吟阁书画记""朗吟珍赏""四宜堂"等印章50余方。赐园时期的圆明园不追求奢华和宏大，只在意其中的雅致和宁静，素朴、精致是其基本特色。朗吟阁是胤禛读书之处，故宫博物院今藏有一幅胤禛在该阁读书的肖像画，似为皇子时期的画像。画中的胤禛端坐窗前，凝神思索，旁边书案上置有书册纸卷，有三名侍卫在旁边侍奉。屋外树木枝繁叶茂，麋鹿、祥鹤围绕屋边，寓示吉祥兴盛，人物表情流露出祥和的神态。圆明园四宜书屋位于福海北岸，一年四季宜于居住，胤禛常休憩于此，他的诗文集即以《四宜堂集》命名。胤禛具有一定的文人气质，并擅长书法，常为园内景观题写匾额与对联。《石渠宝笈》续编记载了两套由乾隆帝御旨命臣工精心摹刻的胤禛法帖，其一为《四宜堂法帖》，其二为《朗吟阁法帖》，二者都是用胤禛在圆明园的书房所命名。

康熙诸皇子中，胤禛与十三弟允祥关系最为亲密，允祥的御赐花园交辉园离圆明园很近，他常到圆明园和胤禛宴饮歌咏，并曾多次写诗相赠。允祥不幸去世后，胤禛伤心异常，为表达哀思，他将允祥寄给自己的所有诗稿检点出来，集成《交辉园遗稿》，并将之附

胤禛朗吟阁读书像

在自己的文集之后，使之共同传世。允祥《圆明园燕集呈雍亲王四首》其三有句云："芝榜高题御墨鲜，阳春烟景浩无边。"描写的正是康熙帝所题"圆明园"匾额和圆明园春和景明的风貌。胤禛即位后，在紫禁城居住时间不多，也基本没有外出巡游，他长期在圆明园"避喧听政"，起居生活。在园内，除办公理政外，他更喜欢居住、游赏于廓然大公、万方安和、别有洞天、澹泊宁静等处。廓然大公位于福海西岸，主景居于山水之间，是清帝重要的寝宫之一，胤禛《深柳读书堂》诗句云："郁郁千株柳，阴阴覆草堂。"万方安和俗称万字房，是园中独具特色的景点，也是清帝的重要寝宫之一，在通风、保暖和采光等方面都有独到之处，具有冬暖夏凉之妙，四时皆宜择优居住，胤禛特喜在此居住。别有洞天位于福海东南隅山水间，是一处崖秀溪清、亭台错落、环境幽雅的景观，胤禛迷信道教方士的长生术和炼丹术，为炼制更多的金丹仙药，并遮人耳目，他选中了这处依山傍水、十分僻静的地方用来开炉炼丹。澹泊宁静主建筑是座"田"字式大殿，"仿田字为房，密室周遮，尘氛不到。其外槐阴花蔓，延青缀紫。"田子房殿外稻田弥望，河水周环，乾隆帝为皇子时所写《田字房记》云："皇父万几之暇，燕接亲藩游豫于此。是地也，西山远带，碧沼前流，每当盛夏，开窗则四面风至，不复知暑。其北则稻田数亩，嘉禾生香蔼闻于室。"雍正三年十一月二十二日，胤禛较为宠爱的年贵妃在圆明园病逝。他深为自责，下诏说自己忙于政事，没时间亲自照顾年妃日常生活，致使年妃病情贻误，诏令亲王以下、宗室以上五日不跳神，不还愿，均为年妃穿戴孝服，在京四品以上官员及有封爵者一律到圆明园安奉年妃。雍正四年正月十三日，胤禛驻跸圆明园，为营造节日氛围，诸臣进元宵灯三千对。雍正八年八月十九日，京城地震，圆明园房屋建筑受损较重。为避震，胤禛在圆明园湖面上泛舟设幕以居。欧洲传教士宋君荣神父说："地震发生时，雍正正在圆明园，他长跪在地，祈祷上天，然后迅疾地奔向环绕其宫殿的小河，登上河里的一条船，从船上派遣大臣去传达旨令。"雍正十三年八月二十三日，胤禛逝世于圆明园九州清晏。

康熙晚年，诸皇子为谋求储位，各植私党，勾心斗角，皇位继承渐成纠葛之势。皇四子胤禛在这场储君争夺战中并不占优势，但却最终胜出，一定意义上来说，他能登上皇位与圆明园有一定的内在联系。

胤禛于康熙四十八年（1709）晋封雍亲王，也就是在这一年康熙帝为其赐园御题"圆明园"匾额。畅春园成为清代第一座离宫型皇家园林后，胤禛"以扈跸，拜赐一区"，这就是与畅春园近在咫尺的圆明园。康熙帝把胤禛的御赐花园安排在紧邻畅春园处，并亲笔题写园额，可见，此时的胤禛至少不会遭到厌弃。另据《清圣祖实录》记载，从康熙四十六年（1707）开始，康熙帝曾 12 次临幸圆明园游赏、进宴，最后一次是康熙六十一年（1722）三月二十五日，康熙帝专程来圆明园牡丹台欣赏牡丹，陪同侍奉的除了皇四子胤禛，还有 12 岁的皇孙弘历（后为乾隆皇帝）。这也是弘历首次谒见祖父，康熙帝见到聪明伶俐的小皇孙，异常喜爱，传旨将弘历召入宫中培养。主宰中国命运长达 130 余年的康雍乾盛世的三朝天子，在这里

雍正十二月行乐图轴之　正月观灯（北京故宫博物院藏）

首次汇聚一堂，被传为佳话。雍正帝云："朕尝恭迓銮舆，欣承色笑。庆天伦之乐，申爱日之诚。花木林泉，咸增荣宠。"这场很可能是精心安排的会面，意义非比寻常。康熙帝像发现宝藏一样把弘历这个小皇孙随身带着，无论是在园居的畅春园，还是在避暑的承德，抑或在习猎的南苑，直至病逝。康熙帝曾当面夸奖弘历的母亲能生这么个儿子是"有福之人"。胤禛继位不久即通过秘密立储方式确立弘历为皇太子，胤禛驾崩后，弘历一脉相承，顺利登基。弘历后来记曰："皇考奉皇祖于圆明园之牡丹台观花侍宴，以予名奏闻，遂蒙眷顾，育之宫中……，今岁于圆明园颜堂曰纪恩，并为记，以述承恩所自始，付托所荐重。"或许，胤禛、弘历相继承袭帝位与祖孙三代在圆明园的这次相会不无一定的关系。

事实上，胤禛也在处心积虑地为谋取皇位而费尽心机。其心腹幕僚曾为他谋划了"诚孝皇父，和睦兄弟"的策略。胤禛按照这一策略，逐渐获取了乃父的信任，康熙帝曾派他到天坛代行祭天，而在古代这是很有象征意味的。胤禛擅长书法，颇得康熙帝赞赏，经常命其书写进呈，还以此赏赐近臣。胤禛恭奉康熙帝驾临圆明园，也是为赢得康熙帝欢心的一种刻意之举。当其时，不仅可以"申爱日之诚"，表明自己的"诚孝"；也可使晚年心境悲苦的康熙帝享受难得的作为一个普通老人的"天伦之乐"，一定程度上缓解康熙帝晚年的烦躁和焦虑。在美妙的园林环境中，无形中增进了父子间的感情。胤禛处处投康熙帝所好，时时注意与父皇的感情维系。他善于揣摩父皇的心意，对康熙帝的喜好甚是了解。康熙帝关心农业，他便以康熙朝焦秉贞所绘《耕织图册》为蓝本，依样绘制一册《耕织图册》，别出心裁地将画面中农夫和农妇的形象换成自己与福晋的容貌，每页画上都有自己的亲笔题诗，并钤"雍亲王宝"和"破尘居士"两方印章。表明自己向往田园生活的恬淡，以及对农业亲力亲为的意愿，赢得了皇父的器重。胤禛在感情上始终与康熙帝保持着比较亲近的关系，康熙帝称赞他"能体朕意，爱朕之心，殷情恳切，可谓诚孝"，感情的亲近很可能在康熙帝选择继承人时起到了关键的作用。

圆明园是胤禛韬光养晦的所在，在这里他巧妙地将自己隐蔽起来，似乎过着清心寡欲的生活，他行动颇为低调，尽可能不插足兄弟间的争位斗争，他以坚韧的性格，四面周旋的态度回避了斗争的锋芒。把自己打扮成一个生活恬淡的富贵闲人，自诩"破尘居士"，营造不问荣辱功名的表象。他作诗表达自己向往的逍遥生活："懒问浮沉事，闲娱花柳朝。吴儿调凤曲，越女按鸾箫。道许山僧访，棋将野叟招。漆园非所慕，适志即逍遥。"为表达与世无争、"安静守分"，他还编辑虔心佛法、崇尚超脱的《悦心集》，抄录历代文人僧道恬淡闲适、超然物外的诗篇以明志，例如书中收录"不知足诗"讽刺世人积极营求的结果，只是南柯一梦："终日奔波只为饥，才方一饱便思衣；衣食两般皆具足，又想娇容美貌妻。娶得美妻生下子，恨无田地少根基；买得田园多广阔，出入无船少马骑；槽头结了骡和马，叹无官职被人欺；县丞主簿还嫌小，又要朝中挂紫衣。若要世人心里足，除是南柯一梦回。"这些只是胤禛散布的烟雾，旨在松懈竞争者的戒心和防备。实际上，他一刻也未放松过夺取储位的努力，只是在不露声色地窥测风向，暗自培植势力，凝聚实力，等待时机。最终，胤禛的戒急用忍、恬淡不争的外表，以及刻意表现出的既诚孝皇父，也友爱兄弟的态度，使他躲避了皇储争夺中的矛盾，得以安然无恙的最终坐收渔人之利。

早期的圆明园，一方面是畅春园的附属园林，是康熙赐给众皇子的众多园林中的普通一座，另一方面，它也是雍亲王胤禛修身养性的王府花园，是他的韬光养晦之地，正是从圆明园，胤禛成功走上了问鼎清帝国最高权力之路，皇家园林与清代政治的特殊关系在圆明园、在胤禛身上体现的淋漓尽致。随着雍亲王胤禛即位为雍正皇帝，圆明园也一跃而为清帝御园，并取代畅春园，成为堪与紫禁城并驾齐驱、等量齐观的清帝国权力中枢。

（张超）

日理万机的圆明主人

雍正皇帝胤禛是康熙皇帝第四子，清朝入关后的第三代皇帝，1722～1735年在位，年号雍正，死后葬于清西陵之泰陵，庙号世宗。雍正帝勤于政务，大力清除康熙朝后期的各种积弊，是一个勇于改革、励精图治的皇帝，对清代历史发展作出了不容忽视的贡献。雍正帝的勤政精神、治国业绩，在中国古代帝王中颇值得称道。正是因为他超乎寻常的努力，才使得大清帝国逐渐走向鼎盛，为康乾盛世起了承前启后的作用。雍正帝认为自己"虽不敢媲美三代以上圣君哲后，若汉唐宋明之主实对之不愧。"这话虽有自我溢美成分，但事实上也有一定道理。

作为圆明园的首位主人，雍正帝以皇子身份在园居住15年，期间他对康熙朝的政务、对畅春园政治功能的运作是用心关注的，同时也参与了一些比较具体的政治活动，这些历练为他即位后的治国理政积累了一定的经验。雍正三年八月二十七日，雍正帝首次以皇帝身份驻跸圆明园，自此该园正式成为清帝长年园居理政之御园。为满足理政、居住、游赏等多种功能需要，他对圆明园进行了大规模扩建，同时"建设轩墀，分列朝署，俾侍直诸臣有视事之所。构殿于园之南，御以听政"，使圆明园在政务设施、政务空间的完善上有了保障。雍正帝声称，"朕在圆明园与宫中无异也，凡应办之事，照常办理，尔等应奏，不可迟误"，从而首开在圆明园处理政务的先例，此后则沿为常规。清帝驻园期间，君臣处理政务的地方，主要集中在圆明园大宫门内外的前朝区，其中，部院衙门的值班和办公地点主要是大宫门和出入贤良门附近的东西朝房。正大光明殿是御园举行朝会、节日庆贺、赐宴亲藩、宴请廷臣等典礼的正殿，其功能类似紫禁城的太和殿与保和殿。勤政亲贤是皇帝御门听政和日常办公的场所，兼有大内乾清宫与养心殿的功能。"列圣筵宴外藩及内廷大臣均于此。皇帝驻跸则听政焉。遇驻跸圆明园，凡召对群臣，引见庶僚，均于勤政亲贤。"勤政殿是勤政亲贤的核心建筑，为皇帝在园内处理政务、召见官员的地方，该殿东有套间，称为东书房，夏日召见在殿中，春秋则在书房。芳碧丛因青竹茂密而得名，为南向四面围廊的五间敞厅，厅前宽敞的院子里堆叠着精致的假山湖石，种植着碧绿的翠竹，绿荫掩映，凉爽宜人。每到夏季，清帝即由勤政殿迁到这里，在一片清凉碧芳的竹丛中议事、传膳。保合太和位于芳碧丛之后，为一座面阔九间，前接三间抱厦的大殿，该殿为清帝重要寝宫之一，功能亦类似于养心殿，尤其面阔九间的规制与养心殿颇为相像，清帝也常在此起居办公。洞明堂是每年秋审时，皇帝审核勾决人犯的"勾到"之处，功能类似于大内懋勤殿。而九州清晏作为清帝最主要的寝宫，其功能不仅用来休憩，同时也是清帝的书房和办公之处，相对更为私密。

　　雍正 13 年的帝王生活，除冬日在紫禁城略住几十日之外，主要是在圆明园居住的。除去为其父康熙帝及太后服丧的时间外，从雍正三年雍正首次以皇帝身份驻跸至雍正十三年他病逝于圆明园，雍正帝累计居住 2314 天，平均每年 210 天。雍正十一年，雍正帝有 246 天生活在圆明园，占全年天数的近 70%。在封建集权制度发展到顶峰的清王朝，最高统治者掌握绝对权力，其行踪所至，往往就是政治核心所在，由此就不难理解圆明园举足轻重的政治地位了。

　　雍正帝"每岁初春即驻跸于此，咨度机务引见百官，皆日以为

雍正帝朝服像

常"。在这里，他废寝忘食地勤于政务，常"自朝至暮，一日万机"，且终年不息。雍正帝自己记述道："昼接臣僚，宵披章奏，校文于墀，观射于圃，燕闲斋肃，动作有恒，则法皇考之勤劳也。"其子乾隆皇帝曾说："我皇考于理事正殿，皆颜勤政，诚以持心不可不敬，为政不可不勤也。"其孙嘉庆皇帝也有御旨说："我皇祖世宗宪皇帝勤求治理，整饬官联。自是以后，圆明园奏事文职衙门轮为九班，武职衙门轮为十班。……诚以我朝家法，勤政为先，驻跸御园，与宫内办事，无一日少闲。"

驻跸之初，雍正帝就对内阁、部院各官说："若无应奏事件，在衙门办事，不必到此。其理事之日，尔等于春末秋初可趁早凉而来；秋末春初，天时寒冷，于日初之前起行。"这就规定了春末到秋初、秋末到春初两个时段期间官员到圆明园办公的时间，表明他在园内的起居理事已经制度化了。雍正三年九月二十六日雍正谕内阁："凡来圆明园奏事之大臣官员不必太早。今见大臣等务皆早到，如在南城居住人员，必得五鼓前来，其年老有疾之人，必受寒冷。……嗣后尔等咸遵朕旨，毋得有违，虽稍迟误，或一二人不到，亦无妨碍，并不致有误事之处也。"这一方面反映了雍正帝的务实，另一方面也说明了他对臣下的体恤。雍正帝告诫群臣，他并非来此玩乐，只是想给繁重的政务提供一个好的工作场所。然而，安逸的庭院气氛让大臣们没有认真对待皇帝的告诫，1726 年（雍正四年）正月二十，当雍正帝在圆明园勤政殿准备听奏的时候，居然没有一个人进言，雍正帝不悦形之于色，随即发布上谕曰："朕因郊外水土气味较城内稍清，故驻跸于此，而每日办理政事与宫中无异，未尝一刻肯自暇逸。""倘廷臣不知仰体朕心，将陈奏事件有意减省，是不欲朕驻跸圆明园矣！"这一天，雍正帝还规定了圆明园的轮奏制度。因各衙门奏事每日繁简不均，他下令"以后八旗定为八日，各分一日轮奏。部院衙门亦各分一日轮奏。六部之外，都察院与理藩院为一日，内务府为一日。其余衙门量事务之多寡附于部院班次。"这样，每天都保证有一旗、一部来圆明园奏事，其他不当值奏事的衙门即便无事可奏，也要安排堂官到大宫门内外各自朝房值班，以备皇帝临时召见和交待事情。如果各部院和其他机构遇有紧要事件，可以随时向皇帝报告，不必遵守已经排定的班次。朝臣们逐渐习惯了在圆明园处理政务，雍正帝待在圆明园的时间也越来越多，返回紫禁城的次数日渐稀少。鉴于从京城到圆明园的路途较远，很多大臣必须半夜出发才能赶上早朝，雍正帝特下令允许部分老臣免予出席早朝，特别是严冬的时候，除紧急情况外，他干脆豁免了大部分官员的觐见。此后，雍正帝又将圆明园附近的宅第赐给重要的大臣，以便他们就近办公。清人笔记还载有这样一件事情：杨炳，雍正元年癸卯恩科会元，卷呈御览，雍正帝朱批曰："卓识名言，不独优于诸卷，即近科亦不见。"殿试以第三人及第，即召入内廷，赐庐圆明园左侧，盖不世之遇也。雍正帝的爱才之心与亲贤之举在此真算是落到了实处。

　　"勤政务实"是雍正帝为君的一个特点。纵观中国历史上的皇帝，像雍正帝那样勤政的，可谓前无古人，后无来者。他在位期间，自诩"以勤先天下"，不巡幸、不游猎，日理政事、终年不息。雍正

雍正御笔之宝

帝曾说："予之不往避暑山庄及木兰行围者，盖因日不暇给……。"他常"自朝至夕，凝坐殿室，披览各处章奏，目不停视，手不停批，训谕数人，日不下数千百言。"仅以"宣达下情，洞悉庶务"的朱批奏折而言，雍正朝现存汉文奏折 35000 余件、满文奏折 6600 余件，共有 41600 余件，他在位 12 年零 8 个月，约 4247 天，平均每天批阅奏折约 10 件，且一般多在夜间亲阅，其朱批皆出一己之见，从不假手于他人。"昼接臣僚，宵披章奏"是雍正帝园居生活最为重要的组成部分。雍正五年，雍正帝在《夏日勤政殿观新月作》诗中说："勉思解愠鼓虞琴，殿壁书悬大宝箴。独揽万几凭溽暑，难抛一寸是光玥。丝纶日注临轩语，禾黍常期击壤吟。恰好碧天新吐月，半轮为启戒盈心。"雍正六年，在《暮春有感》诗中，雍正帝说："听政每忘花月好，对时惟望雨旸匀。宵衣旰食非干誉，夕惕朝乾自体仁。"歌以咏志，诗以抒怀，这两首诗既是雍正帝真实工作状态的写照，也是他闲暇之余对于千钧之担、民生之艰、为君之难的一种感慨吧。雍正帝 45 岁登基，熟悉吏治民生，注重求真务实。雍正帝多次告诫群臣"说一丈不如行一尺"。他所关注的是文武大员是否实实在在地干事，而决不在于奏报是否多，说得是否动听。当时，清代官场上流行着一种陋习，即各省文武百官刚刚到任时，几乎都是极力地述说当地的吏治民生如何败坏，等过了几个月，就一定奏报说，通过雷厉风行地整顿，情况已经如何地好转，以此显示自己的才干和政绩。对这类奏报，雍正帝毫不客气地指出："只可信一半。"他认为，凡事不考虑本地实际情况，只知道遵旨而行并不一定是好官。云贵总督鄂尔泰对不完全适合本地情况的谕旨敢于变通执行，提出不同意见，雍正帝赞赏他是为国家做官。而云南巡抚沈廷正一味迎合谕旨，雍正帝则严厉斥责他是为自己做官。雍正五年九月二十二日，雍正帝在圆明园勤政殿听政，要求在礼仪上，除满洲居首大学士在前行走外，其余大学士行走班次，应按其补授之日前后行走，不必分别满汉。这一规定不拘泥于形式，对于统治阶级刻意强调的满汉之别也可谓是一种突破之举。

除了临朝理政、披阅奏折、召见臣僚等常规政务，雍正帝还会处理一些非常规政务，并就某些具体事宜作出部署、下达指令。如，雍正三年九月二十日，雍正在圆明园召见西洋传教士宋君荣等人。雍正四年四月十九日，雍正帝谕曰："有特旨所传之官员，若有风雨无阻字样，则不论风雨，即著前往圆明园。若朕御门之日，有大风雨雪，伊等即互相传谕，不必前往。"七月初八，雍正帝论"巧宦"谕曰："居官立身之道，自以操守廉洁为本。"这年冬天，封印之后，政务略有闲余，雍正帝手书"福"字，赐内外大臣。雍正五年四月十八日，雍正帝在圆明园接见葡萄牙使臣麦德乐，葡使呈献该国王所赠礼物。六月初四，雍正帝谕曰："朕所交事件甚多，诸大臣因何不行覆奏，若所交之事不可施行，应将不可施行之处声明具奏。嗣后，奉特旨所交一切事务并拣选引见人员等事，每月将已结、未结之处，著该处声明情由，交送内阁汇奏。"八月十七日，雍正帝在圆明园谕内阁九卿曰："天下事务断非一人所能办理。诸大臣必须视国事如家事，方可谓之公忠，不负朕股肱心腹之寄。"雍正六年二月初一，雍正帝在勤政殿理政，琉球国中山王尚敬遣使表贡方物。五月十二日，雍正帝传谕内阁曰："明日若有应奏事件，著照常具奏，不必因皇后千秋不行奏事。"雍正十一年，雍正帝在圆明园洞明堂，阅秋审情实招册，审核拟处决人犯，并谕刑部曰："诸臣所进招册，俱经细加斟酌，拟定情实。但此内有一线可生之机，尔等亦当陈奏。在前日定拟情实，自是执法，在此刻勾到商酌，又当原情，断不可因前奏难更，遂尔隐默也。"

　　雍正十三年八月二十一日，雍正帝身体不豫，仍照常理政，次日病情加剧，二十三日雍正帝在圆明园九州清晏寝宫去世。雍正帝在《圆明园记》中曾说："不求自安，而期万方之宁谧；不图自逸，而冀百族之恬熙。庶几世跻春台，人游乐国，廓鸿基于孔固，绥福履于方来。"这一信誓旦旦的公开宣示和自我希冀，既是雍正帝的治国愿景，同时在一定程度上也反映了他励精图治的客观效果。

（张超）

年妃之死

雍正帝还在藩邸为王时，年羹尧的妹妹就成为了他的侧福晋，也就是亲王的侧妃，他做皇帝后，年氏册封为贵妃。年妃于雍正三年（1725）十一月死去，十二月年羹尧也被赐自尽。

在有些人眼里，年氏之死是年羹尧最后命运的一个变量。《清史稿·后妃传》也说："妃薨逾月，妃兄羹尧得罪死。"语言含蓄，点到为止。

金承艺先生却从萧奭《永宪录》中看出了更多的东西，该书记载：雍正三年十一月初三日，"上回銮进宫，贵妃年氏以不怿留圆明园。"同一天，"年羹尧械系至京。"二十二日，"贵妃年氏薨于圆明园。诏追册为皇贵妃。"雍正帝谕礼部：

> 贵妃年氏，秉性柔嘉，持躬淑慎。朕在藩邸时，事朕克尽诚敬，在皇后前小心恭谨，驭下宽厚和平。朕即位后，贵妃于皇考、皇妣大事，皆尽心力，实能赞襄内政。妃素病弱，三年以来，朕办理机务，宵旰不遑，未及留心商榷，凡方药之事，悉付医家，以致耽延，渐至沉重，朕心甚为轸念。著封为皇贵妃，一切礼仪俱照皇贵妃行。礼臣奏，皇上五日不办事。亲王以下宗室以上五日不跳神，不还愿。俱穿素服。……

金承艺先生（1926-1996）是努尔哈赤的嫡长孙杜度后裔，有着清皇族的背景。20世纪60年代初胡适担任台湾"中央研究院"院长时，他曾是胡的私人助理，后执教于澳大利亚墨尔本大学。金先生关注清朝皇族历史，特别是在雍正继位问题上有着独特见解，自成一家，是雍正矫诏篡立说的代表人物之一。他的作品汇编为《清朝帝位之争史事考》。

那么，他从雍正帝这份上谕中看到了什么呢？请允许大段征引金先生的相关文字，因为实在"太精彩"了：

我们看完了上面这一段记载，该有什么感想呢？我们可以说什么"方药之事，悉付医家，以致耽延，渐至沉重"，全是骗人的胡说。年妃是"以不怿留圆明园"的。她应当是无病而突然死在圆明园的。《世宗实录》《东华录》诸书在二十二日这一天只记"皇贵妃年氏薨"，并没有说她死在圆明园；更将上谕稍加改窜，置于十一月己酉（十五日）谕旨内，伪造年妃先期病重，给人以将死的错觉。年妃随世宗驻跸圆明园，何以"上回銮进宫，贵妃年氏以不怿留圆明园"呢？当然是这时候年妃已经认识到事态极其严重了，她看出世宗有杀她哥哥的蓄意了，便祈恳世宗，望求能网开一面，却不能使世宗动摇。她知道灭门大祸将临，自己竟不能稍施援手，将何颜以对父兄。我们往最好处想，她至少是自杀的；往坏处想也许她是经世宗的示意而自尽的。

年妃之归世宗在康熙四十八年（1709），到雍正三年的时候，她与世宗已经有了十六年的夫妻关系，并且生育了三儿一女，世宗却仍忍心地逼她在忧惧中无奈死去，或她竟根本是世宗赐死的。

《永宪录》是一本私人编纂的著述，成书于乾隆十七年（1752），作者自称是"江都草泽臣萧奭"，其人不可考，现在还是个谜。这本书是以编年体的形式记录康熙帝在位最后一年即康熙六十一年（1722）到雍正六年（1728）的朝野大事。书名为"永宪录"，作者自称取自雍正帝即位诏书中的永遵成宪、不敢更张的宗旨。但近现代著名学者邓之诚先生认为，书中对雍正年间的许多事情，包括打击年（年羹尧）、隆（隆科多）、阿（阿其那，即允禩）、塞（塞思黑，即允禟）的史实，记载详细，"作者盖有深意存焉"，恰意在揭露雍正帝不能永遵成宪。

这部书主要取材于当时的邸报，外加上作者的见闻，而书中有些内容，不见于其他载述，确实是雍正朝难得的史料。金先生取材于此，确有眼光。问题是，金先生看重《永宪录》而贬斥《清世宗实录》，是否能够成立？真的能从这些不同的记述中，解读出年妃之死背后的秘密吗？

第一，《永宪录》所记载的"贵妃年氏以不怿留圆明园"，这不见于《清世宗实录》，也未见于他书，的确难能可贵。但不见于实录，是因为实录是以皇帝为中心，不记载一个贵妃留圆明园这样的事，再正常不过了。

那为什么年氏留圆明园呢？要知道，皇帝的重大行动定是预先安排的，据《雍正朝起居注册》及实录，十一月初三日，雍正帝自圆明园进西直门由神武门回宫。接下来他做了什么呢？初四日见大学士、九卿，初六日乾清门听政，初七日御懋勤殿见大臣。因为十三日是康熙帝去世三周年祀典，又加之十二月初十日孝庄文皇后（雍正帝曾祖母）安奉地宫，因此要到清陵致祭。雍正帝于初八日这天出发，直到十四日回宫。

次日，雍正帝专门就年妃事下谕旨，这说明他正式得到了关于年妃身体状况的奏报。而这时又近冬至。冬至是宫中三大节（冬至、元旦、万寿）之首，身为天子的皇帝要虔诚祭天。十七日雍正帝亲自阅视祈天所用的祝版，十八日即冬至当日到天坛祭天，回宫，接着又回到圆明园。从以上日程可知，雍正帝短暂离开圆明园主要是为了祭陵及祭天，是在各处奔波。因此有病在身的年妃留圆明园很正常。

第二，实录为何只记"薨"，而不记是在圆明园？

《清世宗实录》中所记薨逝者的例子不少。雍正八年五月初四日，"上闻怡亲王病笃幸王邸，比至，王已薨逝"。这里提到了允祥的"王邸"，这是薨逝记述中唯一写到地点的。而其他事例，如雍正二年十二月二阿哥允礽，五年闰三月圣祖荣妃，十二年十一月大阿哥允禔等薨逝，都未写地点，因此实录不记年妃之死的地点，无足为怪。

第三，实录窜改雍正帝的上谕了吗？即将十一月二十二日的上谕，偷置于十五日了吗？

下面是《清世宗实录》记载的十五日谕礼部内容：

贵妃年氏，秉性柔嘉，持躬淑慎。朕在藩邸时，事朕克尽敬慎，在皇后前，小心恭谨，驭下宽厚和平。皇考嘉其端庄贵重，封为亲王侧妃。朕即位后，贵妃于皇考皇妣大事，悉皆尽心，力疾尽礼，实能赞襄内政。妃素病弱，三年以来，朕办理机务，宵旰不遑，未及留心商确诊治。凡方药之事，悉付医家，以致耽延日久，目今渐次沉重，朕心深为轸念。贵妃著封为皇贵妃，倘事出，一切礼仪，俱照皇贵妃行。

《雍正朝起居注册》中的这道上谕，也是系于十五日。特别值得注意的是其中"倘事出"三字，说明这时年妃还活着。二十二日丙辰，实录又有一条："皇贵妃年氏薨。上命辍朝五日。"

细心比较可知，《永宪录》所载的谕旨，是合并了十五日上谕与二十二日赐恤上谕，然文字有不同，区别之一，在于"倘事出"几个字不见了，可见《永宪录》作者没有见到单独的十五日上谕，故他才说"贵妃年氏薨于圆明园。诏追册为皇贵妃"。从十五日上谕可知，当天已封年氏为皇贵妃了，而不是二十二日死时追封的。《星源集庆》是记载皇室本支世系的档案，也是先写"晋封皇贵妃"，后再写她薨逝。

更值得一提的是，我们今天还能看到雍正帝这道上谕的原件可以知道，这是雍正帝口述旨意，然后大臣上呈拟稿，其中就有"著封为皇贵妃"字样，再经皇帝亲笔改动，包括添加了"倘事出"三字。

"倘事出"究竟何意？金先生特别关注了"倘事出"：

世宗手谕中，指年妃身体素弱，病势沉重；诏旨最后更说："倘事出，一切礼仪，俱照皇贵妃行。"多么可怕的"倘事出"三个字，但皇上已经给她划出道儿来啦，年妃天胆，敢不照着走吗？于是，十一月二十二日，年妃遂以"薨于圆明园"闻。

不知金先生是否真的看到了档案原件，他并没有指出"倘事出"这三个字是雍正帝亲手所加的，否则他会从中看出更多的精彩故事——雍正帝的紧逼情势跃然纸上。

"倘事出"，也就是人还没有死，皇帝已经安排后事了。它是金先生所说的雍正帝在逼年妃死吗？我们看看雍正皇帝别的预先安排他人后事的例子。

一个是在康熙朝被废的太子允礽（见《清世宗实录》卷

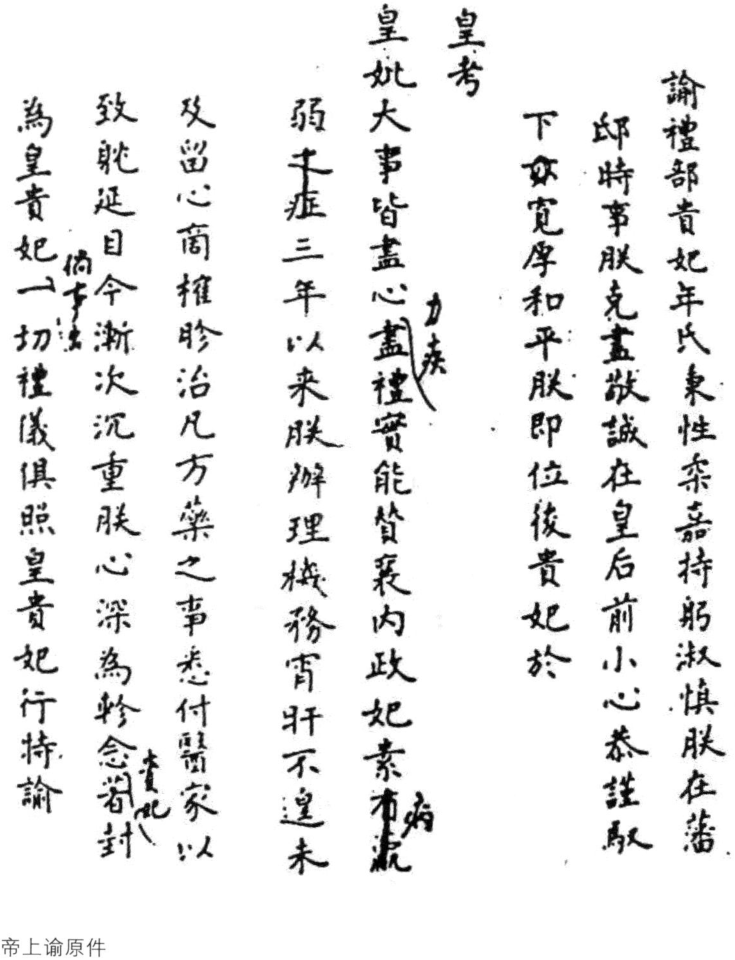

諭禮部貴妃年氏秉性柔嘉持躬淑慎朕在藩

邸時事朕克盡敬誠在皇后前小心恭謹奉

下寬厚和平朕即位後貴妃於

皇考

皇妣大事皆盡心盡禮實能贊襄內政妃素有

弱症三年以來朕辦理機務宵旰不遑未

及留心商榷晻治凡方藥之事悉付醫家以

致貽延目今漸次沉重朕心深為軫念著封

為皇貴妃一切禮儀俱照皇貴妃行持諭

雍正帝上谕原件

二十七）：

雍正二年十月壬午。王大臣等奏二阿哥病势甚笃。得旨：前看守之王大臣奏闻二阿哥病症，朕即下旨与王大臣于太医院择良医调治。昨者少愈，二阿哥披诚陈奏，感激朕恩，殊为可悯。今日医云病复变重，朕欲往看，恐二阿哥执为臣之礼，俟有事后，朕再往奠。前二阿哥福金事，既照亲王福金办理，若二阿哥有事，亦应照亲王之例办理。

一个是大臣马武（见《清世宗实录》卷五十一）：

雍正四年十二月丙寅。上命皇四子弘历、庄亲王允禄视马武疾。谕曰：马武抱病危笃，闻之深为凄恻。马武事我皇考五十余年，朝夕侍奉，不离左右，恪恭谨慎，事事能仰体圣心，每当盛暑严寒，随从勤劳，并无几微倦怠之色。朕幼龄时，伊抱扶服事，备极小心，其情事宛然如昨。伊为人虽未读书，而侍从皇考数十年如一日，其功甚大。朕追念皇考，凡系昔年侍从之人皆加恩眷，况马武乃年齿最高、效力最久、圣眷最渥之人，是以朕闻其病势沉重，悲伤垂涕，不能自已，屡次降旨欲亲身前往看视，诸大臣合辞劝阻，至再至三，不得遂朕之愿，朕尚望其痊可。倘伊病果不起，著照伯爵赐与恤典，赏银一千两，并给与世袭阿达哈哈番，以示朕优眷老臣之至意。

通常情况下，皇帝在接到臣子的遗疏、遗折或是关于臣子去世的正式奏报后，才下旨赐恤。从上面的例子看，皇帝让人提前准备臣子后事，都是提高了赐恤规格，恰恰表明皇帝的异常关心，这种例子在整个雍正朝都不多见——哪里是金先生所说的"皇上已经给她划出道儿来啦",要逼她死呢?!

再说,雍正帝亲笔添加"倘事出",且此上谕的满文版也有"倘事出",若此字眼果真含有金先生眼中的"杀气",乾隆时期修雍正实录时又何必保留呢?删去是极容易的事(对于上谕等的删除或细微改动的作法,在清代确实存在)。没有删,倒说明了当时人根本就没有金先生那么多心思。

雍正帝与年妃之间,感情到底如何呢?

谈雍正帝的夫妻感情,没有多少直接材料,确实有些冒险。不过,我们还是可以从侧面看出些端倪。雍正帝共有十子四女,年氏于康熙五十四年(1715年)生了第四女,五十九年生福宜,六十年生福惠,雍正元年(1723年)生福沛,依出生先后排序,以上分别是雍正帝的第七、八、九子。

可以肯定,在康熙末、雍正初那些年里,年妃最为得宠——因非出自年妃的雍正帝第五、第六子是康熙五十年出生的,而第十子直到雍正十一年才出生。

这还可以从她的孩子特别是福惠身上看得出,这一点金先生也是承认的:

福惠生于康熙六十年,从后来高宗谕旨中有"朕弟八阿哥,素为皇考钟爱"语,可知福惠幼时必为世宗最喜爱的皇子。他在雍正六年(1728)殇逝,年仅八岁,世宗很痛悼,《清世宗实录》上载,特命"照亲王例殡葬"。

很难想像,雍正帝一方面令年氏自尽,一面还讨好似地册封她为皇贵妃,照皇贵妃仪安葬,同时会如此喜欢她亲生的孩子,死后还追封为"怀亲王"。

雍正十二月行乐图轴之　二月踏青（北京故宫博物院藏）

顺便说一句，年妃四年之中连举三子，这肯定会对她的身体带来不利影响。

再者，若依金先生所说，年妃被逼自尽，这表示雍正帝肯定不喜欢她了。但是，雍正帝死后入葬清西陵的泰陵，地宫中有他的皇后，再有就是年妃。尽管这是乾隆初年入葬的，不清楚是雍正帝自己还是乾隆帝的安排，但至少说明，时人认为她是受雍正帝宠爱的，因为清代的皇贵妃，不必然能与皇帝同穴安葬。

最后，也可能是"年妃之死"疑案中最关键的谜团：她到底有没有因年羹尧之事向雍正帝求情？

金先生说："她看出世宗有杀她哥哥的蓄意了，便祈恳世宗，望求能网开一面，却不能使世宗动摇。她知道灭门大祸将临，自己竟不能稍施援手，将何颜以对父兄。"故最后自尽，或被迫自尽。

看到这地方，我真是倒吸了口冷气——这是在写历史，还是在创作小说？一切好像作者亲眼目睹，刀笔杀人，莫过于此吧？

另有种说法是，年妃于雍正二年时回家省亲，见到年羹尧的种种僭越与狂妄，她揣度雍正帝心理，状告兄长年羹尧，大义灭亲。清朝太妃省亲或在亲生皇子的府第居住是有的，但当朝皇帝的后妃绝无可能省亲。试想，若省亲期间与他人有染，那怀的是"龙种"还是"跳蚤"？这是一个严肃的问题。年妃省亲之说，纯属无稽之谈。

中国传统文化讲究"亲亲相隐"，告发兄长不是大义灭亲，而是忤逆不道，倒是为尊长求情，乃人之常理。但这事放在年妃身上，就有干预朝政之嫌，雍正朝还未见到后妃们敢有此类举动，故年妃求情的说法，不能轻易相信。

退一步讲，若有年妃求情之事，那么，是如金先生所说的求宽赦他哥哥一个人呢，还是整个年家？据清人笔记，年羹尧父年遐龄受累连坐，是大臣朱轼求情，使雍正帝改变主意。年遐龄在康熙朝曾任湖广巡抚，于康熙四十三年（1704）退休。雍正二年因年羹尧的关系，被赐为一等公。不论朱轼求情一事真与伪，雍正三年十二月处死年羹尧时，年遐龄只是被罢黜了公爵，而时任工部侍郎的年羹尧兄长年希尧，被免职，不过四年正月，他就被任命为内务府总管，年家并没有"灭门"。另据学者研究，皇子弘历（也就是后来的乾隆帝）也曾求情，望能不杀年羹尧，虽然没有结果，但没有看到雍正帝由此对弘历的打击、报复。

　　总之，年妃不论求情与否，她都没有自尽的必要。金先生笔下的年妃之死，让人感觉到了力透纸背的"杀气"，其实这"杀气"其来有自——用金先生的话说就是"狠毒无情"的雍正帝：

　　像世宗这样狠毒无情的人，他诛杀年羹尧的计划，早已成竹在胸了，岂会因为年妃去世于前，年羹尧失去了靠门的缘故，死罪才会遭致不赦的？持这种想法的人，其主张正是倒果为因的肤浅之论。事实上，说年妃之死是世宗对年羹尧整肃政策下的另一个牺牲品，倒是真的。

　　他甚至将福惠的死因也归咎于雍正帝：

　　其实福惠的死，世宗才应是内心感到歉疚的人。……世宗狠心地夺走了爱子母亲的生命，当时福惠只是个五岁的幼儿，失去了慈母的呵护与抚爱，三年以后的他的夭殇，世宗岂不应负更大的责任？

　　表面看，金先生是为通行的年妃之死与年羹尧命运的说法翻案，新意叠出，可是鲜有证据。金先生深受胡适"大胆假设，小心求证"治学理念的影响，但具体到年妃之死的探讨，可谓"大胆假设"有余，"小心求证"不足。一切都缘于作者心中先有了雍正帝的"狠毒无情"的形象，然后用年羹尧之死，用年妃之死再去证明这个形象。

胡适还说过："有几分证据说几分话"。年妃因何而死？她的得宠、生病、病重乃至死亡与年羹尧事件到底有无关系？不见史料记载，暂时无法说得更多。

（董建中）

雍正之死疑案

圆明园的建成和辉煌离不开雍正帝的用心经营，而雍正帝在圆明园的突然死亡则给这处园林又平添了新的神秘色彩，雍正帝死因历来是一个解不开的谜案。那么，作为雍正帝度过几乎三分之二在位时间的圆明园，是否能够给我们提供一些关于其死亡的蛛丝马迹呢？

圆明园始建于康熙四十六年（1707），最初是康熙帝赐给皇四子胤禛的园林。雍正帝即位以后，拓展原赐园，并在园南增建了正大光明殿和勤政殿及内阁、六部、军机处诸值房。乾隆帝在位期间除对圆明园进行局部增建、改建之外，还在东边新建了长春园，在东南并入万春园，圆明三园的格局基本形成；嘉庆朝，主要对绮春园进行了修缮和拓建，使之成为主要园居场所之一。

清朝定鼎中原后，在政治地位发生翻天覆地变化的同时，满族人的生活环境也有了急剧的改变。满族世代居住在中国东北地区，从自然环境上来说，水深泽阔、山高林密和沃野千里是东北地理的基本特征。东北是中国纬度最高的区域，也是经度最偏东的地区，濒临大海，形成气候湿冷的特征，冬季严寒漫长，夏冬雨雪丰富。从空旷粗犷的东北山林、平原中走出来的满族人在进入气候温暖、人口稠密的关内后，面临着适应新环境的问题，尤其是内地夏季的酷暑使他们备受困扰，甚至影响到军队的战斗力。康熙初年爆发"三藩之乱"，清廷耗时八年始得平定，之所以费时如此之久，除了清初满汉之间隔阂严重、抗清力量活跃、朝廷所颁弊政不得民心等因素外，与康熙初年满族名将纷纷陨落也有着密切的关系。而这些将领的逝去，固然多半是因积年激烈征战而身心俱疲、病痛累累所致，也不能排除水土不服、疫病横生的影响。

占据北京城实现了清朝统治者多年的入关梦想，但这里的环境亦让其难以接受，多尔衮曾言："京城建都年久，地污水咸，春秋冬三季，犹可居止，至于夏月，溽暑难堪"，"但念京城乃历代都会之地，营建匪易，不可迁移。"为逃避夏日暑热，顺治年间曾计划修建避暑行宫，但未能实现。康熙帝冲龄即位，亲政后先是致力于解决统治集团内部斗争，剪除辅臣势力；接着果断撤藩，引发"三藩之乱"。接连发生的重大政治事件迫使年轻的康熙帝全身心投入政务，几无闲暇时光，高耸的宫墙带给他的不仅是荣耀，恐怕更多的是责任，日理万机、昼夜操劳的结果就是身心俱疲、积劳成疾，在这种情形下，康熙帝兴起了修建园林行宫的念头，希望以此接近关外的生活环境，纵情于山水间，舒缓身心。

康熙帝在回顾畅春园修建过程时说："朕自临御以来，日夕万机，罔自暇逸，久积辛劬，渐以滋疾。偶缘暇时，于兹游憩，酌泉水而甘，顾而赏焉。清风徐引，烦疴乍除，爰稽前朝戚畹武清侯李伟因兹形胜，构为别墅。"畅春园原为明朝武清侯李伟的别墅——"清华园"，曾号称"京国第一名园"，崇祯以后渐至荒废。园子邻近西山，地方空旷，气温较城内为低。康熙帝偶然一次出行时于此小憩，发现此处泉水甘甜，清风拂面，烦恼沉疴顿感消除，故命人在原址基础上加以整修，建成皇家园林。畅春园的修建体现了康熙帝舒缓超常政治压力的渴求。"宫馆苑御，足为宁神怡性之所。……夫三统之迭建，以子为天之春，丑为地之春，寅为人之春，而《易》文言称乾元统天，则四德皆元，四时皆春也。"因之取名畅春园。在畅春园改建前后，康熙帝还下令修建了南苑行宫和香山行宫，充分反映出满族崇尚自然风尚的生活习俗。

畅春园开启了清代修筑大型皇家园林的开端，在这之后，康熙四十二年（1693）辟避暑山庄，四十六年（1697）赐建四皇子胤禛居所——圆明园。胤禛对康熙帝的赐园，略加修茸，增建堂馆，并请康熙帝赐名。雍正帝《御制圆明园记》记："园既成，仰荷慈恩，锡以园额曰圆明。"圆明园的匾额有两方，一为康熙帝手书，悬挂在大殿，二为雍正帝手书，悬挂在大宫门。

雍正帝继位后，圆明园由藩邸赐园，开始成为皇帝治居之所。雍正二年（1724）正月，雍正帝一边服丧，一边兴建园林。同年设圆明园八旗。三年（1725）八月，雍正帝服丧期满，开始到圆明园居住和理政，圆明园从此开始成为清帝治居的御园。后每年春末到秋初、秋末至春初两个时节到园中居住成为定制。同年，雍正帝开始大修圆明园，后逐渐完成二十余处景点建筑群。其建筑"不尚其华尚其朴，不称其富称其幽"。圆明园内设有正大光明殿、勤政殿及内阁、六部、军机处等机构的值房，比畅春园更具理政意味。

由于圆明园是皇家园林，也是皇帝的御苑，因此，一般人难以窥其全貌，流传下来的记述园内情况的文字不多，虽有历代皇帝御制的诗文题咏存世，但多为抒发胸臆，或着眼细节，难以让人形成整体印象。倒是当时有些传教士供职于宫中，有机会看到园内情况，根据他们的描述，我们大致可以感受一下圆明园的恢弘和壮丽。乾隆年间，法国传教士王致诚的书信里面对圆明园做了细致的刻画："它占地面积巨大，人们在那里堆造起 20—60 英尺高低不等的小山，并坐落在平地之间。这些平地的低凹处，有清澈的溪流，它们最终交汇为一处，形成较大的水潭和湖泊。人们乘坐敞亮、豪华的船只通过这些溪流、河流和湖泊。我曾见过一条船，有28英尺长、24英尺宽，上面建有一座非常漂亮的房子。每一处平地，都在沿水边附近建造了房屋，不同的庭院不同的门廊和长廊不同的花圃不同的花园错落有致。当你整体去看它们时，一个无比美妙的景致尽收眼底。"

而每一处平地上的建筑，按王致诚的话来说，"就整个园子而言，它的确很小，但足以接待欧洲地位最显赫的贵族及他的全体随从。"他接着惊叹道："您能想像在整个园子所有地方，有多少座这样的宫殿建筑群吗？ 有２０座以上，这还不算与之数量相等的太监住房。太监们负责照看着这里的每一座宫殿群，他们的住房大多距宫殿一般不超过５或６英尺远。……在流淌的小河或小溪上，隔一段距离就建有一座小桥，以方便人们从溪水的一边走到另一边。这些小桥多数由砖或石头砌成，也有一些是木桥。但它们都有足使船只从下面通过的高度。它们多被建造成很漂亮的拱形，护栏上有浮雕艺术作品，而且所有浮雕从装饰到设计都不相同。"

他还对福海作了专门的描绘，福海建筑的巧夺天工让其叹为观止。"其中，有个湖泊方圆近５英里，人们称它为福海。它是这座园子中最漂亮的景点之一。在岸边，坐落着被小河、溪流和假山彼此分割开来的建筑群。但是，这个福海最迷人的地方，是海中间的岛。它仿佛天然生成，古朴而自然。这个岛离水面大约有６英尺高，上面建有一座小宫殿，有１０间样式各异的房屋。这座小宫殿四面向'海'，建造得说不出来的漂亮和别有风格。从这里放眼望去，让人们叹为观止。从这里，您可以一览周围岸边分布在不同距离以外的所有宫殿群、所有平地、所有小河或溪流、所有在不同河流或小溪上建造的小桥，以及与之配套建造的所有亭阁和建在桥上的凯旋拱门。另外还能看到所有为分开不同宫殿群、以保护它们不被眺望的树丛。福海的岸边变幻无穷，没有相同之处。这里您可以见到带有长廊、步行路和甬道的平滑石头桥，被福海围绕着的这座宫殿可直通那里。这里，有具有极高想像力和艺术性的岩石台阶；那里，在岩石台阶的末端，建有自然斜坡和曲折的台阶，可直接通到上面的宫殿。"

福海在雍正朝之前俗称东池或东湖，雍正帝扩建圆明园时，将园子北、东、西三面往外拓展，把沼泽地改造为贯通的河渠水网，构成山水环绕的园林空间。此外，又把东湖开拓为"福海"，福海及其周围被建设成大规模的水上观赏区。福海的命名取于"徐福海中求仙"之意，寓意皇帝长生不老，江山永固。建成后，成为圆明三园的中心地带，风格模仿江南水乡，水面浩瀚开阔，四周佳景遍布。环列周围的十个不同形式的洲岛，将漫长的岸线分为大小不等的十个段落，临近水面的开阔地段布列不同的风景点。如位于福海东北海湾内之北岸的四十景之一的"方壶胜境"，取材于道家"仙山琼阁"之意境，在福海中央用巨石堆砌成大小三岛，又在岛上建造了一处休闲宅院，可隔湖眺望沿岸景色。园中河道环流于海的外围，与福海皆有沟通，象征着百川归一的寓意。

至雍正末，圆明园的面积达 3000 余亩，建筑 30 多处，重要园林建筑群组已基本建成。此后虽屡有增建和改建，但基本布局已经定型。"他的儿子（乾隆皇帝）只是对其增加了一些便利设施和装饰物而已。"在扩建的同时，雍正帝还建立了御园日常的管理机构和机制。为加强保卫，又增设了圆明园护军营，包括"圆明园八旗"和内务府"包衣三旗"，并设"堆拨"（即哨所）百余处，日夜巡逻警戒，确保皇帝在园中的安全。

圆明园四十景之　方壶胜境

　　圆明园同皇宫一样，分为外朝与内廷两大部分。外朝区在园的南部，基本按中轴线左右对称的格式，自南而北形成完整的空间序列。前为大宫门，门前为左右朝房。其后，东为宗人府、内阁、吏部、礼部、兵部、都察院等，西为内务府、户部、刑部、工部、钦天监等。大宫门内为出入贤良门，又称为二宫门。门额为雍正帝手书。门内正中为"正大光明殿"，殿联："心天地之心而宵衣旰食；乐兆民之乐以和性怡情"，以及乾隆帝所书"遹求宁观成，无远弗届；以时对育物，有那其居"。

雍正帝在这里"建设轩墀，分列朝署，俾侍直诸臣有视事之所。构殿于园之南，御以听政"。

为君难（雍正）

殿的东侧为"勤政亲贤殿"（通称"勤政殿"），为前朝区的核心宫殿。雍正帝通常在这里批阅奏章，召对臣属。殿后楣额是由雍正帝亲自书写的"为君难"。雍正、乾隆、嘉庆、道光、咸丰五帝在园内召见群臣御门听政均在此殿，也是皇帝平时批省章奏、召对臣工、引见官员和会见外藩王公之所。殿内明间设宝座，后屏风上刻乾隆帝御书《无逸》篇。后楣高悬雍正帝御书额"为君难"，东壁陈乾隆帝御制《创业守成难易说》，西壁陈御制《为君难跋》。

再后是与之配套的庭院和花园。整体构成一座岛，四周由一条又大又深的沟渠环绕。"它就像土耳其苏丹的宫殿。在宫殿不同的房间里，您可以看到所有您可以想像得到的最美丽的东西，像家俱、装饰物和绘画（我当然是以中国人的欣赏口味来说的）；最有价值的中国和日本木制品和漆器制品；古代景泰兰花瓶，丝绸和金银、衣物。这些物品聚集在那里，使艺术性和鉴赏性融为一体，更显示出一种自然的富有。"王致诚所说的这种宫殿，应该就是专门收藏各种名贵字画、西洋雕刻和文具的富春楼。

圆明园内廷是雍正帝及其后妃生活之区，建筑林立，景点众多。如环绕后湖四周有九岛（九州），寓意全国疆域禹贡九州。九个小岛分别为：九州清晏、镂月开云、天然图画、碧桐书院、慈云普护、上下天光、杏花春馆、坦坦荡荡、茹古涵今。其中，九州清晏是圆明园中最早的建筑物群之一，寓意九州大地河清海晏，四海升平，江山永固。雍正初年起大规模扩建圆明园，此处成为帝王重要的寝宫区。镂月开云位于九州清晏东面，原称牡丹亭，是圆明园最早的建筑群之一。乾隆帝即位后，加以扩建，并改称"镂月开云"，用以纪念和自己和雍正帝、康熙帝祖孙三代当年曾一起在这里赏牡丹。康熙六十一年（1722）三月，康熙帝游幸圆明园，雍亲王胤禛和后来的乾隆帝弘历，在牡丹台迎接銮舆，据传这是康熙帝第一次见到孙子弘历，对弘历的聪颖极为喜爱和满意，已有定为日后储君之意，雍正帝日后登基与此不无关系。乾隆三十一年（1766），又亲题"纪恩堂"匾额，院内植各色牡丹数百株。

雍正帝在园中最喜欢居住的是"万方安和"。它位于后湖西侧，东邻杏花春馆，西南湖外为山高水长。建于雍正初年，旧称万字房。雍正帝喜爱此园四面临水，风景秀丽，乾隆时期仍是游憩寝宫之一，嘉庆帝亦有"万方安和"题咏 23 次。该建筑平面呈"卍"字形，整个汉白玉建筑基座修建在水中，基座上建有三十三间东西南北室室曲折相连的殿宇。万字房中间设皇帝宝座，宝座上方悬挂有雍正帝御书"万方安和"。

雍正三年（1725）以后，雍正帝开始每年在圆明园中居住一段时间。据何瑜教授统计，自康熙二十六年到康熙帝去世，每年有 150 余天在畅春园居住理政；雍正帝自雍正三年八月，平均每年在圆明园 210 余天；乾隆帝的理政地点，除紫禁城、避暑山庄、南巡和东巡途中之外，年平均驻圆明园 120 余天；嘉庆帝驻圆明园时间，年均 160 余天；道光帝驻圆明园时间，年均 260 余天；咸丰帝在咸丰十年（1860）八月逃往热河前，驻跸圆明园年均时间也达到 260 余天。可见，越到后来，西山园林越成为清朝实际的政治中心。

雍正帝被誉为中国历史上最勤政的皇帝，他在位期间，自诩

圆明园四十景之　万方安和

"以勤先天下",不巡幸、不游猎,日理政事、终年不息。仅以朱批
奏折而言,雍正朝现存汉文奏折 35000 余件、满文奏折 6600 余件,
共有 41600 余件,他在位 12 年零 8 个月,实际约 4247 天,平均每
天批阅奏折约 10 件,多在夜间,亲笔朱批,不假手于他人,有的奏
折上的批语竟有 1000 多字。

　　同时,虽为至高无上的天子,但雍正帝也同样具备常人的喜怒
哀乐。他兴趣爱好广泛,颇富情趣,这在园中的布置和他的画像上

可见一二。圆明园没有紫禁城的庄严肃穆，巍峨宏大，但是充满山林田园风情，办公之余可以骑射山林，耕种田亩，垂钓溪畔，听曲读经，放松心境，不受宫廷礼制束缚，这也是雍正帝喜欢长期居住在圆明园的主要原因，园内到处都留下了雍正帝的足迹，西峰秀色、澹泊宁静、万方安和、蓬岛瑶台等景点是他最喜欢居住之处。

雍正帝的情趣充分体现在保留下来的雍正帝肖像画和行乐图中，图中他或头戴西洋假发扮成贵族；或手拿钢叉化身西洋打虎绅士；或头戴道冠，身披宽袍，飘飘欲仙，修道问天。或为归隐田园的隐士，或为弹琴松间的高人，或为独钓寒江雪的老叟，或化身成他族勇士。装扮极富想象力和趣味，而且集合了中外、各族元素。

雍正帝本人多才多艺，不仅娴熟于满洲传统的骑射技艺，而且极具文人气质，擅长书法，对下棋、打骨牌等都有浓厚的兴趣，喜好读书，经常"乘机务之少暇，研经史以陶情，拈韵挥毫，用资典学"。中国传统社会以农为本，农业是国家之命脉，圆明园内水木明瑟、澹泊宁静、映水兰香三景，均被水面环绕，或辟田庐，或营蔬圃，雍正帝常于此观稼，以标榜重农。凭栏观稼，"则农夫勤瘁，稼事艰难，其景象又恍然在苑囿间也"。雍正帝描述自己的园中生活是"校文于墀，观射于圃"，尽管可能只是他的向往，但也反映出他心目中理想的生活场景就是这样一种状态。其他诸如踏青、泛舟、赏月、观花、弄雪等也都是雍正帝的消遣活动。

雍正十三年（1735）八月二十三日，雍正帝在圆明园九州清晏寝宫猝然去世，其死因众说纷纭。《清世宗实录》与《起居注册》记载，雍正帝从病至死，前后不足三日，实际是二日，而且死前一天尚"办事如常"，没有辍朝的记载。这样最少有两点疑问，一是病程太短；二是对皇上的疾病和死前症状记载简略，甚至缺佚，使人对

雍正十二月行乐图轴之　三月赏桃（北京故宫博物院藏）

胤禛的死亡原因产生疑惑。由此推测，雍正帝必为暴亡无疑。那么，具体死因是什么呢？由于官方文书对此讳莫如深，因而民间众说纷纭。史学界大体有三种推测：一说雍正帝死于疾病；二说雍正帝死于丹药中毒；三说雍正帝是被人刺杀的。

关于雍正帝死于疾病说。此种说法源于官方和私人文献之记载，如前所说之实录、起居注，以及张廷玉《澄怀园自订年谱》等。但文献中并没有关于雍正帝病因及症状之记载，对他暴死的情形亦未作解释。郑天挺先生在《清史简述》中据此认为"是中风死去的"，属于正常死亡。吴相湘先生亦持雍正帝寿终正寝说，他在《清宫秘谭》中说：世宗死后，其生前记册嘱咐放于梓宫内之古玩两件，遵旨放讫。如身遭横死，宫中将如何地慌张，那里会记得这一小册中的小事呢？可惜持此说者都没有拿出任何有说服力的证据。

关于雍正帝死于被刺杀说。这是民间流传最广的一种说法，传言刺杀雍正帝的侠女，就是吕留良的孙女吕四娘。吕留良案发之后，满门抄斩，吕四娘幸免于难，决心报仇，立志"不杀雍正，死不瞑目"。吕四娘随大侠甘凤池苦习武艺，练就了一身绝技。终于扮成宫女，混入宫中入侍，将雍正帝杀死，又割下了他的头颅。对于此说，史家普遍认为是子虚乌有的无稽之谈，经不起辩驳。其理由三：一是吕留良案发后，吕氏一门，不论男女老幼俱已严禁，无有漏网者；二是吕氏幸免于死之人悉数发遣宁古塔为奴，且圆明园戒备森严，吕四娘不可能混入宫中行刺；三是雍正帝被刺说的最有力证据出自《鄂尔泰传》和《鄂尔泰行略》中的有关记载，袁枚在《小仓山房文集》卷八《鄂尔泰行略》中记道："八月二十三日夜，世宗升遐，召受顾命者，惟公一人。公恸哭，捧遗诏从圆明园入紫禁城。深夜无马，骑煤骡而奔，拥今上登极。宿禁中七昼夜始出。人惊公袴红湿，就视之，髀血涔涔下，方知仓卒时为骡伤，虹溃未已，公竟不知也。"显见惊慌失措之极，并由此认为雍正帝死于非命。但后世人多认为此段记载多为臆测之语，如其中"召受顾命者惟公一人"，所记不确，雍正帝死前曾召顾命大臣之人数，官私记载基本相似，《实录》与《起居注》及张廷玉自撰年谱中均记有同受顾命诸臣多人，如庄亲王、果亲王、大学士及内大臣等。另雍正帝升退时间为二十二日深夜、二十三日凌晨，而非八月二十三日夜。又记"公恸哭，捧遗诏入禁城，拥今上登极"，亦为夸张不实之处。

此外，与吕四娘刺杀雍正帝相类似的仇人刺杀雍正帝的传说，还有多种。有的史家根据清人的记载和众多的传闻，细加分析，认为仇杀雍正一说，还是有一定合理性的，否则就无法解释张廷玉在雍正帝死前入见时的"惊骇欲绝"，也无从解释自雍正帝以后，妃嫔侍寝，须先脱去内衣，以长袍裹体，由宫监负入，又将外罩除去，裸体入御的惯例。因为据清宫人传说，这并不是为了贪图肉欲，而是防备裹挟凶器入内行刺。

关于雍正帝死于丹药中毒。最早提到雍正帝之死与修炼丹药有关的，是金梁先生在《清帝外纪·世宗崩》中之数语："惟世宗之崩，相传修炼饵丹所致，或出有因。"其后，杨启樵先生在《雍正帝及其密折制度研究》一书中对此作了一些论证，其根据有三：一为雍正帝早就对道家的药石感兴趣；二是雍正帝曾遍访术士养于园中为其炼丹治病，其生前曾向心腹密臣发出谕旨，要他们推荐得道之人，还延请道士张太虚等到园中炼丹。园内的紫碧山房、深柳读书堂、别有洞天等处都炼过丹；三是雍正帝死后第三天，刚刚继位的乾隆皇帝便传谕驱逐宫内僧道，并严谕他们不许透露宫中只言片语。在百事待理之中，乾隆帝将此事视为当务之急，其中必有大故。随着清代档案的挖掘和研究，一些研究者认为雍正帝吃丹药中毒致死的可能性最大，如从档案可看到圆明园相关地方甚至在热天也要大量的煤、白碳、矿银、硫磺等炼丹所需之物。

总之，雍正帝之死因，目前尚无定论，以上三说，皆是依据不同历史资料进行的推测而已。因此，在没有进一步直接证实雍正帝确切死因的史料发现之前，还是有疑存疑为妥。静默不语的圆明园见证了雍正帝从精力充沛之盛年到力不从心、轰然倒下的人生发展过程，也尘封住了他的死亡真相，正所谓花树不语，世事如风。

（孙喆）

乾隆与圆明园买卖街

　　乾隆皇帝弘历是雍正皇帝第四子，清入关后的第四代皇帝，也是大型皇家宫苑圆明园的第二代主人。乾隆帝从小就生活在圆明园，其一生与圆明园有不可分割的紧密联系。他在园内第一次拜谒了皇祖康熙皇帝。他多次声称自己与圆明园同庚，并将园中的老松、玉兰都当作同年好友，写下了很多怀念诗文。皇子时期的弘历居住在后湖西北的桃花坞，后又移居长春仙馆。六岁以后，他照例到园内的上书房接受系统的教育。结婚后，弘历和福晋富察氏相敬如宾、恩爱异常，他们被父亲雍正皇帝赐居于长春仙馆。即位后，圆明园被乾隆皇帝特称为御园，乾隆帝更是给这个旷世园林，打上了自身不可磨灭的印记。在圆明园成为万园之园的过程中，他本人发挥了关键作用，他对圆明园的影响也最为广泛和深远。比如，圆明园四十景是乾隆时期定型完成的；圆明五园的宏大格局是乾隆时期拓展的；西洋楼景区的建设，也主要是因为乾隆时期的好奇心理；圆明园里的珍贵收藏，同样大多是在乾隆时代形成的。由此不难看出，乾隆帝有着真挚的圆明园情结。

　　作为一国之君，乾隆帝和父亲雍正帝一样，每年都有绝大部分时间居住于圆明园。园居期间，他一般是在正大光明殿临朝听政，宴请外藩，寿诞受贺；在勤政亲贤殿批阅奏章，召见臣僚，处理日常政务；与后妃常年生活居住在九州清晏。乾隆帝在《圆明园后记》中曾谈及对园居生活的看法，认为帝王在完成政务、远离朝臣后，必须拥有能在其间随意徜徉、观赏、放松心智的场所，所谓

"帝王临朝视政之暇，必有游观旷览之地"。乾隆帝在御园中的生活很有规律，根据季节变化往往会有不同的安排。除去重要的政事活动外，他照例经常到畅春园去向皇太后问安，琴棋书画、品茗饮酒、作诗赋词则是乾隆帝类似文人雅士园居生活的重要内容。此外接见、游园、看戏、宴请、拜佛、祈雨等等，也是经常性的活动。他流连于圆明园，把所谓的"日理万机"与优游之乐比较融洽有序地合于一处；把园林的恬静幽雅和繁冗复杂的政务结合在一起，实现了"避喧听政"的目的。在乾隆朝，圆明园一定程度上发挥了"生态办公区"的功能，无怪乎，乾隆帝愿意如白居易所云"优哉游哉，吾将终老乎其间"。

"中国皇帝的至尊，使他无法在公共场合露面，他什么都看不见。他经过之处家家户户、大小商店都闭门大吉。到处都拉起帐幔不让人发现他。在他到来前好几小时，他要经过的道路已经设上岗哨禁止通行了。他出城去乡下时，两队骑兵早就在前边开路驱赶路人，保护皇上的安全。中国皇帝们不得不在孤独中生活，他们就想出各种方式弥补其对公共生活的需求。"历代的皇家宫市就是应这种需求而诞生的。所谓皇家宫市，其实就是皇家园林中的街市，俗称"买卖街"，有时也叫"铺面房"。历史上，南朝的"华林苑"，北宋的"艮岳"等都曾有开列茶馆、酒楼，以模拟民间市井，并以此作为皇家娱乐场所的设置。此类建筑以特殊的建筑形象结合特殊的地貌，在园林中再现别有风味的市井景观。它不仅为了娱乐，也是一种造景手段，其主要目的就是为皇家创造街市生活的缩影，以便了解在皇宫中不可能接触到的百姓日常生活，平添园居生活的乐趣。皇家宫市的设立反映了皇家园林"移天缩地在君怀"、皇帝"万物皆备于我"的思想，也可看出封建帝王的猎奇心理。

北京西北郊历来是园林荟萃之地，尤其到了清代，历经康熙、雍正、乾隆三代皇帝的相继经营，这一带更是名园并起，大小园林几十座点缀其间，形成了以圆明园为中心，同时诸园并立的壮丽局面，盛极一时。从康熙帝之后，清帝每年的绝大部分时间都在这些皇家园林里生活游乐、处理政务，御园里的皇家宫市也所在多有。如畅春园的苏州街、圆明园的同乐园买卖街、圆明园西峰秀色附近的铺面房、圆明三园中长春园含经堂东侧的买卖街、清漪园的西所买卖街、清漪园的后溪河买卖街、香山地区的香山寺前买卖街、静宜园东宫门外买卖街等，都是此类设置，而尤以圆明园的同乐园买卖街和清漪园的后溪河买卖街最具代表性。

这些位于皇家园林里的买卖街是清帝追求感官刺激，借以慰藉长期远离世俗尘嚣的空虚和落寞的即兴设置。虽然街市活动的临时性较强，毕竟也可在一定程度上反映民间生活的状态，有助于皇帝了解民情；更重要的是，这类设施可以满足皇室暂时忽略身份，参与市井娱乐的欲望，因此大受欢迎。正如作家李敖形容的："（圆明园）有五千多军人防守，里面却没有百姓，有百姓也是扮演的。皇帝高兴，一声令下，所有宫女太监等等都化装起来，扮演成法曹、商人、工人、卖艺的、说书的、小偷各行各业，有衙门、有商店、有市场、有码头、有旅馆、有监狱种种地方，各司其业，你来我往，热闹非凡。这是中国式的化装舞会，远从纪元前二世纪便流行在中国皇宫里，有时候皇帝也亲自加入，扮演成商人等等，与左右同乐，学做老百姓开心。他们整个是另一个阶级——把老百姓关在十八道金碧辉煌的宫门外面，然后在里面装做老百姓的阶级。"

同乐园买卖街建于雍正时期，乾隆时期街市规模更为盛大，举办活动也更为频繁。买卖街位于圆明园四十景之一的坐石临流范围

圆明园四十景之　坐石临流

内，是该景的同乐园大戏楼西侧向北跨越双桥直至舍卫城南门外的呈"丁"字形的铺面街，这条皇家宫市南北长 210 米，东西为 100 米，由双桥北街、南街和舍卫城东西街组成。大戏楼和买卖街是圆明园内每逢佳辰令节演唱大戏、举办宫市的地方，亦是皇帝宴赏王公大臣、外藩王公和外国使臣之所。每年正月灯节前后照例要办"庆丰图"，包括连台灯戏和买卖街市等活动。一般要连唱 10 天大戏，并开设买卖铺面，安设万寿灯牌楼、万年欢彩灯牌楼等。乾隆时期，还特允年班入觐的外藩王公和外国使臣，于上元（正月十五）和燕九（正月十九）两个晚上同至山高水长观放烟火，并随至同乐园观看庆丰图。

每当皇家在同乐园举办庆丰图或演唱庆寿大戏时，买卖街就一同开张，还有搭灯棚，舞灯等各种娱乐活动，热闹非凡。开市其间，各行买卖和厨役等，由崇文门监督从外间点选，内务府会同崇文门官员点名后，从圆明园北楼门出入，开店者则由太监充任。届时，码头上帆船林立，店铺内商品琳琅满目，凡京城能看到的，在这里也应有尽有，估衣铺、家具店、首饰店、书店、钱庄、茶馆、酒铺、饭馆皆有，丝绸、棉布、瓷器、漆器、古玩、水果、饮料、日用百货一应俱全。"开店者俱以内监为之。其古玩等器，由崇文门监督先期于外城各肆中采择交入，言明价值，具于册。卖去者给值，存者归物。……饭肆中走堂者，俱挑取外城各肆中之声音响亮、口齿伶俐者充之。"每当皇帝大驾过市时，跑堂的报帐，掌柜的核算，众音噪杂，纷沓并起，以为游观之乐。凡被允来同乐园逛买卖街的王公大臣、外藩使臣，都允许竞相购买。午后3时左右，执事各官皆行退避，后妃内眷纷纷来此观赏购物，成为难得的乐事。通常，新正十日大戏结束后，买卖街的外传买卖摊子即行撤去，而荤素饭铺还要照旧开业。所以，买卖街内的饭铺平时，尤其是正月还承担皇家的部分膳食事宜。如乾隆四十八年正月二十七日，小太监传旨：明日再叫同乐园铺内伺候一天野意膳。

同乐园买卖街的大致活动场景，通过乾隆时期在华的法国传教士蒋友仁、王致诚的描述，可窥其中一斑。蒋友仁记述道："店铺陈列在大街的两侧。每逢佳节，中国、日本、欧洲各国的各种最珍奇的物品都荟萃在这里，很像市场。"在一封给法国友人的信中王致诚写道："乾隆朝，每年有好几次让太监们扮成各种各样的人，做生意，手工艺等各种职业都有，街头巷尾热热闹闹熙熙攘攘，甚至还有大城市中常有的诈骗。到了指定的日子，每个太监都穿上指定角色的服装，有的扮商人，有的扮工匠、有的扮士兵，有的扮官员，有的推着一辆手推车，有的挎着一个篮子，每个人都职责分明。码头上船帆林立，店门大开，商品琳琅满目。这里是丝绸街，那里是棉布街，这里是瓷器街，那里是漆器街，一切都有分工。这里是家具店，那里是衣铺首饰店，另一家是为学者和好奇的人开的书店。小城里还有茶馆和酒肆，大大小小的旅馆。小贩们向您叫卖水果，各种饮料。杂货店老板拉着您的袖子缠着您买他的东西。在小城里可以任意所为。皇帝微服便装跟在他的随从后面几乎不被人察觉。集市上像真的一样嘈杂，每个人都夸耀自己的东西。甚至还有吵嘴打架。弓箭手们来制止吵架的人，把他们带到判官那里。判官审理以后作出判决，罚一阵杖责，那只是装装样子的，不过有时为了让皇帝开心就假戏真做了"。"小城里，扒手们也没有被遗忘。这个崇高的职业由许多最机灵的太监们担任，他们扮演得惟妙惟肖。他们被当场抓住时出足洋相。他们受到审判，或者装着将他们送交审判，根据罪行轻重，偷盗数量判罚示众、杖责或充军流放。如果他们偷盗技巧高明，大家为他们鼓掌叫好，可怜的商人的诉状倒反被驳回，不过，集市收场时一切都物归原主"。"这个集市只是为了给皇帝、皇后和其他妃嫔取乐的。有时也有几个亲王或大官一起来观看，有他们在场，后妃们就要退下。店铺里陈列或出售的货物绝大部分都属于北京各商号的。他们把货物交给太监拿到小城里真的出售。所以小城里的市场不是假装的。皇帝总是买许多东西，您可想而知，卖给皇帝的价钱是最贵不过的了。后妃们、太监们也买东西，所以尽管这并非是真做生意，倒也不乏热闹气息，使人兴趣盎然"。

　　学者贾珺认为："圆明园同乐园买卖街特别是在街北端设置微型城池，使得整条长街与舍卫城的形态很象北京前门大街与内城的关系。……圆明园的买卖街就是为了浓缩京城本身的市井氛围。""同乐园买卖街位居舍卫城之前。舍卫城是一座具有佛教意义的建筑群，似乎与街市颇为冲突，但实际上中国古代城市中不少商业街都依托著名的寺观而设，市与庙的关系很密切，比如清代北京的隆福寺一带就是如此，这也是市井之常态。"根据贾珺先生的研究，结合上述文献记载，可以看出同乐园的街市活动与当时民间广泛活跃的庙会几乎别无二致，区别仅在于其无非是在御园之内所举行。清人笔记《竹叶亭杂记》记载的一则故事，饶有趣味，也为这种御园庙会的推断提供了一个生动的注脚。记中说，乾隆帝六十五岁时，喜得一女，即和孝固伦公主，俗称十公主，乾隆帝老来得女，对小公主宠爱有加，据说有一年，乾隆帝带着和孝固伦公主逛同乐园买卖街，大学士和珅陪同，此时的小公主已许配给和珅之子丰绅殷德，乾隆帝戏称和珅为小公主的丈人。小公主吵着要一领大红夹衣，皇帝就指着随侍在旁的和珅对公主笑着说："为什么不向你丈人要？"和珅忙向店主问价，结果花了二十八两银子买下大红夹衣进呈给十公主。

（张超）

长春仙馆里母子情深

封建历代皇帝都尊亲法祖，标榜"孝治"而垂范天下。奉养太后，就是这一理念的仪式化象征。就清代而言，除了紫禁城内的寿康宫等专门奉养皇太后的宫殿之外，在园囿中也专门建有供皇太后颐养闲居的居处。

清朝定制，皇帝尊圣祖母为太皇太后，尊圣母为皇太后，居慈宁、寿康、宁寿等宫。顺治帝即位之初，尊奉嫡母、皇太极的皇后为孝端皇太后（顺治六年卒），尊生母、庄妃为圣母皇太后（即孝庄太后）。顺治十年（1653）六月二十六日，慈宁宫完工，孝庄皇太后于当年闰六月十二日移居，并举行了隆重的移居仪式。慈宁宫与康熙、雍正时期陆续建成的宁寿宫、寿康宫一并成为清代皇太后在宫内的常用寝宫。

康熙帝即位时，嫡母、生母及祖母均在世，生母慈和皇太后于康熙二年（1663）二月卒，仁宪皇太后和孝庄太皇太后则皆长寿。宫中奉养虽然足以尊隆，但皇宫中的环境，尤其夏季，溽暑难堪。为了给太皇太后提供一个宜居的养身之所，康熙帝于二十三年（1684）第一次南巡归来后，在水土洁净的京西兴修畅春园，二十六年（1687）建成，当年六月初六日，康熙帝便奉太皇太后、皇太后，奉畅春园，"扶舆后先，承欢爱日，有天伦之乐焉"（《钦定日下旧闻考》卷76）。当年十二月二十五日太皇太后即孝庄太后卒于慈宁宫。此后数十年间，康熙帝奉养仁宪皇太后于畅春园，开创了清代皇帝居园理政与皇太后园居奉养的先例。康熙五十六年十二月初一日

（1718年1月2日），皇太后病卒于宁寿宫。

由于雍正帝生母仁寿皇太后在他即位五个月后便崩于永和宫，雍正朝没有奉养皇太后的任务，畅春园"奉养东朝"功能此时也被闲置。

乾隆帝即位后，皇太后即生母钮祜禄氏，满洲镶黄旗，四品典仪凌柱之女。康熙时为藩邸格格，康熙五十年（1719）八月十三日生弘历，雍正元年（1723）封熹妃。八年（1730），晋熹贵妃。九年（1731），孝敬皇后崩后，摄六宫事。雍正十三年（1735）九月，弘历即位，尊为圣母皇太后，上徽号曰崇庆皇太后。

乾隆帝在京西御园奉养皇太后的地方主要有两处：一是畅春园，一是圆明园。在畅春园，皇太后的主要居处依然是春晖堂和寿萱春永。在圆明园，皇太后的主要居处就是长春仙馆。乾隆三年（1738）正月十一日，乾隆帝初幸圆明园，先诣恩佑寺行礼，然后奉皇太后居畅春园，并规定："凡庆节，恭迎皇太后御圆明园之长春仙馆，以为例。"（《清高宗实录》卷60）长春仙馆循寿山口西入，屋宇深邃，重檐曲槛，逶迤相接，庭径有梧有石，堪供小憩。乾隆帝即位后将此处"略加修饰，遇佳辰令节，迎奉皇太后，为膳寝之所。盖以长春志祝"。诗曰："常时问寝地，曩岁读书堂。秘阁冬宜燠，虚亭夜亦凉。欢心依日永，乐志愿春长。阶下松龄祝，千秋奉寿康。"每逢正月上元节，乾隆帝还在"长春仙馆为御园灯筵，恭奉圣母起居之所。"另外，在正月里，乾隆帝还经常奉皇太后幸同乐园观戏。两相比较，畅春园是皇太后日常起居之所，圆明园长春仙馆则主要作为节庆时令时皇帝在御园中迎养皇太后的居处。

崇庆皇太后长寿，在做皇太后的四十余年时间里，乾隆帝几乎每天前往问视，悉心奉养。乾隆帝每见皇太后"康健如常，喜形于

崇庆皇太后半身油画屏

色"。乾隆帝也说:"朕自登极以来,即尊养皇太后于畅春园,迄今四十二年,视膳问安,承欢介景,所以奉懿娱而尽爱敬,为时最久。"(《清高宗实录》卷1025)

每逢军事征讨告成之际,乾隆帝还会为皇太后加封徽号"以广圣孝"。乾隆十四年(1749)第一次金川战争结束,乾隆帝为皇太后加徽号"崇庆慈宣康惠皇太后";二十年(1755),平准战事告成,"以西师大捷,克定伊犁奏闻",再次为皇太后加封徽号;四十一年(1776),第二次平定金川战争后,乾隆帝又以"从此铭勋偃武,实由圣母福庇"为由,加封皇太后徽号。

在皇太后的整数大寿年份,乾隆帝都要为皇太后举办隆重的庆贺典礼。乾隆十六年(1751)皇太后六旬万寿,当年正月乾隆帝先是奉皇太后巡幸江南、浙江。又为准备此次大寿,乾隆帝特意增修了清漪园(即颐和园的前身),谕令瓮山改称名万寿山,金海改称昆明湖。在京王大臣奏请在万寿山到京城西华门一路,沿途预备各种戏台杂技。

为了使皇太后在回宫途中看到普天同庆的喜乐景象,自西华门外至西直门外之高梁桥十余里中,分地张灯,剪彩为花,铺锦为屋,丹碧相映,不可名状。每数十步间一戏台,北调南腔,舞衫歌扇。后部未歇,前部又迎,游者如置身于琼楼玉宇之中,听霓裳曲,观羽衣舞也。其景物之点缀,有以绢为山岳状,锡箔为波涛纹者,甚至一蟠桃大数间屋,此皆粗略不足道。沿途还有各地布置的舞台或微缩景观，如广东所构之翡翠亭，高三丈余，悉以孔雀尾作屋瓦，一亭不啻万眼；湖北所创之黄鹤楼，形制悉仿武昌，惟稍小耳。最奇者重檐三屋，墙壁皆用玻璃砖砌成，日光照之，辉煌夺目；浙江所结之镜湖亭，以径可二丈之大圆镜，嵌诸藻井之上，四旁则以小圆镜数万鳞砌成墙。人入其中，身可化百亿。

崇庆皇太后朝服像

当年十一月二十日，乾隆帝亲自陪着皇太后从畅春园回宫。皇太后的慈驾自长河乘冰床至高粱桥，然后改乘由28人抬的金辇。乾隆帝身穿龙袍衮服，乘马前导。王公、大臣蟒袍补服，满汉命妇身穿彩服，在各祝寿彩棚前夹道跪迎。来自直隶、湖广进京给皇太后祝寿的老民、老妇，以及来自直省的年老休致大臣，也在道旁跪迎，并瞻仰皇太后慈颜。

冬至、元旦时节的庆贺皇太后礼也非常隆重。而所有这些皇太后参与的一系列活动，在皇帝眼中，别具联络外藩的政治作用。例如，乾隆九年（1744）正月十六日，乾隆帝奉皇太后在圆明园山高水长处点放烟火盒子，一同观看的人员，不仅有京城部院衙门、旗下满洲大臣，有外省将军、都统大臣等，还有御前乾清门行走之蒙古王、额驸台吉等"在两廊下坐"，还有准噶尔使臣图尔都"在头班大臣后随坐"。像这种场景，在乾隆四十二年皇太后去世之前，几乎是一种常态。也正因为此，乾隆帝称："新岁朕奉皇太后驻跸圆明园，所有灯节恭进皇太后筵宴及赐蒙古王等筵宴，关系国家典礼，不可废缺。"

"盛世莫先于崇孝"，以加封徽号、万寿庆典、年节的庆贺皇太后等活动为核心的"崇孝"仪式是皇权塑造盛世的重要内容。清代，几乎每次皇太后庆典中朝廷都会下诏"恩赐天下"，其政治意义就是展现"共享太平之福"。乾隆十六年（1751）皇太后六旬大寿之际，朝廷颁诏天下，进行一系列的"加恩"和"赏赐"，以"播徽音而锡类，万年乐有道之长，绵景祚以凝庥，四海沛无疆之泽"。甚至，还有特开乡会试恩科等一系列施恩举措，进一步放大皇太后仪式的政治意义。乾隆二十二年（1757）乾隆帝第二次奉皇太后南巡，一路上行庆施惠，出发前先是下令将江苏、安徽、浙江在乾隆二十一年以前积欠未完地丁银两，概予蠲免。正月，皇太后銮舆所经过直隶、山东各州县，"男妇年七十以上者俱著查明，照从前恩诏之例，分别赏赉"。二月，皇太后銮舆"载巡江浙"，所见景象颇为鼓舞，"所至黎庶，爱戴情殷，夹道焚香，欢迎辇路，而鹤发幡然扶携恐后，尤堪轸念"，于是，"所有江浙二省男妇年七十以上者，俱著加恩"；其江宁、京口、杭州、乍浦等驻防旗人男妇年七十以上者，"一体赏赉，以昭庆典"。通过一连串的南巡赏赐，让天下"群黎"与皇太后"共享太平之福"。

凡帝游必奉母行，据昭梿《啸亭杂录》记载："纯皇侍奉孝圣宪皇后极为孝养，每巡幸木兰、江浙等处，必首奉慈舆，朝夕侍养。后天性慈善，屡劝上减刑罢兵，以免苍生屠戮，上无不顺从，以承欢爱。后喜居畅春园。上于冬季入宫后，迟数日必往问安侍膳，以尽子职。"据统计，乾隆帝偕崇庆皇太后先后南巡 4 次，东巡 4 次，谒五台山 3 次，谒盛京 2 次，幸嵩洛 1 次。此外，木兰秋狝，崇庆皇太后亦皆同往。其足迹南抵江浙，北达盛京，东至岱岳，西及五台，遍及中国的千山万水。

　　为了娱乐太后，圆明园内每逢年节时还举办有买卖街的商货购物活动。据乾隆时期一位曾在圆明园从事建筑的法国传教士描述："一年中有几次像商业、市场交易通常只在大城市才有的活动。在规定的时间里，每一位太监都穿上职业服装或佩有指定的某种标志，他们有的扮成店主、工匠、官员和普通士兵，有的推一辆手推车在街上转悠，还有是背着箩筐的搬运工。总之，每一位太监都有他们所从事职业的不同标志。船只抵达码头，店铺开门，商品被摆出销售。这里有四分之一的人在卖丝绸，另外一些人卖衣物，有一条街专卖瓷器，另外还有一条街卖漆器。无论您想买什么，在这里都可以买到。这个人卖各式各样的家俱，那个人卖女士穿的衣物和饰品，还有的卖各类书籍，内容有供学习增长知识方面的，也有稀奇古怪的。这里也有咖啡屋、小酒馆，各式各样的都有，有高档的，也有低廉的。另外，也有人在街上叫卖各种水果及种类繁多的能使人精神振作的酒。当您经过绸布店时，绸布商人会拽住您的袖子，强迫您买一些他们的商品。这是一个自由和放纵的地方。从皇帝极普通的装束来看，您很难区别出皇帝来。为了推销自己的商品，每个人都在大喊大叫。一些人在争吵，一些人在斗殴。在这里您可以感受到一个集市的所有喧闹。这时会有官员过来逮捕闹事者，并将他们带到审判者面前，审判就在庭院进行，以严肃规定。闹事者有的以棒打脚心做为惩罚，有的则被判刑。皇帝的这种消遣活动，有时使可怜的参与者遭受极大的痛苦。在总的'表演'中，偷窃行当不应忘记。这份高贵的差事被指派为数众多且身手灵巧、聪明的太监。他们极好地扮演了他们各自的角色。在实际中，如果他们当中有人被抓住，那将给他带来耻辱。依照'罪行'的程度和偷窃的类型，或被谴责（至少他们要忍受这种惩罚形式），或被污辱，或被打脚掌，或被驱逐。如果他们偷得很巧妙，他们就会一边大笑，一边鼓掌，受害者也没有补偿。无论怎样，在集市结束时，被'偷窃'的所有东西，都将物归原主。"

"这个集市，只是为皇帝、皇后和嫔妃们的消遣和娱乐而保留的。对亲王和达官贵人来说，通常是不被允许去参观的。当他们当中有人被恩典去参观时，也得等所有的妇女都退回她们分住的几个房间里。这里摆放和出售的商品，主要是北京城里商人提供的。商人将这些商品交到太监手里，这样卖起来更逼真一些，以致这里的交易完全不像事先安排好的。特别是，皇帝自己总是买许多东西，人们充分满足他的购买欲望。几位宫女也在那做生意，它实际上是太监生意的一部分。所有这些买卖，如果没有现实生活中的真东西掺杂在一起，那它会丧失生活的真实性，这个生活的真实性，使这个繁忙而喧闹的集市更具生命的活力，而这种娱乐活动起了较大作用。"（李宏为译《一位法国传教士眼中的圆明园》，《历史档案》1999 年 02 期）

乾隆四十二年（1777）正月二十三日，崇庆皇太后卒于圆明园的长春仙馆，享年 86 岁。在崇庆皇太后的遗诏中，称赞乾隆帝之"仁孝"以及"太平盛世"的景象。"今皇帝秉性仁孝，承欢养志，克敬克诚；视膳问安，晨夕靡间。每当巡幸所至，必披辇同行。亲见亿兆呼嵩，尊亲并笃。合万国欢，以天下养，信可谓之兼备矣。且木兰秋狝前期，必奉予幸避暑山庄，以协夏清之理。新正御园庆节，必奉予驻长春仙馆，以惬宴赏之情。至凡遇万寿大庆，必躬自起舞，以申爱敬。每当宫庭侍宴，必亲制诗画，以博欣愉。""予寿已八十有六，母仪尊养四十二年。因集勋归美而三晋徽称，遇万寿祝厘而三举庆典。中外一统，五世同堂。稽之史册，实罕伦比。"

　　崇庆皇太后生活在清代康乾盛世时期，一生享尽荣华富贵，寿数之高，在清代皇太后中居于首位。她的一生不仅是清代太平盛世的缩影，也成为了乾隆帝以孝治天下的象征。

（杨剑利）

逝于圆明园的传奇容妃

说容妃，知道的人不多，但若说起香妃，知道的人可就不少了。

近代以来，民间传说，乾隆皇帝有一来自新疆的维吾尔妃子，体生异香。随着时间的推移和江南士人著述、影视的传播，越演越奇，出现了不少版本，甚至出现了不少香妃墓园。

光绪三十年（1904）刊印的《王湘绮先生全集》（王闿运，字壬秋、壬父，号湘绮，咸丰二年举人，先任肃顺家庭教师，后入曾国藩幕，后主持成都尊经书院，主讲长沙思贤讲舍、衡州船山书院、南昌高等学堂）第五卷中有关于"回妃"的记载，谓乾隆朝平定准噶尔，有回部女入宫，有姿色，受皇帝宠，但心怀故国，有不轨心，为皇太后绞杀。

但这时只有回妃、美色等说法，还没有什么香妃、体生异香之类的文字。"香妃"之名的出现及其广泛流传是在清朝灭亡以后。

1914年，故宫古物陈列所从沈阳故宫、承德避暑山庄调配文物展览，其中有一幅年轻女子戎妆像，像下配文字说明文字称：

香妃者，回部王妃也，美姿色，生而体有异香，不假熏沐，国人号之曰"香妃"。

或有称其美于中土者，清高宗闻之，两师之役，嘱将军兆惠一穷其异。回疆既平，兆惠果生得香妃，致之京师。

帝命于西内建宝月楼（即今之新华门）居之。楼外建回营，毳幕韦鞴，具如西域式，武英殿浴德堂浴室穹隆顶，又，武英殿西之浴德堂仿土耳其式建筑，相传亦为香妃沐浴之所。盖帝欲藉种种以取悦其意，而稍杀其思乡之念也。

诇妃虽被殊眷，终不释然，尝出白刃袖中，示人曰："国破家亡，死志久决，然决不肯效儿女汶汶徒死，必得一当以报故主。"闻者大惊。但帝虽知其不可辱而卒不忍舍也。如是者数年。皇太后微有所闻，屡戒帝弗往，不听。会帝宿斋宫，急召妃入，赐缢死……

这段文字颇具异域色彩，故事婉转曲折，加之女性题材、相貌英武，对普通百姓而言，趣味盎然，但稍有历史知识的人都能从这段文字里读出问题，一来文字不见于正史，二来内容明显从《王湘绮先生全集》第五卷关于"回妃"文字改编而来，不过增加了"香妃"的名目、体生异香的说法而已。

实则，这篇文字是从两个湖南人文字综合而来的，一部分文字出自《王湘绮先生全集》第五卷中有关于"回妃"文字，另一部分则来自光绪十八年（1892）湖南人萧雄《西疆杂述诗》卷四《香娘娘庙》。

萧雄，字皋谟，号听园山人，湖南省益阳人，屡次应试不第，同光期间，入都统全顺、提督张曜幕府，后随左宗棠征西，有《西疆杂述诗》四卷，其卷四《香娘娘庙》中有"纷纷女伴谒香娘"一语，在此书附录中又写道："香娘娘，乾隆年间喀什噶尔人，降生不凡，体有香气，性真笃，因恋母，归没于家。"这里只说，香娘娘体有香气，根本没有所谓入京、刺杀皇帝之类的故事。

可见，1914年展览中的女子戎装相的说明文字是两说合并、编纂而来。这一点，曾经在古物陈列所工作过的原故宫博物院副院长单士元回忆当时情况时说：

那时，我和几个同事根据民国政府内务部一位官员说的"这大概就是香妃"，并考虑到当时社会经济效益商定的，是没有查史料的，是错误的，是一种不负责任的行为，是应该纠正的。

这是故事与野史中的香妃，那么，历史上真的有香妃吗？或者说野史中的香妃在历史中是否有原型呢？

针对社会上诸多关于香妃的讹传，著名清史学家孟森作有《香妃考实》一文，借助于学生赠送照片并时人考察情况进行辨析，云：

吴生丰培贻一容妃园寝神像。问其所从得，则云有太仓陆夫人藏。

此夫人为陆文慎宝忠之子妇、徐相国郙之女，于民国二、三年间至东陵，瞻仰各陵寝。至一处，守者谓即香妃冢，据标题则容妃园寝也。

凡陵寝、园寝享殿皆有遗像，一大一小。小者遇有祭祀即张之，大者年仅张设一次。

陆夫人以香妃之传说甚庞杂，亲至其园寝，始知流言之非实。请于守者，以摄影法摄容妃像以归。所摄乃其小者，大像封局，未得见也。

吴丰培系孟森学生，民国十九年（1930）入北京大学研究所国学门，为研究生，先后师从朱希祖、孟森研习明史。

吴丰培赠给孟森的容妃（即民间所谓香妃）照片出自光绪二年进士陆宝忠的妻子（同治元年状元、协办大学士徐郙之女）倩人所摄。

陆氏往东陵拜谒容妃墓（守护者所谓的香妃墓）是在民国二、三年间（1913年、1914年），距离清朝灭亡不过两三年而已。

陆氏之所以去东陵，是因为"陆夫人以香妃之传说甚庞杂"——这正是清末民初江浙革命党人大量制造和传播满人野史风气下的常态之一，要解决真正的历史事实。

也就是说，在清末民初，在一些笔记、杂志、诗文、口碑的传播效应下，容妃即香妃在知识分子和百姓间已经有了一定的市场——容妃是乾隆皇帝唯一的维族妃子。

按照守陵人的说法，所谓香妃冢即东陵"据标题则容妃园寝"，且有大小二相，陆氏请人对小相摄有照片。

按此东陵容妃，即来自新疆的南疆地区，时人称回部，为维吾尔人，与民间所谓"香妃"情况正合——乾隆帝唯一维吾尔妃嫔。

《清史稿·后妃传》载："容妃，和卓氏，回部台吉和札赍女。初入宫，号贵人。累进为妃。"

回部，又称回疆，是清代对新疆天山以南地区的称呼。之所以如此称呼，是因清代称居于此地的维吾尔人为"缠头回"或"白帽回"，故名。

台吉，古时蒙古贵族的称号，源出汉语"太子"。清朝沿用，作为封爵之一，在王、贝勒、贝子、公之下，分四等，用以封赠蒙古及西北边疆某些地区贵族首领。清阮葵生《茶余客话》卷一载："一、二等台吉许以一子袭职外，余子概为四品。"和札赍，一作和扎麦，又写作艾力和卓、阿里和卓。

和卓，即 Khwaja，伊斯兰教对有威望人物的尊称，中国多译作"火者"，清代史籍多译为"和卓"、"霍加"等。

可知容妃系维吾尔人，生于雍正十二年（1734）九月十五日。世居叶尔羌，其父为第二十九世回部台吉（贵族首领）阿里和卓。

乾隆二十年（1755）五月，清军进军伊犁，第二次平定准噶尔蒙古贵族阿睦尔撒纳之乱，解救了被准噶尔拘禁的叶尔羌、喀什噶尔封建主玛罕木特二子：大和卓木、小和卓木。不料，两年以后，小和卓木杀死中央钦派驻疆副都统阿敏道，自称"巴图尔汗"，大和卓木则据守喀什噶尔，两相呼应，开始大规模的武装反清活动。

对于大小和卓的反清举动，诸多维人不以为然，容妃的父亲阿里和卓为回部台吉，哥哥名图尔都，他们不愿依附大小和卓，遂离开世居之地叶尔羌，举家从天山以南的叶尔羌迁移到天山北侧的伊犁居住。

乾隆二十二年（1757），清政府派兵平定大小和卓之乱。乾隆二十四年（1759）秋，大小和卓叛乱平定。

乾隆二十五年，图尔都等五户助战有功和卓、霍集斯等三户在平乱中立功的南疆维吾尔上层人士应召陆续来到北京，觐见乾隆皇帝。皇帝令其在京居住，并派使者接其家眷来京，封图尔都等为一等台吉。

为了感谢皇帝的恩德，表示对朝廷的忠心，乾隆二十五年初，和卓氏的叔叔、哥哥将 27 岁的和卓氏送进皇宫。这时，皇帝 50 岁，长 23 岁。

实际上，容妃上面有姐姐，下面有妹妹，唯有她得以入宫，大概与其姿色、性情都有直接的关系，大概也与其曾经的地位（和卓氏，本名巴特玛，系霍集占休弃之妻）和皇帝笼络南疆维人的治理政策有关。

和卓氏初入宫，身份是"皇后下学规矩女子"。

其时，和卓氏带来祥瑞（从南方移栽到宫内的荔枝树，竟结出了 200 多颗荔枝），加之，为人娴静、来自西域，很得皇上、皇太后喜欢，不久便得封贵人。据史料记载，本年二月初四日，新封"皇

后下学规矩女子"和卓氏为"和
贵人"。

清朝后妃分八个等级：皇后、
皇贵妃、贵妃、妃、嫔、贵人、常
在、答应，贵人在清朝后妃的八个
等级中属第六个等级。

香妃复原图

不仅如此，本年四月八日，皇
帝还将宫中女子巴朗赐给图尔都为
妻。可见，这种婚姻强烈的政治联
姻性质。

皇帝秉承"因俗而治"的地方、部族管理理念——与清朝满人
来自东北，与边疆人民感情亲切相关，充分尊重和贵人的生活习惯、
宗教信仰，并给予特殊关照，在宫中为之设清真厨师。和贵人在圆
明园居住时，曾在园中方外观做礼拜，乾隆帝特意为她在方外观的
大理石墙上镌刻了《古兰经》文。

由于和贵人入宫两年来，"秉心克慎，奉职惟勤"，在和贵人入
宫后的第三年（乾隆二十七年五月十六日），皇帝便命兵部尚书阿里
衮为正使、礼部侍郎五吉为副使，册封和卓氏（也写作霍卓氏）为
容嫔，册文曰：

朕惟二南起化，丕助鸿猷；九御分官，共襄内治。珩璜叶度，
既仰赞夫坤元；纶綍宣恩，宜特申夫巽命。

尔霍卓氏，秉心克慎，奉职惟勤，壸范端庄，礼容愉婉，深严
柘馆，曾参三缫之仪；肃穆兰宫，允称九嫔之列。兹仰承皇太后慈
谕，册封尔为容嫔，法四星于碧落，象服攸加；贲五色于丹霄，龙

章载锡。尚敬承夫恩渥，益克懋夫芳徽。

　　钦哉。

　　同时，其兄、原封为一等台吉的图尔都，则追论当年进攻喀什噶尔有功，晋爵，封辅国公。可谓兄以妹贵。

　　其后，容嫔受宠不辍。

　　回部移民居所位于南海宝月楼南。乾隆二十七年，乾隆帝咏宝月楼诗自注云："楼临长安街，街南俾移来西域回部居之，室宇即其制。"说明宝月楼增添了回部形制建筑——乾隆《宝月楼记》称，宝月楼"鸠土戊寅之春，落成是岁之秋。"戊寅，即乾隆二十三年（1758）。二十八年新年，乾隆帝作宝月楼诗云"鳞次居回部，安西系远情"句，自注云：

　　墙外西长安街，内属回人衡宇相望，人称"回子营"。新建礼拜寺，正与楼对。

　　乾隆三十年春天，皇帝第四次启动南巡，携皇太后、皇后、令贵妃、庆妃及大学士傅恒等王公贵戚1000余人同行，容嫔（32岁）与她的哥哥图尔都也在其中。一路上，皇帝唯恐容妃不惯饮食，前后赏赐如奶酥油野鸭子、酒炖羊肉、羊池士等80多种各种口味饭菜。

　　乾隆三十三年六月，35岁的和卓氏地位再次得到晋升，皇帝以皇太后名义晋封她为容妃，并由赏给处为之准备满洲朝服、吉服、项圈、耳坠、数珠等。十月，皇帝以大学士尹继善为正使、内阁学士迈拉逊为副使，持节册封容嫔为容妃，册文曰：

朕惟祎褕着媺，克襄雅化于二南；纶綍宣恩，宜备崇班于九御，爰申茂典，式晋荣封。

尔容嫔霍卓氏，端谨持躬，柔嘉表则，秉小心而有恪，久勤服事于慈闱，供内职以无违，凤协箴规于女史。

兹奉皇太后慈谕，册封尔为容妃。尚其仰承锡命，勖令德以长绥；祗荷褒嘉，劭芳徽于益懋。

钦哉。

香妃戎装图

三年以后，乾隆帝又携和卓氏等六位妃嫔东巡，游历泰山，拜谒孔庙。

实际上，随着乾隆帝后宫高于容妃地位者的陆续离世，容妃已经成为后宫最主要的妃嫔之一。

八年后的乾隆五十三年（1788）四月十四日，皇帝赏给容妃春橘10个。五天后，55岁的容妃逝世于圆明园，未有生育。

按其传奇一生，经历大约如下：

雍正十二年九月十五日，生，1岁。

乾隆二十五年二月初四日，新封皇后下学规矩女子为和贵人，27岁。

乾隆二十六年七月十七日，和贵人随上哨鹿，28岁。

乾隆二十七年五月二十一日，册封霍卓氏为容嫔，29岁。七月初八日，随上哨鹿。

乾隆二十九年七月十七日，随上哨鹿，31岁。

乾隆三十年正月十六起，跟随皇帝第四次南巡，32岁。七月初八起，容嫔随上哨鹿。

乾隆三十一年七月初八起，容嫔随上哨鹿，33岁。

乾隆三十二年七月二十日起，容嫔随上哨鹿，34岁。

乾隆三十三年十月二十六日，册封霍卓氏为容妃，35岁。

乾隆三十六年二月初四日起，随上东巡，38岁。

乾隆三十八年九月十五日，容妃四十千千秋（40岁）。

乾隆四十三年七月二十日起，随上东巡盛京，45岁。

乾隆四十四年五月十二日起，随上哨鹿，46岁。

乾隆五十三年四月十九日，逝世于圆明园，享年55岁。

乾隆五十三年九月十七日，容妃金棺由西花园奉移静安庄。二十五日，容妃金棺奉安于纯惠皇贵妃园寝（苏召南之女，事弘历于潜邸。即位，生二子永璋、永瑢，乾隆二十五年薨，葬乾隆裕陵侧）。

按照《昌瑞山万年统志》《陵寝事宜易知》等书记载，容妃墓的位置在裕陵妃园寝东首二排第一位；容妃神牌位次在享殿东暖阁内供奉；容妃墓园初称妃衙门，后称纯惠皇贵妃园寝，最后称裕陵妃园寝。

1979年，容妃墓塌陷，东陵管理处对容妃地宫进行清理。从剩余地宫遗物发现、探索出一系列容妃信息：

身高：由体骨测量计算得出，为167厘米左右。

血型：由头发取样化验得出，为"O"型。

地位：由猫睛石来看，为妃位朝冠饰物。

信仰：棺木上手书《古兰经》文字，为伊斯兰教。

衣着：墓中丝织物标明，出自江宁、苏州织造。

在民间，有不少关于香妃的传说和"遗迹"。

这倒不奇怪，一个地方但凡

郎世宁　纯惠皇贵妃朝服像

出了名人，在历史的沿革中，总有能言善思的人讲述、再造、传播名人的信息，孔子如此、屈原如此、诸葛亮如此、曹雪芹如此，西施、王昭君、杨玉环也不例外。

出身边域、身为皇妃的容妃也不例外，尤其是到了清末民初时期。传为香妃墓者有二，一在北京，一在新疆。

北京陶然亭北丛芦乱苇中有一土冢，冢旁立有一碑，上面镌刻：

浩浩愁，茫茫劫。短歌终，明月缺。郁郁佳城，中有碧血。碧亦有时尽，血亦有时灭。一缕香魂无断绝，是耶非耶？化为蝴蝶。

由词看，此处葬一女子，该女子或死于忠烈，故云"碧血"，诗人感慨女子人死而魂魄不灭，为后人敬仰。百姓不解诗意，见有"香魂"二字，即认为是"香冢"，进而讹传为香妃墓。

新疆香妃墓位于喀什市东北郊区的浩罕村，占地 30 亩，始建于明崇祯十三年（1640）。现有墓堆 58 个，以前称"海孜来特麻扎尔"，也即"尊者之墓"，或者和卓墓。

此墓本无"香妃墓"之说，随着时间的推移和香妃说法的流传，慢慢附会称香妃即葬其间。

（樊志斌）

嘉庆皇帝圆明园遇刺之谜

自雍正皇帝扩建圆明园、常年驻跸圆明园避喧理政（雍正三年，1725）以来，清朝历代皇帝都以圆明园为皇家御园，圆明园遂成为与紫禁城并立的清代政治、文化中心，在国家运作中扮演极其重要而特殊的角色。

在圆明园存世的（康熙四十六年始建至咸丰十年遭英法联军焚毁）154年中，雍正、乾隆、嘉庆、道光、咸丰五个皇帝在这个庞大的皇家园林中演绎了种种君主与个人的角色。其中，最让人咋舌和不解的当属嘉庆皇帝遇刺一事。

传统时代，皇帝为天之子、万乘之君，居万万人之上，朝廷设置种种安全保卫人员、设施，可谓防卫周到，朝廷还在承平时代，竟然有刺王杀驾之事，真可谓"从来未有事，竟出大清朝"。

事情发生在嘉庆八年（1803）闰二月二十日。

这一天，皇帝从圆明园起驾（上年末，历时九年、波及五省的白莲教平定，本年正月，皇帝到东陵祭祖，先到圆明园休息七天，本日回城），返回紫禁城。中午时分，到达紫禁城北门神武门，在顺贞门（位于内廷中路北端，为御花园之北门）换轿，继续前行。

此时，忽有一壮汉从神武门西厢房南山墙处窜出，手持短刃，直奔嘉庆皇帝御驾而来。

侍卫，是皇帝最后的防卫，本是最亲信、战斗力最强的队伍，向来是强中选强，优中选优，名额本少，待遇更是高得令人艳羡不已（三品侍卫为五品官衔，级别相当于知府；一等侍卫为三品官衔，级别相当于地方主管司法的按察使），且容易外放为官。故而，历来侍卫反映敏捷、战斗力强悍。

不过，因为天下承平日久，管理松弛，侍卫们早就忘了他们该有的反应。此时，面对刺客直扑皇帝，几十名侍卫或者呆立不知所措，或者受惊四散而逃，竟然没有赶到皇帝面前阻挡刺客的。

疾风知劲草，板荡识忠臣。在危急关头，定亲王绵恩（乾隆皇帝长子永璜二子，初封郡王，1793 年进亲王）急忙上前阻拦刺客，刺客举刀扎来，绵恩急忙躲避，刀划过绵恩的衣袖。固伦额附拉旺多尔济（乾隆第七女固伦和静公主之夫，博尔济吉特氏，额驸超勇亲王策凌之孙，皇帝姐夫）急忙上前，一把推向刺客的左手，随即被大力挣脱，年近五旬的拉旺多尔济摔倒在地。乾清门侍卫丹巴多尔济（喀喇沁左旗第九任扎萨克）反应迅速，拦腰抱住刺客，刺客回身反刺，丹巴多尔济身中三刀，倒在血泊之中。

刺客刺倒丹巴多尔济，正准备追赶往顺贞门转移的皇帝时，被一名乾清门侍卫一脚踢中，两名侍卫一拥而上，将刺客死死按在地上。此事情形，1928 年故宫博物院编辑刊印《掌故丛编》第九、十辑中收录嘉庆帝遇刺一案宫中档案一卷，其中，有二十四日审案大臣保宁等列衔奏折一道叙述当时情形云：

本月二十日，皇上由圆明园进宫斋戒，圣驾进神武门，将入顺贞门，突有凶犯自神武门内西厢房南山墙后趋出，经御前大臣定亲王（绵恩）、拉旺多尔济、御前侍卫札吉塔尔、珠尔杭阿、乾清门侍卫丹巴多尔济、桑吉斯塔等上前擒捕。该犯手持小刀，将丹巴多尔济扎伤三处，并将绵恩褂袖扎破，当（即）将该犯拿获，夺下凶刀，并于身搜出讖语等件。

嘉庆帝（颙琰）古装行乐图

礼亲王昭梿《啸亭续录》"超勇亲王"条也叙及此事：

> 癸亥春，有陈德之逆，喀喇沁贝勒丹公某已为所刺伤，王以手
> 搀（zùn，推）其腕，德莫能支，遂被擒，其勇力可知也。

皇帝坐定后，立刻恢复了理智，一面命太医院紧急抢救受伤的
丹巴多尔济，一面将负责皇宫守卫的护军统领大臣革职。

一番安顿后，皇帝才顾上勃然大怒，令"大学士、军机大臣会

同九卿科道"严查此事。次日，又添派满汉大学士、六部尚书会审，后又命九卿科道一同会审，一定务求真相。

经过几天的连续拷打审问，事情的原委基本清楚了。

据刺客供认，他叫陈德，四十七岁，北京人。其父名陈良，母亲曹氏从前典与镶黄旗人松年为奴。陈德出生后，随父母为奴，后随主人迁往山东青州，并辗转于山东临邑、济南、章丘等地。成年后，陈德娶妻生子，以替富人当差为生。乾隆五十二年（1787），父母双亡的陈德没了差事，无法谋生，想到一位堂姐嫁在京城姜家，外甥六格在内务府充正白旗护军，遂进京投奔姐姐、外甥。

进京后，陈德先后在五户人家当差。案发前，陈德在孟明（粤海关回京某王姓官僚家人）家为仆。陈德在孟家充厨役，当差五年。嘉庆六年二月，其妻病故，留下八十岁的瘫痪岳母及两个未成年的儿子。嘉庆七年十二月间，其堂姊姜陈氏亡故。陈德境况日渐艰难，素来安静的陈德精神压力很大，本年初，经受不住生活压力的陈德时常在院中喝酒哭笑。二月，孟家将陈德辞退。

陈德离开孟家后，投亲靠友，几次搬家，因找不到差事，感到生活无望，因而动了寻死的念头。

闰二月十六日，陈德在酒馆喝了壶酒，跟一个不相识人争吵起来，那人说氆氇（藏人手工生产的一种毛织品，可以做衣服、床毯等）产在台湾，陈德说产在西藏，争执不下。争来争去，心情本不痛快的陈德"拔出小刀要扎那人。那人起身走了，未经扎成。"酒馆老板黄五福怕他闹事，劝他回家。

十七日早晨，黄五福劝陈德不要再惹事。已经抱了必死之心的陈德怒道："我将来总要找一硬对儿，那怕官员们，拿刀扎死了一个，我与他抵偿；扎了两个，我抵偿了还便宜一个；若扎了四五个，我就便宜了好几个。"

十八日，陈德把在外当雇工的长子禄儿（十五岁）叫回，团聚了一两天，准备自寻短见。但转念一想，自去寻死，"无人知道，岂不枉自死了。"竟然动了刺杀皇帝的心，真所谓"舍得一身剐"。他供认道："我想我犯了惊驾的罪，当下必定奉旨，叫侍卫大臣们把我乱刀剁死，图个爽快，也死个明白。"

陈德又见到百姓黄土垫道，一打听，知道皇帝二十日自圆明园回城。

二十日早晨，陈德早起带大儿子出门，幼子（十三岁）对儿问父亲哪里去。陈德随口说，要去找朋友胡老二，替你找个地方（指当差）。随后，就同了大儿子进东安门，在酒铺喝酒，喝了两碗木瓜酒外带一碗黄酒（其子称，陈德喝了半碗绍兴酒、半碗木瓜酒）。喝完酒，爷俩就进了东华门。

东华门是紫禁城的东门，有守军守卫。清初，只准内阁官员出入，乾隆朝中期，特许年事已高的一、二品大员出入。

陈德在内务府包衣（满语奴仆之意）达常索家做工。达常索过去在宫中承应诚妃娘娘（和裕皇贵妃刘佳，拜唐阿刘福明女，乾隆四十二年入侍嘉亲王潜邸为格格，生皇长子、皇三女，嘉庆元年正月册封诚妃）专奉，曾叫陈德随同办事。由于经常跟随进出紫禁城，陈德知道紫禁城的大致布局，知道怎样应付守军的盘查。守军没看出破绽，懒得动手搜身，就放他们爷俩进去了。

陈德父子出东四牌楼门，从西夹道走到神武门，混在人群之内。陈德告诉儿子："我与你说一句话，我即刻就要寻死了，你可不要来认尸。"陈禄儿问："这是什么缘故？"陈德道："一会你就看见了，你不用管。"

等到嘉庆皇帝入得神武门来，换轿之时，陈德身佩短刀就往前冲。本想着会被诸侍卫乱刀分尸，不意，诸侍卫反应极慢，陈德拿刀乱挥，才有定亲王、拉旺多尔济、丹巴多尔济等人或倒或伤之事。

直到这时，十五岁的陈禄儿才知道父亲来干什么，当他看到父亲被侍卫按倒在地，吓得大哭，赶紧溜出了神武门，跑回家中。

陈德说，自己行刺就是为了求死，没有指使之人。皇帝、审查各官哪里相信，一位参与审查的官员说得好，你要死，怎么死不成，怎么想到刺杀皇帝的？！

几经审查，总是没有结果。

由于皇帝屡次派员参与审判，而陈德又坚称没有指使之人，又有不少人被供认、牵扯进来，被提审。与陈德有过接触的人人自危，朝廷内外传言不断，开始是小声嘀咕、小范围传播，慢慢地皇帝也知道了下面的反应。

几经考虑，皇帝为避免内外猜疑，命令就此停止审讯，立即结案："所有此案凶犯陈德并二子，即行公同按律定拟具奏，候旨施行，其余俱行释放，不可累及无辜。"又说：

举朝臣工，皆同朕之兄弟子侄，至亲骨肉。朕又何忍令凶犯扳扯，况实无疑忌之人乎？总之，天下之大，何所不有，譬如猘犬噬人，原无主使，鸱枭食母，岂有同谋？若一味刑求，反肆狂吠，所言之人，如何存活？

当天，诸臣拟定将陈德凌迟处死，二子一并处决，其岳母年已八十，免议。房主黄五福杖一百，徒三年。

至此，这件骇人听闻的行刺皇帝案落下帷幕。

不过，陈德案子虽然结案，但仍然有两件事情可以作为尾声来看。

一是，承审官员向皇帝汇报结案事宜时，曾任军机大臣、上书房总师傅的王杰正好在场。王杰为人正直，深受乾隆、嘉庆两代皇帝器重，此时，已经年近八十，身体多病，前几天刚被皇帝批准致仕（退休）回乡，此时进宫，是向皇帝辞行。皇帝考虑王杰功大，赐手杖一个、人参一斤。见到承审官员前来汇报，王杰即要回避，皇帝示意不必，官员汇报后，皇帝征询王杰的意见。王杰称："陈德为庖厨之贱，安敢妄蓄逆谋？此必有元奸大慝主贿以行。明张差之事，殷鉴犹存。"

所谓"明张差之事"，即万历四十三年（1615）一名张差者持仗袭太子朱常洛事。经审，张差入宫系郑贵妃手下太监庞保、刘成引进的（郑贵妃生子）。时人怀疑郑贵妃想谋杀太子，好逼迫皇帝立自己所生朱常洵为太子，万历皇帝以疯癫奸徒罪处张差凌迟，杀庞保、刘成二太监，以了此案。

清代君臣以史为鉴，张差案又是明代的大案，王杰、皇帝如何不知？！但是，因为陈德坚称没有指使之人，朝廷人等又无计可施，久拖着总是不利。

二是，这不是嘉庆皇帝唯一一次被刺。两年后，还是二月二十日，刺客又一次杀进宫内。这次行刺的叫萨弥文。萨弥文身携带了一支铁枪，进的还是神武门，他倒是被发现的早，因为他一看见有护卫阻拦，挺枪就扎。结果阻拦的一名护卫衣服被戳破，萨弥文扔掉长枪，从腰间抽出两把短刀，冲着护军们劈头盖脸一阵狂砍，未携带武器（护卫嫌带兵器累，竟然空手上岗）的护卫多人受伤。萨弥文寡不敌众被捕，嘉庆亲自审讯，萨弥文伤势过重而死，也没有交代清楚为什么行刺。

平心而论，嘉庆算是一个不错的皇帝，也能够自我反省，陈德案件后，他在上谕中自责道："朕所惭惧者，风化不行，必有失德，始有此惊予之事。当谨身修德，勤政爱民，自省己咎耳。"但是，国家治理不是仅靠自己口说修德爱民就可以的，经过百年的大清盛世，已经滋生了种种社会问题，贫富分化、流民加剧、吏治腐败、制度废弛，不一而足。

两次行刺案与白莲教起事就是这种社会背景下的产物，也标志着大清真正开始走向末世。

（樊志斌）

凯旋赐宴在御园

在清朝诸帝中，道光皇帝旻宁是惟一以嫡子身份继承皇位的。旻宁在皇子时期被其父嘉庆皇帝赐居圆明园养正书屋，他的诗文集即命名为《养正书屋诗文集》。嘉庆十三年正月二十八日，因旻宁福晋病逝，应续娶福晋。嘉庆令户部将现在京八旗满洲蒙古内外三品以上文武官员之女，未经选过、逾岁及现年十五岁者查明，于二月十七日送圆明园选看。由此可见嘉庆对旻宁的格外关怀。清代自雍正皇帝实行秘密立储以来，旻宁即位是最无悬念，最为顺利的。旻宁身为嫡子，又在天理教攻打紫禁城时表现得智勇双全，获封智亲王，因此他被立为储君，在嘉庆朝，君臣已是心照不宣。嘉庆二十五年七月二十五日，嘉庆病逝于承德避暑山庄，新君即位人选未明。当晚，众臣决定由大臣和世泰等人加急奔赴圆明园，奏明皇后。二十六日，大臣们在避暑山庄找出嘉庆秘密立储的小金匣，内有嘉庆立旻宁为皇太子的诏书，众臣遵诏拥立旻宁继承大统。二十七日，和世泰得以急奏皇后定夺，皇后指令旻宁即位。一个月后，旻宁正式登基为道光皇帝。

道光比较重视武备，他临朝理政的三十年间，每年都经常在圆明园内外的含辉楼、阅武楼等处检阅八旗军的军事演练。他认为："兵凶战危，古人垂戒深矣。然兵可百年不用，岂可一日无备。历观史册，凡开创之初，无不兵强将勇。中叶以后享承平而尚安逸，率以偃武为辞，不加练习。设遇不逞之徒，将何以御之。渐形衰弱，职此之由也。夫偃武，非弃武也。不可无故兴戎，贪功构衅，又其可不训练于平时，以待不得已之用也。"道光期望通过强大的武力做后盾，以维护祖业。道光二年正月十二日，他亲自定皇子、皇孙学习骑射之制。规定皇子、皇孙年至十五岁，皆令学习骑射，每月演习二三次。在京城内，则于紫光阁；在圆明园，则于阅武楼。十六岁时，学习鸟枪。每年春秋二季，在山高水长，一月演习一二次。在绮春园含辉楼前，道光增辟了一处骑射场地，曾多次侍奉皇太后在此地阅视侍卫骑射。他还曾亲手绘制过《绮春园射柳图卷》，这是一幅描绘绮春园射柳的实景图，道光对这幅画非常重视，经常展示把玩，爱不释手，甚至四年间三次题诗跋署于画上。第一题跋署为"癸未（道光三年，1823）季春，含辉楼马射连中六矢，喜成御笔"。第二题跋署为"乙酉（道光五年）季春，含辉楼马射御题"。第三题跋署为"丙戌（道光六年）春三月含辉楼马射御题"。御园的骑射活动已成为演习和娱乐，而与之相对应，道光朝在西北的战事也取得了令他欣喜的胜利。

嘉庆二十五年（1820），是嘉庆去世之年同时也是道光即位之年。也就是在这一年，曾于道光祖父乾隆在位时发动新疆南部叛乱的大小和卓之孙张格尔（大和卓之孙、小和卓侄孙）再次在南疆制造动乱。在中亚伊斯兰国家浩罕国和英国殖民者的怂恿支持下，张格尔3次潜入南疆掀起叛乱。其中以道光六年的叛乱规模最大、为害最巨。张格尔利用南疆各族人民的反清情绪及其宗教影响，集众万余人，攻占喀什噶尔、英吉沙尔、叶尔羌、和田等城，妄图复辟和卓的封建统治。

道光对新疆的地位有清醒的认识，即位之初就指出："洪惟我皇祖高宗纯皇帝……一再平定准噶尔，继复平定回部，而窜徙异域之土尔扈特亦向阙输诚，归命恐后。于是二万余里之新疆自古顽梗弗率者，莫不在我户阕，列诸编氓，诚开辟以来所未有也。"在《平定回疆擒逆裔功臣·御制序》中道光说："我大清龙兴东土，统一寰区，祖宗之神谟大烈，无远弗届，伊古以来，幅员未有如今日之广大。疆域愈广，保守愈难，予小子仰承皇考付托之重，兢兢业业，勉绍鸿图。"

为有效平定叛乱，道光六年七月二十一日，道光谕曰："张格尔勾结布鲁特并喀什噶尔回众变乱，现在贼势甚众，断非六七千兵力所能痛剿，亦未得喀什噶尔、叶尔羌、英吉沙尔实在信息。著长龄等候大兵云集，会合前进。"二十四日，道光授大学士长龄为扬威将军，剿办叛乱，军营大小官员悉听节制。派杨遇春、武隆阿俱为钦差大臣，参赞军务。八月初二日，参赞大臣武隆阿陛辞时，道光亲自在圆明园出入贤良门训示方略。八月十二日，道光批准共调遣28600名士兵，进剿叛乱。道光七年四月初七，清军克复喀什噶尔，张格尔窜逃。十六日，收复英吉沙尔，道光以未能及时捕获张格尔，下令将长龄革去紫缰，杨遇春撤去太子太保衔，武隆阿撤去太子少保衔。十九日，清军收复叶尔羌。五月初二日，清军克复和田。道光八年正月二十二日，身居圆明园的道光接获扬威将军、大学士长龄等人擒获张格尔的红旗捷报。

擒获张格尔后，道光兴奋异常，第一时间派人将喜讯报告给居住在圆明园的皇太后。二十三日，因平定叛乱之功，道光赐长龄公爵、赐杨芳侯爵，均世袭罔替，同时撤销之前给予二人的一切处分。二十五日，为表彰军政大臣在平乱中的功绩，道光给大学士曹振镛、礼部尚书文孚、户部尚书王鼎、兵部尚书玉麟、工部尚书穆章阿，以及满汉军机章京等人以奖励。而就在前一天，在京供职的科尔沁土谢图亲王等6位蒙古王公在听闻张格尔被捕后，特意到圆明园叩拜、祝贺，道光于本日谕令赏赐6位蒙古王公各半年俸禄，并指示京外的蒙古王公不必特意来京叩贺。二月初十日，为铭记立功将士们的忠勇，记录道光本人的运筹谋划，道光谕令参照惯例，编纂《平定回疆方略》，以求传之久远、永垂不朽。二十二日，道光谕令参照惯例，将长龄、杨芳、杨遇春、武隆阿四位功臣绘像于中南海紫光阁，以表彰他们的卓越功勋。三月二十九日，道光命令将张格尔押解至京，并定于五月十一日举行献俘礼。四月初十日，以署喀什噶尔阿奇木伯克伊萨克在平叛中立功，道光晋封其为郡王，并令绘其画像于紫光阁。

五月初十日，镶红旗蒙古都统哈啷阿解送张格尔至京。次日，在太庙和社稷坛举行献俘礼。十二日，道光在午门城楼受俘，并谕令王、大臣等严格审讯张格尔。受俘礼告成后，道光对平定回疆有功的长龄、杨芳，以及解俘至京的哈啷阿等再行赏赐，并大行犒赏在京王公、文武官员及八旗兵丁。十四日，道光在玉泉山静明园的廊然大公殿亲自审讯张格尔罪状，谕令将张格尔凌迟处死，并派大学士、尚书等前往监视行刑。喀什噶尔参赞大臣庆祥、副都统乌凌阿均在平乱中殉难，道光特令两位大臣之子前往看视，以抒积愤。并命将张格尔处死后摘心祭奠于庆祥墓前，以慰忠魂。

当日，道光作诗两首。在《御制受俘礼成，甫还御园，甘霖大沛，四野优沾，喜而有作》诗注中，道光说，三天前在地坛祈雨，今已下了充沛的及时雨，而且正值平定回疆举行受俘礼时，这真是天人感应啊。受俘礼完成后，返回圆明园，沿路庄稼长势喜人，让人感触颇深。军事的作用在于除暴和卫民，我热切的盼望战争凯旋，就像盼这及时雨一样。军事因迫不得已才使用，故而是顺天心民意之举，如此才能消灭叛乱，使天下太平。往年在回疆用兵，我心忐忑不安，今番功成也是仰赖上天的仁慈。希望从此往后，国家得以休养生息，君臣百姓得以共享升平。在《御制廓然大公即事》诗注中，道光说，叛乱祸首张格尔自嘉庆二十五年以来屡次骚扰边陲，道光六年时勾结其他叛乱，占据四座城池，残害官吏、百姓，他们的祸害天地不容，以至神人共愤，张格尔被擒获后，我命令将其押解至京，并亲自在午门受俘，还在静明园廓然大公殿亲自审讯，之所以这么重视，是为了伸张庄严神圣的国家法度。连日来，风调雨顺、政通人和、百姓欢欣，可见除恶卫民是感天动地的义举。我想宣告官员百姓，叛乱为首者咎由自取，终于得到报应，其他参与叛乱的人以及助纣为虐的域外势力，应该吸取教训，洗心革面，不辜负上天好生之德，以使天下太平、国家永享升平之福。

五月十九日，道光再次下令给长龄等 40 位平定回疆功臣画像，并悬挂于紫光阁。同时也命令将军机大臣兼大学士曹振镛、礼部尚书文孚、户部尚书王鼎、兵部尚书玉麟一并画像，悬挂于紫光阁。六月初四日，道光在圆明园谕令于九月初九日自圆明园分别拜谒遵化东陵和易县西陵，行大飨礼，以平定回疆功成告慰先祖。初七日，平回功臣长龄觐见于圆明园，上缴扬威将军印信，道光在勤政殿，与长龄行抱见礼，对其极力褒奖。七月初二日，道光决定于次年八月十六日恭奉皇太后离京赴沈阳，拜谒关外的永陵、福陵和昭陵，向祖先禀告平回战事。七月初六日，朝鲜国王使臣祝贺平定回疆功成。

正大光明殿为御园圆明园的正殿，是清帝举行朝会、宴请外藩、寿诞受贺以及科举殿试等重大活动的场所，功能类似大内太和殿、保和殿。道光八年八月初七日，道光在圆明园正大光明殿，赐宴扬威将军长龄,以及有功诸将士、王、贝勒、贝子、公、文武大臣、朝鲜国使臣等。长龄向道光敬酒祝寿,道光亲自赐酒,还命侍卫分别敬酒,并再行犒赏有功将士礼物。道光还喜作七律一首,诗曰:"策勋钦至率前章,凯宴秋中御苑张。……边域安全诸将力,用褒忠勇永流芳。"《平定回疆战图册》由当时的宫廷画师所绘,共十幅,用图画的形式将平定回疆战役中的关键战斗场面描绘而保留了下来,道光还专门为图册作序,并在首页御书"绥边"二字,图册中的《赐宴凯旋将士》篇章正描绘了道光在正大光明殿前赐宴凯旋将士们的盛况。道光九年正月十六日,道光在另一首诗注中说:"赐宴凯旋诸将士于正大光明殿,所以策勋饮至,劳还帅而庆成功也。"

道光对平定回疆战果及新疆治理十分重视。道光十年五月,《钦定平定回疆剿擒逆裔方略》编纂完成。鉴于张格尔叛乱的从众甚多,至道光十一年二月,从逆余匪逃逸者尚多,投归者尚未齐集,道光命哈良阿、杨芳临时办理收无,并要求派员确切查明,分别良莠,以次剿办,同时将著名头目悬赏缉拿,以申国法。一切善后事宜,另派长龄前往喀什噶尔妥善、从速处置。道光十二年七月初二,道光颁赏王公大臣、内廷翰林、各省督抚及皇四子、皇五子《钦定平定回疆剿擒逆裔方略》各一部。道光十五年闰六月初一,道光又颁赏王公大臣、内廷翰林、各省督抚及皇四子、皇五子、皇六子《平定回疆铜版战图》各一部。平定回疆后,在钦差大臣那彦成主持下,历时一年有余编订《钦定回疆则例》,建立了一整套法规、制度,为回疆建设提供了可靠的政治保障。道光十七年十月初二,平叛主帅、大学士、威勇公长龄生病,道光亲临其宅第探视。十一月十七日为长龄八十生辰,道光晋封长龄为一等威勇公,并赏赐御书匾额、福寿字和珍玩文绮。道光十八年正月初二，长龄病逝，道光将其加恩入祀贤良祠，谥文襄，次日，道光驾临宅第赐奠，并对其子孙大加封赏。

（张超）

咸丰奔逃避暑山庄

　　咸丰皇帝奕詝是道光皇帝第四子，道光十一年（1831）生于圆明园九州清晏的湛静斋，生母为孝全成皇后钮祜禄氏。奕詝虽为皇后所生嫡子，但自幼丧母，被寄养于六阿哥奕訢生母身边，与奕訢朝夕相处。在圆明园，奕詝度过了自己的少年时代。道光帝赐居于同道堂，平时奕詝则在洞天深处的上书房读书，在山高水长练习射箭。随着奕詝、奕訢兄弟们的日渐成长，道光帝在四阿哥奕詝、六阿哥奕訢之间选择谁为继承者的问题上，犹豫不决。客观而言，奕詝的文韬武略可能都略逊于奕訢，但奕詝在老师杜受田的帮助下，迎合道光心意，设身处地揣摩道光帝的心思，然后"投其所好"，最终赢得了储君的地位。

　　道光三十年（1850），奕詝即位为咸丰皇帝。其时，清王朝的统治已是每况愈下，面临着内忧外患的危机局面。而咸丰以后，清朝皇帝实质上已经不再真正掌握统治权力了，同治帝、光绪帝不过是慈禧的傀儡，宣统帝更是徒具象征意义。从这个角度来看，咸丰帝虽不是亡国之君，但摆在他面前的内外局势，其实和明末崇祯皇帝的处境有很大程度的相似，不仅内部有汹涌的农民反抗斗争，而且外部更有敌对势力的虎视眈眈。咸丰元年（1851），太平天国起义爆发于广西；不久，太平军进军湖南、湖北；咸丰三年（1853），在南京建都，正式与清政府分庭抗礼。与此同时，西方列强以"修约"为名，处心积虑地准备对中国发动新的侵略战争。沙皇俄国则在东北兴师动兵，伺机强占中国领土。为了挽救统治危机，咸丰即位伊始，在恩师杜受田的辅佐下，一心除弊求治，企图重振纲纪。他任贤去邪，重用汉族官僚曾国藩，依靠其训练指挥的湘军镇压太平天国；提拔敢于任事的肃顺；罢斥了道光朝长期贪位保荣、忌贤妒能的穆彰阿等人。尽管他试图励精图治，但却收效甚微。面对无可奈何花落去的大势，特别是在杜受田去世后，咸丰日益趋于消极、颓废，开始沉湎于酒色之中，纵欲自戕，不能自拔。

圆明园是清代政治地位最为重要的大型皇家宫苑，乾隆帝赞誉其"规模之宏敞，邱壑之幽深，风土草木之清佳，高楼邃室之具备，亦可称观止。实天宝地灵之区，帝王豫游之地，无以逾此"。这里"四时之景不同，而赏心乐事者亦与之无穷"。清帝长年居住在圆明园，通常是从每年正月由紫禁城移来，届时皇太后、皇后嫔妃、皇子公主等眷属，都一同随往。待入冬之后，皇帝才迁回大内，也是"宫眷皆从"。这种每年两度的浩浩荡荡大迁居，当时俗称为"大搬家"。奕詝自幼生活于圆明园，对圆明园感情极深。对他来说，圆明园在一定程度上就是他的"家"。咸丰二年（1852），奕詝首次以皇帝身份驻跸圆明园。此后的十年内，他绝大多数时间均居住于此，甚至在圆明园罹劫的咸丰十年，咸丰帝仍在这里住了212天。值得注意的是，在清代全盛的雍正、乾隆时代，皇帝将园居理政与优游之乐较为和谐的统一起来，很少受到非议。所谓"宁神受福，少屏烦喧，而风土清佳，园居为胜"（雍正帝语），"帝王临朝视政之暇，必有游观旷览之地，然得宜适以养性而陶情"（乾隆帝语）是也。但在咸丰朝已今非昔比，同样是居住于圆明园却屡屡受到道德指责。在这种情况下，咸丰帝不得不一再为自己辩解。咸丰六年（1856）正月，咸丰帝临幸圆明园之时，就曾向群臣标榜说："予蒙天恩承考命，临御天下六年于兹，四海无一日安静，万姓罹兵燹之灾，返躬自问，天恩未报，祖考之恩未报，若稍自暇逸，是诚何心哉！予不敢亦不忍也。……今年新正幸园，敬循成宪，次日即恭值皇考忌辰，地犹斯地，言犹在耳，兴念及此，真堪一痛哭也。昕夕常思，何以使兵戢民安，仰答天祖之恩，惟有永励斯志，倍加敬勤，不愿徒托空言，务期躬行实践。尔诸臣或曾膺顾命，或简在贤良，既为国之大臣，当思共济时艰，即使天下既安，更妨恬嬉之渐。书曰：'慎终如始'，我君臣其共勉之。"

在圆明园，咸丰帝和他的祖先们一样，在正大光明殿临朝，在勤政亲贤殿办公。日常居住于九州清晏，其后妃们居住于东近的天地一家春，皇太妃们则被奉养于敷春堂。在圆明园怡人秀美的环境里，咸丰乐在其中，尽情的享受了生活的情趣。这也是他喜欢长期居住于此的主要原因。

作为皇帝，处理政务、接见臣僚等政务活动不可避免，是咸丰帝园居生活重要的组成部分。如咸丰二年五月十二日，他在正大光明殿大考翰林院、詹事府各官。八月十八日、九月初四日，御洞明堂勾到（核准拟处决犯人）。咸丰十年四月二十四日，在勤政殿召见殿试阅卷大臣，钦定新进士甲第；二十七日，由读卷大臣带领引见；二十八日，咸丰帝在正大光明殿行传胪典礼，颁金榜。此外，咸丰帝还经常在园内举行一系列宴赏等娱乐活动。咸丰二年六月初九万寿节，咸丰帝在正大光明殿受王公大臣行庆贺礼，并在同乐园赏便宴，看庆寿戏。咸丰十年正月十八日，咸丰帝在正大光明殿筵宴王大臣，蒙古王公及外藩使臣。十九日，在正大光明殿举办廷臣宴。二十日，在奉三无私殿举办近支亲藩宴；在山高水长赐茶果、观灯。其余，诸如踏青、泛舟、赏月、观花、弄雪等也都是咸丰的日常消遣。咸丰帝尤其喜欢泛舟福海，他在《新秋即景》的诗中异常赞美

圆明园四十景之　勤政亲贤

勤政親賢
正大光明之東爲勤政殿
日於此披省章奏名對臣
工亭午始退座後屏風書
無逸以自晶又東爲保合
太和秀石名菴庭軒明敞
觀閣相交林徑四達
庭訓昭雲日欽承式刑勅幾
宵旰暇額俊刻靡寧一念徽蒙
聖羊言鞞渭涯乾︰終始志無
逸近書屏

勤政亲贤咏

福海四周美景："福海扬舲思渺然，林峦如画水如烟。镜中蓬岛标诸胜，不羡凌虚羽化仙。"

关于咸丰帝在圆明园的生活情况，晚清已有不少记载。而流传最广者就是所谓的"四春"之宠。清末民初时的王闿运在《圆明园词》中写道："玉女投壶强笑歌，金杯掷酒连昏晓。四时景物爱郊居，玄冬入内望春初。袅袅四春随凤辇……"

王闿运明确指出"上既厌倦，庸臣罕所晋接，退朝之后，始寄情于诗酒，时召妃御日夜行游也。……初例十月入大内，三月园居，文宗（咸丰）以宫中行止有节，侍御不乐，常迟至冬至始入，正月十五后，即出幸园中。……时有四人承宠者，分居牡丹春、海棠春、武陵春、杏花春亭馆，内府号曰四春"。王闿运还写道："为近前湖纳晓光，妖梦林神辞二品。"据说"咸丰九年，上一日独坐若暝，见白须人跪前，上问何人，对曰：'守园神。'问何所言，云：'将辞差使耳。'问汝多年无过，何为而去？对以弹压不住，得去为幸。上曰：'汝嫌官小耶？可假二品阶。'俄顷不见，未一年而乱作矣。"此种迷信说法虽不足为凭，但由此也不难想见咸丰帝内心的真实苦楚。园居生活的慰藉与陶醉，终究是不能驱逐现实中的苦闷与沮丧。咸丰九年冬天某日，面对内外交困的严峻形势，咸丰帝"宿于斋宫，夜分痛哭，侍臣凄恻"，令人叹然。一筹莫展之际，咸丰帝遂不时祈求于神灵的保佑。咸丰八年（1858）正月，他下谕旨，将圆明园春雨轩司土之神晋封为"圆明园昭佑敷禧司土真君"，土母封为"昭佑敷禧司土夫人"，并规定每年春秋两季，由管园大臣着蟒袍补褂祭祀土地夫妇，并由掌仪司乐工演奏"庆神欢"。咸丰帝虽迷信于此，但这毕竟无济于事。

就在咸丰帝因镇压太平天国而焦头烂额之际，英、法两国为夺取更多侵略权益而对华宣战，俄、美两国也乘火打劫。咸丰八年，英法舰队攻陷大沽炮台，进迫天津。咸丰派大臣桂良、花沙纳前往天津议和，与英、美、法、俄分别签订《天津条约》。但列强不满足于《天津条约》规定的权利，蓄意重新挑起战争。咸丰九年（1859），在大沽口冲突中，英法侵略军被击败。咸丰十年（1860），英法两国再次组成侵华联军，大举入侵。英法联军进攻北塘，咸丰下令清军撤退，大沽再次沦陷。英法联军攻占天津，随即向北京进犯。咸丰帝派遣怡亲王载垣、兵部尚书穆荫为钦差大臣，前往通州与英、法议和。谈判破裂后，英法联军在通州八里桥击败清军主力，逼近北京。

实际上，早在1860年（咸丰十年）9月9日英法由天津北犯之时，咸丰帝就在正大光明殿召见王公大臣，宣称将"暂幸木兰"，但遭到绝大多数官员反对。12日，咸丰帝又将避难热河说成"亲征之举"，是"统带劲旅，坐镇京北，遥为控制"。文武百官纷纷上奏质问"何以对祖宗，何以示庶臣"。还有人在奏折中旁敲侧击，痛骂给皇帝出此下策的人是"误国权奸，死有余罪"。军机大臣文祥慷慨陈词，"痛哭流涕，至于碰头血出"。在强大的舆论压力下，咸丰帝为了"息浮议，定民心"，暂时打消了巡幸木兰之意。声称"作为天下臣民之主，在此时势艰难之际，岂能偷闲有幸"，况果有此举，定会"明降谕旨，预行宣示"，这真是此地无银三百两。21日八里桥决战失利，咸丰帝急忙委派恭亲王奕訢为钦差便宜行事全权大臣，命其留驻圆明园，负责办理"抚局"，速与英法议和。次日凌晨，咸丰帝就以"北狩热河"为幌子，带领后妃、皇子载淳及亲信大臣，仓惶从圆明园大东门逃奔承德而去。咸丰帝一路狂奔，"銮舆不备，扈从无多，车马寥寥"，狼狈异常。据说22日他仅以两个鸡蛋充饥。咸丰帝北逃后，总管内务府大臣文丰、明善，遵旨照料圆明园。但圆明园不可避免地陷入严重的混乱之中，入值官员"相顾失色"，园内执事人员惶惶如也。奉命办理和局的王公大臣们，也"互相嗟叹，计无所出"。京城内外一片惊恐，店铺歇业，商贾纷纷外逃，土匪四起。内城、外城隔绝，六部九卿无法办公，政府机构已濒于瘫痪状态。

第二次鸦片战争整个过程中，咸丰帝始终缺乏决战的勇气和周密的部署，一味徘徊于战和两端。紧要关头，他却仍在圆明园庆祝三十寿辰，在正大光明殿接受百官朝贺，并在同乐园连演四天庆寿大戏。在大敌侵入的危急时刻，咸丰帝也没有身守社稷，全力守卫京师，而是逃之夭夭，还美其名曰"巡狩"。这与明末崇祯皇帝的自杀殉国，形成了强烈的对比。咸丰帝弃祖宗社稷、黎民百姓于不顾，只顾自己逃命，造成了都城无主，百官皆散，军队丧失斗志，百姓极度恐惧的危机局面，从根本上动摇了对入侵者的继续抵抗，造成了后期的更加被动。1860年（咸丰十年）10月6日，英法联军占据圆明园，"万园之园"惨遭大肆劫掠，并被野蛮焚毁。咸丰帝得知后，只能无奈地以"曷胜愤怒"四字来表白自己的沉痛心情。最终，奕䜣代表清政府，以极为惨重的代价与英法等国达成和约，中国进一步沦为西方列强的殖民地。

议和后，咸丰帝仍然躲在承德，不敢回京。在遥远的塞外他肆无忌惮地以女色、丝竹、美酒来麻醉自己。在避暑山庄的烟波致爽殿，几乎每天都有戏班承应，有时安排花唱，中午还要有清唱。甚至在如意洲的水上戏台，凭水看戏，真是别具情趣。清末名士薛福成曾记载道："和议即成，即召京师升平署人员，到热河行在唱戏。"咸丰帝已经乐不思蜀了。他从一个皇家园林，逃向另一个皇家园林。

王朝的黄粱美梦和圆明园神仙般的世界一同化成了灰烬。他所酷爱的圆明园也彻底的变成了失乐园。而伴随着万园之园的毁灭，盛时圆明园最后的主人——咸丰帝的生命也走到了尽头。1861年（咸丰十一年）8月22日，咸丰帝病逝于避暑山庄。

（张超）

同治重修圆明园

咸丰十年（1860）年，英法联军入京，圆明园惨遭焚毁。咸丰帝由圆明园逃往热河并病死于此。圆明园被毁，给清朝统治者和国人带来了不可磨灭的耻辱和隐痛。

据档案记载，内务府大臣明善在勘察园内外情形后曾向咸丰帝递交"明善奏查得圆明园内外被抢被焚情形折"，称圆明园内蓬岛琼台、慎修思永、双鹤斋等座及庙宇、亭座、宫门、值房等处，虽房座尚存，而殿内陈设、铺垫、几、案、椅、杌、床张均被抢掠，其宫门两边罩子门，及大北门、西北门、藻园门、西南门、福园门、绮春园宫门、运料门、长春园宫门等处虽未焚烧，而门扇多有不齐。圆明园损失惨重，昔日繁华堂皇景象不再。

同治七年（1868），内外形势刚趋于稳定，重修圆明园之议便被立刻提出。这年七月，御史德泰奏请重修圆明园，以复旧制，并代递内务府库守贵祥事先拟好的于京外各地按亩按户按村鳞次收捐的筹款章程，美其名曰既不动用库款，又可代济民生，条理得宜，安置有法。此议一出，立刻遭到恭亲王奕訢等人的强烈反对，请旨严斥。八月初一日，同治帝下旨痛斥德泰，认为其在军务未平、民生未复之际，却出此荒谬离奇之论，实为伤民误国之举，丧心病狂。之后，德泰因有悖言官之责而被革职。贵祥则以微末之员、妄用条例、希图渔利的罪名被革职并发往黑龙江给披甲人为奴。第一次修园之议就这样迅速以失败而告终。

事实上，修园之议的背后真正授意者乃慈禧太后的心腹太监安德海，希望重修的人当然就是慈禧太后了。所以，同治帝尽管迫于廷臣压力处罚了德泰等人，但并不算严厉，也未深究内务府其他官员之责。这次事件也暴露出奕訢等人与慈禧太后之间的矛盾，咸丰帝去世后，两宫太后在奕訢的支持下，发动"辛酉事变"，罢辅政大臣，夺权成功，但太后与奕訢等人因权力而产生的冲突很快就显示出来。早在同治四年，慈禧便利用"蔡寿祺事件"褫夺了奕訢的议政王头衔，而奕訢又利用此次修园之事反手痛击了一次慈禧集团。同治九年（1869），奕訢等人又以安德海以太监身份私自出宫、有违祖制为由，诛杀了他。自此，外廷朝官与内廷太后之间的矛盾开始势同水火，使朝廷政务的处理不可避免地带有了党争的痕迹。

同治十二年正月二十六日（1873年2月23日），同治帝亲政。重修圆明园也成为其关注的重点之一。八月二十一日，同治帝以颐养太后为名，颁布了修园上谕。据张家骧所藏内务府《采办木料奏底》记载，此次拟修复殿宇共计三千余间，范围涉及到圆明园和万春园两园。帝师李鸿藻率先谏阻，提出现今太平天国和捻军起义刚刚平定，西北回乱又起，国家正是固本培元之时，万不可以有用之钱行无用之事，在其劝阻下，同治帝做了让步，由原来计划修复三千多间缩小为仅修理两宫太后所居之殿和自己偶尔驻留听政之所。并于九月二十八日发布"择要兴修圆明园"上谕，称："因念及圆明园本为列祖列宗临幸驻跸听政之地，自御极以来，未奉两宫皇太后在园居住，于心实有未安，日以复回旧制为念。但现当库款支继之时，若遽照旧修理，动用部储之款，诚恐不敷。朕再四思维，惟有将安佑宫供奉列圣圣容之所及两宫皇太后所居之殿，并朕驻跸听政之处，择要兴修，其余游观之所概不修复。"

出乎同治帝意料之外的是，在他看来这道已经能够表明自己虚心纳谏、隐忍让步的谕旨，还是在朝廷引起一片哗然之声。率先上折反对的是陕西道御史沈淮，称："现在帑藏支绌，水旱频仍，军务亦未尽藏。故请暂缓修理圆明园。"针对此，同治帝不得不再颁上谕，强调自己一向躬行节俭，为天下先，岂肯再兴土木之工以滋繁费？修园完全是出于孝道，"该御史所奏虽得自风闻，不为无见。惟两宫皇太后保佑朕躬，亲裁大政，十有余年，劬劳倍著，而尚无休憩游息之所以承欢。朕心实为悚仄，是以谕令总管内务府大臣设法捐修，以备圣慈燕憩，用资颐养。但物力艰难，事宜从俭，安佑宫系供奉列圣圣容之所，暨两宫皇太后驻跸之殿宇，并朕办事住居之处，略加修葺，不得过于华靡，其余概毋庸兴修，以昭节省，将此明白通谕中外知之。"但同治帝的这番解释并未得到臣工的理解，劝谏之声依然不绝于耳。同年十月初七日，福建道御史游百川上折以门禁不严、洋人妨碍体制和时机不成熟为由请求缓修圆明园，并在御前侃侃谏言数百言。但这并未改变同治帝的主意，游百川亦被革职。

同治十三年（1874）正月十九日，圆明园的修复工程正式开工。二月，内务府奏准两湖、两广、四川等省分别采办大件楠、柏、黄松等木料，限期送往北京；又奏准"候补知府"李光昭捐报修园木料等。一些王公们也纷纷捐银助修，其中包括奕訢筹捐的五千两白银。

工程的具体设计由样式雷家族奉旨来完成。此前，同治帝曾下旨命内务府明善、贵宝带领雷思起至宁寿宫，看各殿装修样式并丈量等。同治帝对修复工程投入了很大的热情，曾于三月十二日、四月初九日、五月十一日、六月初三日等以每月一次的频率临幸圆明园，视察工程进展状况并不断调整修复重点、样式等。据《旨意档》记录，在十二年十一月二十三日，同治皇帝曾下旨："九州清晏后抱厦撤去不要，改平台五间，不要后廊子，三面安横楣坐凳。""九州清晏东进间安寝宫床罩，西进间供佛，前檐床，东进间安石榴罩。西进间安八方门口，明间东西安栏杆罩二槽，后五间添平台，明间安槅扇风门。"

虽然修复工程勉强开工，但朝臣的反对声音并未终止。一是修缮费用过高，木材短缺严重，工程实在难以为继；二是同治帝频繁去圆明园，被朝臣视为游乐之举，朝臣担忧皇帝耽于享乐而影响国家运转。由此，新一轮的劝谏之风很快掀起。李鸿藻首先谏言，劝皇帝要遵从祖宗家法，虚心纳谏，勤勉政务，轸念时艰，不做无益之游观。恰逢同治十三年五月十二日，彗星出现，时人皆以为不详之兆。两江总督李宗羲趁机上《星变陈言书》，以星象示警请停临幸圆明园。其他一些朝臣也纷纷以此上奏，或委婉或直接表达对工程的担忧和抵触。翰林院侍读学士李文田进停止园工封奏，指出："巴夏礼等焚毁圆明园，其人尚存，昔既焚之而不惧，安能禁其后之不复为。常人之家偶被盗劫，犹必固其门墙，慎其管钥，未闻有挥金夸富于盗前者。今彗星见，天象遣告，而犹忍而出此。此必内府诸臣及左右憸人导皇上以朘削穷民之举，使朘削而果无他患，则唐至元明，将至今存，大清何以有天下乎？皇上亦思圆明园之所以兴乎？其时高宗西北拓地数千里，东西诸国詟惮天威，府库充盈，物力丰盛，园工取之内帑而民不知。故皆乐园之成，今皆反是。圣明在上，此不待思而决者矣。"言辞之恳切和激烈，同治帝阅后，亦为之动容。

不久，李光昭谎报木价案爆发，使得圆明园修复工程更是雪上加霜、举步维艰。

李光昭，广东嘉应人，以贩卖木材和茶叶为生，后寄居汉阳多年，同治元年在安徽以监生身份报捐知府。同治十二年六年，其到京城贩卖木材，结交内务府大臣诚明、堂郎中贵宝、笔帖式成麟，知悉圆明园重修需用木材一事，便自称愿将数十年购置各处的各种木材捐献给朝廷，限十年运足价值十万两银子的木料，助修圆明园。在内务府奏请下，李光昭获准办理此事，并被给予了一系列特权，如沿途关卡须免税放行，可驰往各处，联络商人，会明督抚，木料现银由其自便。此后，李光昭便打着奉旨采购的旗号，私刻"奉旨采运圆明园木植李衔"的关防，在四川等地招摇撞骗。十三年五月二十一日，四川总督吴棠首先揭发了李光昭的不法行为，上疏称："数十年来，未闻有外来李姓客商在川购办木料存留未运之事，近岁亦无李光昭其人采办木檀，殊属毫无凭拟。"同时，李光昭又因到广东、香港等地购买木材而与法国商人构讼，他在两地向外商购买了价值了五万四千余元的洋木，向内务府虚报价格为三十万两。木材运到天津后，又以尺寸不合为由拒不付款，法商随即通过本国领事出面，照会津海关和天津道，要求清廷抓捕李光昭，赔偿法商损失。同治帝令直隶总督李鸿章彻查此事。

李鸿章在调查后，向同治帝上"职官报效木植、现在无从验收转解一折"，将案情始末梳理清楚，查出李光昭所买法商木植，较之呈报内务府之数，木价既多浮开，银亦分毫未付。似此胆大妄为，欺罔朝廷。不法已极。同治帝震怒不已，认为此人无耻已极，下令将其先行革职，交由李鸿章严行审究，照例惩办。所有李光昭报效木植之案，立即注销。

李光昭案件的爆发，使罢停园工的呼声达到高潮。七月十六日，奕訢联合醇亲王奕譞、军机大臣、吏部尚书、大学士文祥，大学士李鸿章等十位重臣联衔上奏，列举诸帝创业之艰，守成不易，请求速停园工。并提出畏天命、遵祖制、慎言动、纳谏章、勤学问、重库款六条谏议，希望同治帝能够修身养性、谨言慎行、以国事为重。群臣已从谏请罢园工升级到对同治帝治政的批评。提交后，奕訢等担心同治帝不阅此奏，一日内多次请求召见，但始终未获允准。

十八日，同治帝终于召见奕訢等人，生气道："我停工何如！尔等尚有何晓舌。"奕訢急忙解释说："臣某所奏尚多，不止停工一事，容臣宣诵。"于是便将折中所陈之事逐条讲读。同治帝大怒："此位让尔如何？"文祥闻听，伏地大哭，几欲昏厥，被搀扶出去。奕譞泣陈皇帝"微行"之不当，同治帝坚持追问何处听闻，奕譞指明时间地点，同治帝才怫然语塞，表示园工一事，本为承欢太后，不能骤然停止，需请太后定夺方可。李鸿藻于是亲撰奏折呈递两宫皇太后，指出圆明园系不祥之地，不宜驻跸，且大局初安，元气未复，军饷防务尚不知从何筹措，实无力开启此工程。坊间知道内情者以为是皇上之孝心，不知者则将谓皇上耽于安逸享乐，人心难免浮动涣散。徒伤国体，万难有成，不如及早叫停，以安天下人心。紧接着，御史陈彝上折，指出内务府大臣办事有欺蒙之罪，请求交部议处。御史孙凤翔也上折参奏内务府大臣贵宝与李光昭交通舞弊、肆行欺罔之罪。

正当舆情激昂之时，同治帝却于二十一日再次前往圆明园视察工程，并于二十七日召奕譞见驾。因奕譞到南苑验炮，便改召奕訢，质询微行之事到底从何处听说，奕訢无计可施，只好说是听其子载澂所言。同治帝愤恨不已，奕訢复劝其祖制不可失，历数简朴之道。据《述庵秘录》记载，同治帝听闻后，卧于榻上，静默良久，谓曰："尔熟祖训，于朕事尚有说乎？"同治帝好穿黑色衣服。奕訢于是说："帝此衣即非祖制也。"宫中制色，衣无黑色。同治帝反唇相击："朕此衣同载朅一色，尔乃不诚朅而来谏朕（载朅，奕䜣之子）。尔姑退，朕有后命。"旋召大学士文祥入见，且坐正殿曰："朕有旨，勿展视，下与军机公阅，速行之。"文祥拆开一看，竟是杀奕䜣之诏，便赶紧跪地叩首，再三恳请收回成命，同治帝不为所动。文祥只得退出求见慈禧太后，泣诉之。太后说："尔勿言，将诏与予。"杀王之事才不了了之。《述庵秘录》并非正史，其记载亦不见得可靠。但从中能够反映出同治帝动怒不仅是因为园工之事，还有不光彩的隐私被窥伺、揭穿后的恼羞成怒，而且恐怕后者更让其难以忍受，这也造成了他与奕䜣之间嫌隙和矛盾越来越大，渐至无法调和、弥补。

次日，内务府大臣工部尚书崇纶、左侍郎明善、前任总管内务府大臣春佑、总管内务府大臣贵宝等人以欺蒙入奏李光昭报效木植一事被议处革职。二十九日早朝时，同治帝召见军机大臣、王公大臣等再议修园之事。诘责奕䜣、奕譞二人离间母子，把持政事，二王惶恐不已。翁同龢提出"今日事须有归宿，请圣意先定，诸臣始得承旨"，因此前奕䜣等谏议折中曾有"臣等窃拟三海近在宫掖，亦系列圣所创垂，稍加修葺，何不可娱悦圣情，或量为变通门禁，以便有时敬请皇太后銮舆驻跸"的折中提法，同治帝便以此为台阶，在谕旨中提出要对北海、中海、南海"量加修理"，对于圆明三园，"俟将来边境乂安，库款充裕，再行兴修"，表示重修圆明园一事仅是搁置，并不是放弃不修。

至此，同治帝虽勉强同意暂时停工，但胸中之郁气并未散去。就在同一天，内廷向文祥等人发布了一道谕旨。旨中历数恭亲王种种罪状，宣布革去奕䜣及其子载澂一切爵秩。文祥等以"皇上盛怒之下，不觉措辞过重，惟恭亲王万当不起"为由，请求留中缓发，未准。紧接着，同治帝发布停止修园诏书，并谕令将已革总管内务府大臣崇纶、明善、春佑改为革职留任。三十日，同治帝特发一道上谕，谴责恭亲王每逢召对时，语言之间，诸多失仪，故革去其世袭罔替，降为郡王，仍在军机大臣上行走。革去载澂贝勒郡王衔，以示惩戒。较之前日，态度有所缓和，文祥等人的劝谏还是起了一定的作用。次日，又以"朋比谋为不轨"的罪名，尽革淳亲王、恭亲王、醇亲王、文祥等十重臣之职。两宫太后听闻，急忙赶至弘德殿，垂泪抚慰恭王，"十年以来，无恭王何以有今日！皇帝少未更事，昨谕著即撤销。"当天，明发懿旨恢复奕訢及载澂爵秩。这场皇帝惩处谏臣的闹剧始告一段落。

这一年的十二月初五，同治帝染疾驾崩。三日后，两宫太后降旨，三海翻修工程亦一概停止。不久，诱使同治帝微行的侍讲王庆祺被革职，内务府官员贵宝、文锡等亦被革职。一场为时一年的修园风波自此终告平息。

（孙喆）

正大光明宴外藩

清廷每年都有名目繁多的各种筵宴，而皇帝请客吃饭，赐宴的举办不仅仅是为了满足有限的口腹之欲，它还有着不同寻常的政治象征意义，是其通过礼仪活动以实现政治统治的一种常用手段。清廷举办的筵宴，从性质上看，主要分为公宴、家宴。公宴多为庆典性的，往往是君臣共进饮膳，或招待外藩首领。每遇国家大典和重要节日，都要举行大型宴会。如皇帝、太后的生日举行"万寿千秋宴"，皇帝继位要举行登基"庆典宴"，外藩来朝要举行"外藩宴"，打了胜仗要举行"凯旋宴"，每当钦定书籍编纂完成要举行"修书宴"，皇帝经筵礼成后要举行"经筵宴"，临雍礼成后要在礼部举行"临雍宴"，顺天乡试后要举行"鹿鸣宴"，殿试之后要举行"恩荣宴"等等。

清廷大型公宴，一般在皇帝上朝办公的三大殿等地方举办。届时，设御宴于皇帝宝座前，王公大臣、文武百官、外国使臣，都要穿朝服。宴会由皇帝亲自主持。宴席过程中，要举行诸如皇帝入座、敬酒、进馔、颁赏及群臣的转宴、谢恩等仪式。同时，还有庞大的乐队依时演奏不同的宫廷音乐，吃饭时，还有各种乐舞百戏表演。在京西御园兴建以后，以上这些筵宴有相当一部分是在三山五园举行。

这其中，非常重要的筵宴是每年正月上元节前后的外藩王公赐宴和娱乐活动。

在康熙朝，尤其是康熙二十六年（1687）畅春园建成以后，几乎每年正月的上元节赐宴都会在畅春园举行。康熙三十一年（1692）正月十三日，康熙帝奉皇太后幸畅春园。十四日，上元节前一天赐外藩敖汉、科尔沁、阿霸垓、土默特、苏尼特、乌朱穆秦、喀尔喀、翁牛特、蒿齐忒、四子部落、巴林、喀喇沁、奈曼王、贝勒、贝子、公及内大臣、大学士、上三旗都统、副都统、尚书、侍郎、学士、侍卫等宴。十五日上元节当天，又赐外藩王、贝勒、贝子、公及内大臣、大学士等宴。除非外出巡幸等特殊情形，康熙时期的上元节基本在畅春园度过。

雍正朝在京西御园理政的中心从畅春园转移到了圆明园，每年正月上元节赐宴也挪到了圆明园的正大光明殿。雍正四年（1726）正月十三日，雍正帝幸圆明园。十四日，以上元节赐外藩科尔沁、翁牛特等部王公宴。十五日，又赐外藩王、贝勒、贝子等宴。除了作为惯例的上元节赐宴外，雍正帝也曾在其他节日选择在圆明园正大光明殿举行。例如，雍正五年九月初九日，以重阳令节，御正大光明殿，赐诸王大臣宴及缎匹有差。

圆明园四十景之　正大光明

正大光明

園南出入賢良門內為正衙不雕不
繪得松軒茅殿意屋後峭石壁立
玉筍嶙峋前庭虛敞四望墻外林木
陰湛花時霏紅疊紫層映無際
朕地同靈囿遺規緝暢春當年成不日奕
代永居辰羲府庭羅辟恩波水灩銀草
青思示儉山靜體依只可方衢室何洵
道玉津經營懋峻宇出入引賢臣　　出入賢
　　　　　　　　　　　　　　　良門扁
顒皇方洞達心常窅清涼境絶塵常移
御筆也
雲館彈未費地官緒生意榮芳樹天機躍
錦鱗宵堂彌屋念俯仰愓心頻

正大光明咏

进入乾隆朝，上元节依然延续了圆明园正大光明殿的赐朝正外藩筵宴的惯例。乾隆三年（1738）正月十五日，御正大光明殿，赐朝正外藩及内大臣、大学士等宴，参加此次筵宴的有来自科尔沁、乌珠穆沁、喀尔喀、敖汉、苏尼特、翁牛特等部王公近二十人。自乾隆朝后，历经嘉庆、道光朝，直到咸丰十年，正大光明殿赐外藩筵延续不断，成为一种常例。在宴会上，乾隆帝能用各民族语言与各地王公进行交谈。乾隆五十三年（1788），乾隆帝御制诗中说自己于"乾隆八年（1743）始习蒙古语，二十五年（1760）平回部遂习回语，四十一年（1776）平两金川略习番语，四十五年（1780）因班禅来谒，兼习唐古特语"。所以每岁年班蒙古、回部、番部等领袖到京朝见时，乾隆帝均能做到不用翻译，以其语慰问。

　　赐宴外藩规模较大，程序较多。在宴会开始前，内务府掌仪司会事先安排好礼乐与宴乐。首先布置礼乐，陈中和韶乐于殿下左右，陈清乐于左，陈丹陛乐于出入贤良门左右；然后布置宴乐，笳吹（蒙古乐队）、队舞（满族乐队）、杂技、百戏分别排列于殿外东西隅。武备院门内张起黄幕，内务府掌仪司也在此处设置放置酒杯的台子，礼部带庆隆舞大臣与内务府总管设座于黄幕左右。皇帝所用宝座与大宴桌安设好后，尚膳总领于宝座前摆设御筵，记注官（领侍卫内大臣）设于宝座后左右，然后于殿内左右设内外王公、贝勒及入殿大臣的席位，于殿檐下及丹陛左右设置贝子、公、额驸、台吉与入宴大臣、侍卫等人的席位，理藩院堂官也坐于此处。

　　全部安排妥当后，上午九点到十一点，参加宴会的王公大臣们穿着蟒袍、补服入席。十一点至十二点皇帝来到正大光明殿，行燕礼，中和韶乐作《怡平之章》。宴会的过程主要有大臣在尚茶正的指引下给皇帝敬茶、敬酒，尚膳正奉旨给各席分赐食品，其间每一步掌仪司人员均会奏乐相应，所奏唱乐章有《海宇升平之章》《万象清宁之章》，然后，表演《庆隆舞》《扬烈舞》，再演出杂技与百戏；宴毕，群臣行一跪三叩礼，皇帝还宫，中和韶乐奏《升平之章》。

皇帝赐宴外藩是清政府巩固民族团结的象征，对于国家统一发挥了重要作用。在众多参与赐宴的王公中，有一个家族特别值得一提，这就是外蒙古喀尔喀赛音诺颜部的超勇亲王策棱家族。

策棱（？—1750），喀尔喀蒙古博尔济吉特氏，元太祖成吉思汗第二十一世孙。其曾祖名图蒙肯，号班珠尔，因崇奉黄教，受达赖喇嘛器重，号曰赛音诺颜（蒙古语，意为"好官"）。喀尔喀蒙古分土谢图汗、札萨克图汗、车臣汗三部。早在清太宗崇德八年（1638），三部即向关外的清朝遣使奉表称臣，献九白之贡。清朝定都北京后，忙于应付南明势力和随后爆发的三藩之乱，对北部边疆地区的管辖尚未及加强。康熙二十七年（1688），漠西蒙古准噶尔部首领噶尔丹率军进犯喀尔喀，喀尔喀三部大败，在黄教高僧哲布尊丹巴呼图克图的率领下投奔清政府，求取保护。康熙三十年（1691），康熙帝继在乌兰布通击溃噶尔丹军后，亲赴多伦诺尔，召集内外蒙古诸部会盟，正式在喀尔喀蒙古实行札萨克旗制，将三部直接置于清朝的管辖之下。正是在这样一个历史背景下，策棱随其祖母投奔了清朝。

策棱家族牧地在喀尔喀蒙古塔米尔河流域，当噶尔丹率军东进时，对喀尔喀蒙古大肆掳掠，策棱家族、部属亦未能幸免于难。康熙三十一年（1692），丹津妻格楚勒哈屯自塔米尔携策棱及其弟恭格喇布坦来归。此时，策棱只是一少年，但已受到康熙帝的器重，康熙帝授策棱三等阿达哈哈番，赐居京师，命入内廷教养。内廷教养为清代满蒙联姻制度之一。按此制，凡被选中之蒙古王公子弟，送入京师宫中，与诸皇子一同受文化、骑射等教育。在宫中教养成长的策棱也被清统治者视为至亲，"世笃姻盟拟晋秦，宫中教养喜成人"，"此曰真堪呼半子，当年欲笑拟和亲"。可见，在内廷教养的蒙古王公子弟与清皇室建立了密不可分的关系。

策棱在内廷教养十余年，在康熙帝的关怀和注视下成长为文武兼备的一青年蒙古王公。康熙四十五年（1706），尚圣祖女和硕纯悫公主，授和硕额附。策棱成为康熙帝之婿后，很快即成为清朝在喀尔喀蒙古地区的中坚人物。在维护清朝在喀尔喀蒙古地区的统治，巩固边疆统一局势方面发挥了重要作用。

康熙五十四年（1715），准噶尔部的策妄阿拉布坦进犯哈密，北路清军进驻科布多。策棱奉命出北路防御策妄阿喇布坦，此后他在与准噶尔进行长达数十年的战争中屡建奇功。比如在康熙五十九年（1720）的乌兰呼济尔之战，"屡破准噶尔"，还焚毁了他们粮食。

策棱秣马厉兵，练猛士千人，隶帐下为亲兵，所带领军队纪律严明，"每游猎及止而驻军，皆以兵法部勒之，居常钦钦，如临大敌"。在当时策棱的"赛音诺颜一军雄漠北"。雍正九年（1731），清军主力在和通泊之战中惨败，准噶尔部妄图再次东进。策棱先后两次与准噶尔主力交锋，均取得胜利。在额登楚勒之战后，雍正帝加封策棱为和硕亲王，赐银万两，同时授予喀尔喀大札萨克。之后的光显寺（又称额尔德尼昭）之战，重创准噶尔军队，令准噶尔部元气大伤，不得不与清朝议和。消息传到北京，雍正帝大喜，重赏了策棱，赐号超勇，赏给马二千匹、牛千头、羊五千只、白银五万两。

之后，策棱一直镇守喀尔喀地区，防范准噶尔入侵。到乾隆十三年（1748），78岁的策棱病死，消息传到北京，乾隆帝亲临祭奠，同时命配享太庙，谥曰襄，并御制挽诗。在清朝历史上，能够配享太庙的蒙古人，除了咸丰朝的僧格林沁之外，就是超勇亲王策棱。

为清代国家统一事业做出贡献的还有策棱之子成衮扎布和车布登扎布。

成衮札布于康熙五十九年（1720）随军征讨准噶尔。雍正十年（1732），因在光显寺战役中大败准噶尔军有功而授一等台吉。乾隆元年（1736），封固山贝子，授所部副将军。乾隆四年（1739），封世子，赐杏黄辔。乾隆十五年（1750）其父逝世后，袭札萨克和硕亲王兼盟长，并授定边左副将军。乾隆十九年（1754），罢定边左副将军职。乾隆二十一年（1756），和托辉特部青衮咱卜叛清，成衮扎布复职，统兵征讨，擒获青衮咱卜。乾隆二十二年（1757），授定边将军，统军征讨辉特部巴雅尔。同年入觐，复授定边左副将军。乾隆二十八年（1763），督理乌梁海与哈萨克互市。乾隆二十九年（1764），奏修乌里雅苏台旧城。

车布登扎布，额驸策棱次子，初授一等台吉，雍正十年（1732）参加额尔德尼昭之战，封辅国公。乾隆十六年（1751），乾隆帝授他为所部副将军参赞。乾隆十七年（1752）乾隆帝命分其兄成衮札布所属自为一旗，建立札萨克。乾隆十九年（1754），督兵招抚乌梁海，以征乌梁海及准噶尔有功，赐贝子品级。乾隆二十年（1755），随清军参加征讨准噶尔达瓦齐至伊犁。伊犁平定后，晋封多罗贝勒。原辉特部台吉定边左副将军阿睦尔撒纳谋叛，车布登扎布将此事密告将军班第，随后参加平定阿睦尔撒纳叛乱。乾隆二十一年（1756），追捕阿睦尔撒纳至哈萨克境，进封多罗郡王。乾隆二十二年（1757）署定边副将军。遣兵擒青衮咱卜叛党达玛琳。乾隆二十三年（1758），授定边右副将军，随定边将军兆惠征阿睦尔撒纳余众及新疆"小和卓"霍集占。乾隆帝以其父"超勇"号赐给他，并晋亲王品级。乾隆二十四年（1759）参加平定大小和卓叛乱。西域事定，以功臣画像列紫光阁。乾隆二十七年（1762），奉命到西藏。乾隆三十六年（1771），代其兄成衮扎布为定边左副将军，授盟长。后因牟利被劾，罢左副将军。又因擅请展牧界，削亲王品级。乾隆四十七年（1782），卒。

策棱之孙、成衮扎布之子拉旺多尔济，也深受乾隆帝和嘉庆帝的重用。

拉旺多尔济，固伦和静公主额驸，超勇亲王策凌与固伦纯悫公主之孙、札萨克和硕亲王成衮扎布第七子。乾隆二十九年（1764）封为世子。乾隆三十五年（1770）七月，尚乾隆帝第七女固伦和静公主，授固伦额驸。乾隆三十六年（1771），袭封超勇亲王。乾隆四十年授领侍卫内大臣，寻兼都统。

乾隆五十一年（1786），御前大臣七额驸拉旺多尔济回游牧处时，意外从马上跌落，导致右大腿骨节受损。乾隆帝视拉旺多尔济为"犹朕子也"，对女婿的伤势非常关心，曾多次询问："汝身体究竟如何，能否徒步行走？"又派大夫、官员探视。拉旺多尔济回奏："仰承汗阿玛之慈谕，甚是肿胀，意欲动身，实难忍受。现奴才拉旺多尔济之身躯，蒙汗阿玛之恩典，著蒙古大夫接骨抻筋，虽已固定，慢慢调养好转，但身体无法用力行走，唯人搀扶勉强行走。奴才见好后，即前去朝见汗阿玛。"乾隆帝朱批让他"不要太勉强"。疼爱之情，溢于言表。

至嘉庆朝，拉旺多尔济又立下一功。嘉庆八年（1803）闰二月，嘉庆帝回宫，乘舆行至顺贞门时，遭遇闯入宫中民人成德行刺。慌乱之中，拉旺多尔济奋勇擒获刺客。嘉庆帝因其救驾有功赐御用补

万国来朝图轴（北京故宫博物院藏）

裪，任命其为上书房总谙达，并封其过继之子巴彦济噶勒为辅国公。嘉庆二十一年因病乞归，五月十六日卒。

策棱祖、孙三代都为清王朝的安危立下了汗马功劳，自然在每年的圆明园正大光明殿赐宴中留下了诸多身影。额驸策凌先后于乾隆六年（1741）、乾隆八年（1743）、乾隆十三年（1748）的正月上元节数次参加正大光明殿赐宴。乾隆十三年正月，乾隆帝赐酒策楞后赋诗中有"我有来朝客，群称守土臣"之句。

成衮扎布也先后于乾隆六年（1741）、八年（1743）、九年（1744）、十八年（1753）、二十六年（1761）、三十五年（1770）参加过在圆明园正大光明殿举行的赐宴。其中，乾隆六年、八年都是与父亲一起参加。策棱之子车布登扎布也于乾隆二十八年正月参加过赐宴。乾隆二十六年正月，身为和硕亲王的成衮扎布与儿子多罗贝勒拉旺多尔济一同参加赐宴。乾隆三十五年上元前一日，成衮扎布与儿子拉旺多尔济还一起参加了乾隆帝在正大光明殿举行的近亲诸王宴。"是日宴近亲王暨皇子皇孙，特命定边左副将军超勇亲王成衮札布及额驸色布腾巴尔珠尔、拉旺多尔济并得与列"。可见，乾隆帝已将二人视为至亲。乾隆三十五年七月乙丑，乾隆帝将和静固伦公主许配给拉旺多尔济，又在正大光明殿赐宴喀尔喀亲王成衮扎布、额驸拉旺多尔济及其近族王公。

乾隆时期在圆明园举办的赐宴外藩的活动，除了带有节日娱乐的性质之外，更重要的是一种民族团结、国家一统的象征。而来自喀尔喀赛因诺颜部的策棱家族只是其中的一个典型。乾隆帝曾撰《圣武纪》，盛赞额驸一家为清代统一事业做出了极大的功劳。"父子兄弟三为定边左副将军，节制漠北数千里，阀阅威名，二百年未之有也。而成衮札布子拉旺多尔济尚固伦和静公主，亦从征临清、石峰堡，有战功。世长朔漠，世翰西陲，功名追卫、霍，忠贞符日碑。本朝外藩勋戚之盛，内蒙古推科尔沁部，外蒙古推赛音诺颜部。"清代的统一大业并非一蹴而就，而是各民族共同努力奋斗的结果，策棱家族多次获荣参加在正大光明殿的外藩赐宴，只是中华民族团结统一的一个例证。

（杨剑利）

山高水长演烟火

"山高水长"旧称"引见楼",俗称"西厂""西厂子""西苑""西园",位于圆明园的西南角,地域宽敞,地势平坦,为圆明园四十景之一。自雍正以后,圆明园成为皇帝接见蒙古王公、赐宴年班、外藩观戏的重要场地。其中,山高水长楼为赐宴外藩、表演杂技、烟火及校射的场所。岁例,蒙古回部番部等年班入觐,频有宴赉,岁底则于大内之抚辰殿,新正则于瀛台之紫光阁,上元则于御园之正大光明殿,又于灯节前在山高水长张设武帐筵宴,以示加惠。

对于每年元宵节在山高水长举行的烟火表演等活动,《燕京岁时记》称:"自(正月)十三以至十七均谓之灯节,惟十五日谓之正灯耳。每至灯节,内廷筵宴,放烟火,市肆张灯。""十九日谓之筵九,每至筵九,皇上幸西厂子小金殿筵宴,看玩艺贯跤,蒙古王公请安告归。"

《理藩院则例》详细描述了山高水长武帐宴的具体活动:每年正月十四、十五二日,皇帝驾临山高水长,看放烟火。事前,由理藩院先期将应行入座衔名,以及蒙古善扑人具奏。届期,带领年班朝觐,暨住京外边行走之内外札萨克汗、王、贝勒、贝子、公、额驸、台吉等,以及回子伯克、呼图克图、喇嘛等,各自携坐褥,由圆明园西南门入至围栏内,会同侍卫处,按内外王公大臣品级,以次列坐。内札萨克列于南,外札萨克、回子伯克列于北。公主子孙、姻亲台吉、协理台吉在南边树林内,按班排坐。呼图克图、喇嘛等俱在南边蒙古包内坐。

皇帝驾临后，众人均在座位处跪迎。皇帝升宝座，众人均行一叩首礼，然后就坐。尚茶正进茶，众人皆跪。皇帝用茶时，众行一叩首礼。侍卫致众茶，众行一叩首礼，跪受。饮毕，复行一叩首礼，坐。接着，是相扑摔跤表演。进内外札萨克善扑人各十名，与善扑营善扑人相扑；杜尔伯特善扑人六名，与热河额鲁特善扑人六名以次相扑。获胜者，当即赏赐缎一匹，就原扑处叩首谢恩。

摔跤比赛之后，宴会上接着表演各种技艺，最后燃放烟火。在乾隆中叶，赵翼所著《檐曝杂记》这样描述山高水长的火戏：

上元夕，西厂舞灯、放烟火最盛。清晨先于圆明园宫门列烟火数十架，药线徐引燃，成界画栏杆五色。每架将完，中复烧出宝塔楼阁之类，并有笼鸽及喜鹊数十在盒中乘火飞出者。未、申之交，驾至西厂。先有八旗骗马诸戏：或一足立鞍镫而驰者；或两足立马背而驰者；或扳马鞍步行而并马驰者；或两人对面驰来，各在马上腾身互换者；或甲腾出，乙在马上戴甲于首而驰者，曲尽马上之奇。日既夕，则楼前舞灯者三千人列队焉，口唱《太平歌》，各执彩灯，循环进止，各依其缀兆，一转旋则三千人排成一"太"字，再转成"平"字，以次作"万""岁"字，又以次合成"太平万岁"字，所谓"太平万岁字当中"也。舞罢，则烟火大发，声如雷霆，火光烛半空，但见千万红鱼奋迅跳跃于云海内，极天下之奇观矣。

在为外藩表演的烟火中，还有"万国春台"一出。据《清稗类钞》载："万国乐春台，象四征九伐万国咸宾之状，极尽震炫。"朝鲜贡使在《山庄杂技万年春灯记》中说："此斯须之戏耳，其纪律

圆明园四十景之　山高水长

山高水长

在园之西南隅地势平衍
撑重楼敞楹每一临瞰逮
岫堆鬟近郊正错绣旷如也
苇外藩朝正锡宴陈鱼龙
角觝之所平时宿卫士于
此较射

重搆枕平川湖山万景全时观
君子德武命上宾逾湛露今推
惠朋弓古尚贤更敞三接晋内
外一家连

之严有如是者。以此法临军阵，天下孰敢婴之哉？然而在德不在法，况以戏示天下哉！"

乾隆二十六年（1761）正月，乾隆帝在山高水长观看回部绳伎。乾隆帝曰："绳伎，即古寻橦、度索之遗，而征信者史阙有间。国家诸藩向化，方伎毕臻，若僸佅兜离，大之可以数典纪功，精之可以省风体物，所由来远矣。比因回纥内属，花门抱器者，胥隶乐府。献岁列部番，觐灯筵欤侍，乃命回人缘高楔，跨修緪，前奏斯伎，以惬观听。其始也，戛戛孑孑，无挟而造，则近乎勇；其继也，于于徐徐，出险而亨，则近乎智；其究也，油油洒洒，奉身而退，则又近乎仁。盖一艺而三善具焉。若是昔昌黎《石鼎联咏》，重自标置，谓吾诗云云，不解人间书。矧我二三词臣，方当厘宫悬所必备，补王会所未图，而可孤胜事作恒语乎？是用即目首倡，俾刘纶、于敏中，联成五十韵，以示志西域者，垂之副墨。"

此外，还有各外藩，甚至是国外的杂技表演。"上元夕于御园之山高水长例陈火戏，兼设各国乐舞，鱼龙曼衍僸佅兜离莫不毕备，如回部，金川、缅甸、卫藏、廓尔喀其抒诚所献不下数十种。"

对于武帐宴的盛况，宗室学者昭梿在《啸亭续录》中有一番记述。如"山高水长殿看烟火"，乾隆初定制，于上元前后五日，观烟火于西苑西南门内之山高水长楼。楼凡五楹，不加丹垩，前平圃数顷，地甚爽垲，远眺西山如髻，出苑墙间，浑如图画。是日申刻，内务府司员设御座于楼门外，凡宗室、外藩王、贝勒、公等及一品武大臣、南书房、上书房、军机大臣以及外国使臣等咸分翼入座。圃前设火树，棚外围以药栏。烟火开始前，皇帝先入座，赐茶毕，"凡各营角伎以及僸佅兜离之戏，以次入奏毕"，皇帝命放瓶花，只见"火树崩湃，插入云霄，洵异观也"。这一波烟火表演后，膳房大臣跪进果盒，"凡是侍座者咸预焉"。接着是乐部表演舞灯伎，"鱼龙曼衍，炫曜耳目"。各种舞灯技艺表演完后，皇帝再命燃放烟火，"火绳纷绕，奏如飞电，俄闻万爆齐作，轰雷震天，逾刻乃已"。烟火表演结束后，皇帝回宫，诸大臣也依次归邸，"时已皓月东升，光照如昼，车马驰骤，塞满堤陌，洵升平盛事也"。

山高水长举行烟火之外，还举行校射。乾隆二十四年（1759）正月，乾隆帝在贤良门内校射，"园门曰出入贤良，理事恒兹引对扬。多士惟殷斯吁俊，远夷兼值彼来王。绿簰器使抡庶位，骍角亲弯试广场。志正体平力奂主，执专艺熟中还常。示之所尚倾心服，命以同为到手忙。讵止朝仪浃宴乐，要令庙略奢张皇。恬文嬉武夙为戒，祖制天庥敢不蘉。珥笔儒臣从纪盛，自予家法奉无疆。"乾隆帝借元宵节之机，组织各部王公乃至外藩使节进行校射活动，一方面是为了娱乐，另一方面更重要的是展示清朝赖以生存的骑射技艺，强化不忘武备之意。

山高水长殿前的元宵火戏，一般从正月十三日起，至燕九日（十九日）收灯，谓之"七宵灯宴"。再举乾隆三十九年为例。乾隆三十九年（1774）正月十三日，乾隆帝御山高水长大幄次，赐蒙古王公台吉及回部郡王等宴。十四日，奉皇太后幸同乐园，侍早晚膳。同日，御奉三无私殿，赐皇子诸王等宴。十五日，奉皇太后幸山高水长。又御正大光明殿，赐朝正外藩等宴，召科尔沁和硕亲王恭格喇布坦、旺扎勒多尔济等"至御座前，赐酒成礼"。正月十六日，御正大光明殿，赐大学士尚书等宴。

在乾隆御制诗中，几乎对每年的上元节灯宴都有吟咏。例如，乾隆三十四年（1769）正月上元前夕侍皇太后宴，诗曰："未放西楼火树枝，试镫曲宴奉慈嬉。轻阴欲让将团魄，小部都呈祝嘏辞。钉馣芳陈百岁枣，云霞辉灿九华芝。依依爱月春宵永，正是千金一刻时。"正月十三日，举办外藩宴，诗曰："仰流鳞集贺元正，锡宴欣逢雪后晴。大幕穹窿庆云拥，西山迤逦玉屏横。鐻锯君长旧臣列，氈毦衣冠侍子伻。正是远来近悦候，恰教南顾缱遐情。"上元节当天，乾隆帝奉皇太后，与群臣以及外藩各部共同观看烟火和杂技表演，乾隆帝御撰《上元灯词》八首之一记述了当日观看新疆维吾尔族绳技（即高空走绳索）表演的情形："掌仪回伎列绳竿，砀极都卢倒掷盘。中外一家庆嘉夜，西京底事讶奇观。"乾隆帝在诗中自注："回部杂伎掌仪司领之，与内府旗人无异矣。"正月十六日，又举行廷臣宴，诗曰："堂陛联情不可无，筵开翼节共嘉娱。芳肴旨酒聊兹会，撮矢弧弓岂彼须。玉色积斯占熟谷，金音毋尔赋生刍。连茵莫作同声颂，交儆赓歌事著虞。"正月十九日燕九节，乾隆帝又撰《燕九镫词》："旧闻今日燕丘仙，蓝尾元宵镫重燃。那见云中降玉辇，却看火里种金莲。镫事今春七日同，有云却喜每无风。鱼鳞傍晚敛全净，让出蟾光烛碧空。高烛虹光百道流，林丞明日火嬉收。无遑惟益励无逸，有作应知必有休。镫前适阅驿章呈，阿卜赉汗遣子诚。小分教留还待彼，博恩应与耀光明。"

乾隆八年（1743）一位曾在圆明园从事建筑并受雇于乾隆帝的法国传教士F·阿蒂赫特（F·ATTIRET）也较为详细地描述了圆明园中的烟火活动："当福海水面布满船只时，为让您欣赏到这一美妙绝伦的景致，我真希望您能到这里来。船被装饰得光彩夺目，有时是为了欣赏音乐，有时是为了垂钓，有时是由两个手持长矛的武士在表演格斗，有时是其它娱乐活动。特别是在美丽的夜晚，当烟火燃放的时候，它们将所有的宫殿、所有的船只和几乎所有的树照亮。中国的烟花制作水平，绝对是超过我们的。我在法国和意大利时没有见到这么漂亮的烟花，而且也不能够和中国人的烟花相媲美。"
（李宏为译《一位法国传教士眼中的圆明园》,《历史档案》1999 年第
2 期）

　　除了烟火之外，每年元宵灯节前后，清朝皇室还在同乐园举办
大型观戏活动，连唱十天大戏，并安设万寿灯。另外，凡是皇帝、
皇太后的生辰，也要在清音阁唱九九大庆之戏。端午节或者后妃的
生辰等节日，也要在清音阁演戏一两天、三五天不等。看戏时，皇
帝坐在楼下殿内，皇太后和其他后妃则坐在楼上。同乐园正楼之前
的戏台两侧，有东西转角配楼各 14 间。楼下的东、西厢是王公大臣
和外国来使的看戏之处。

　　关于清代皇帝在圆明园内的看戏活动，以嘉庆元年正月为例。
据《敬事房礼仪档》，当月十四日，"未时，九州清晏入宴。未正一
刻自后角门入藤影花丛殿内看戏。申初三刻上山高水长。酉正自后
角门还墨云池。""十五日（墨池云）卯初出后角门，清净地拜佛，入
同乐园看戏。未初二刻，乘轿至宫门下轿，墨云池少坐。未初一刻
十分，林虚桂境入家宴。未正一刻五分，开戏。申正一刻上山高水
长，戏毕。""十六日，卯初二刻，宫门乘轿，上勤政殿后，同乐园
看戏。""十七日，卯初三刻，宫门外乘轿，上勤政殿后，同乐园看
戏。""十八日，卯正，宫门外乘轿，上勤政殿后，同乐园看戏。戏
毕，出福园门进宫。""十九日，上交泰殿，卯正二刻开宝。巳初进福
园，上同乐园看戏。未正宫门下轿，还墨云池。""二十日，卯正二
刻，乘轿上勤政殿后，同乐园看戏，未正一刻由南山口宫门外下轿，
还墨云池。""二十一日、二十二日、二十四日（三日记载同），卯正
二刻，乘轿上勤政殿办事后，同乐园看戏。""二十五日。二十六日
（二日记载同），卯初三刻，乘轿上勤政殿办事后，同乐园看戏。

此外，年节时，圆明园中还有商业娱乐活动。清道光年间的大臣姚元之曾如此描述："圆明园福海之西有同乐园，每岁赐诸臣观剧于此。高庙时，每新岁园中设有买卖街，凡古玩、估衣以及茶馆、饭肆，一切动用，诸物悉备。外间所有者，无不有之。虽至携小筐卖瓜子者亦备焉。"（姚元之《竹叶亭杂记》）

（杨剑利）

乾隆帝观稻多稼轩

圆明园作为清代与紫禁城地位相比拟的御园，并非只有殿堂亭阁，而是不乏田园风光，甚至有专门的稻田菜圃。圆明园从初建时期便有"菜圃""鱼池""耕知轩"一类的景点。雍正帝继位后景点增多，有田字房、芰荷香、多稼轩、北苑山房等。乾隆登基后将原有观农景点重新命名，如菜圃改称杏花春馆，耕织轩改称水木明瑟，田字房改称澹泊宁静，多稼轩改称映水兰香，芰荷香改属称多稼如云，北苑山房改称北远山村。同时还对原有景点进行改建，并增建了新的景点，例如杏花春馆的春雨轩和若帆之阁。这些御园中的稻田耕作，并不是为了多收几石粮食，而是统治者关注民生、重视农业和祈祷每年风调雨顺的礼制需要。

封建社会的中国是农业大国，农业是自给自足的封建经济基础，重视耕织，"裕民观稼"，历来为封建明君所共识。园林中增添这一内容，既是社会现实的反映，也是封建统治者的统治思想的反映。"心田喜色良胜玉，鼻观真香不数兰"，表达了封建统治者对农事的重视。

皇帝在园中开辟许多田地或菜圃，在园中观农事、验农桑、知农情、想农忙，体现"重农桑以足衣食"的富国之策和"以民生为本"的统治思想。清代康熙、雍正、乾隆三朝对农桑的重视程度是最高的，每年春季皇帝都要参加祭祀活动，亲自耕种藉田，还要到先农坛祭祀。在圆明园内种田、养蚕是皇帝及后妃每年春季首先要做的大事。园的北部留有大面积农田也是皇家重农耕的需要。

例如多稼轩，雍正朝所建，寓劝农之意。雍正帝撰诗曰："夜来新雨过，畿甸绿平铺。克尽农桑力，方无饥冻虞。蚕筐携织妇，麦饭饱田夫。坐对春光晚，催耕听鸟呼。"乾隆帝更是常到此处观看稻田。乾隆十八年（1753），乾隆帝在多稼轩观赏农田后赋诗，"弄田园北鄙，引溜藉输斞。几罥塍遥叠，数楹轩上临。黄云菜花甲，绿水稻秧针。多稼孜孜吁，当年此日心。"乾隆十八年，乾隆帝又为多稼轩中的农器题诗。乾隆四十一年（1776），乾隆帝在多稼轩观插秧，赋诗曰："园中辟弄田，引水学种稻。轩名额多稼，奎章悬圣藻。无非垂教心，当识谷为宝。要惟雨旸时，逢年殷祝好。春夏例多暵，布种艰致早。兹来见芄芄，鳞塍绿云渺。则因二三月，沾膏秧插了。秋成期尚遥，满望奚敢保。切切尽小心，穰穰希大造。"乾隆五十六年（1791），乾隆帝在多稼轩赏景，勉励劝农，"鳞塍凭牖俯溪田，雨笠风簑验历年。敢拟唐虞窥道要，勤农二字却心传。"

多稼轩北的贵织山堂还藏有《耕织图》和刻石。《耕织图》是南宋绍兴年间画家楼璹所作，南宋时的楼璹在任于潜令时，绘制《耕织图诗》45 幅，包括耕图 21 幅、织图 24 幅。康熙帝南巡时，见到《耕织图诗》，感慨于织女之寒、农夫之苦，传命内廷供奉焦秉贞在原作基础上，重新绘制，计有耕图和织图各 23 幅，并每幅制诗一章。康熙帝不仅每图亲题七言律诗一首且于图前亲书序文，并于序首、序尾盖印。后来雍正皇帝又命画师参照楼璹《耕织图》和《御制耕织图》绘制耕图、织图各 23 幅，并亲自各题五律诗 1 首。乾隆皇帝也命画师摹绘楼璹《耕织图》，亲自作序，并在保留楼璹原诗的同时，于每幅题七律及五律诗各 1 首。乾隆帝同时命画院临摹刻石，所刻之石置于多稼轩。咸丰十年（1860），英法联军攻入北京，烧毁圆明园时，《耕织图》被掠去，现藏于美国华盛顿佛利尔美术馆。刻

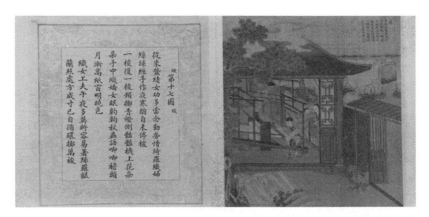

焦秉贞画/康熙诗　御制耕织图

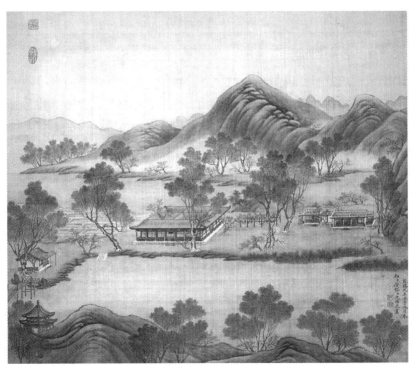

圆明园四十景之　澹泊宁静

揽胜忆旧闻

溪烟岚雾方重心
妙语时相逢千秋之下對缉羽
澹泊容境有會心皆可樂武侯
青山本来寜静體綠水如斯
瑟澹泊相遭泃矢視之阮
静其聽始透
青緻紫風水淪漣薫蕤著
氣不到其外梘隆花蔓延
仿田字為房密室周遭座
澹泊寜静

澹泊宁静咏

石在这次浩劫中部分被毁，余石于民国初年被徐世昌收藏，镶嵌于花园墙壁，至 1960 年，留存的刻石才归中国历史博物馆收藏。

又如，澹泊宁静又称田字房。雍正初年就已建成。主体建筑是一个田字殿，四面均可欣赏风景，殿北面是一片水田。南面是平静的小湖，东面为一片松林，而向西可欣赏映水兰香景区。位于澹泊宁静的稻香亭，也是乾隆帝经常观稻的地点。乾隆二十五年，乾隆帝在稻香亭观看水稻收获，"每岁秋蒐举，恒过熟稻时。兹方迟启跸，恰值促常期。遍陇黄云蔚，迎亭紫玉蕤。肯教鹦鹉啄，宁数蕙兰披。何必范云论，因怀杜甫诗。腰镰农父入，凭槛近臣知。乍见空云水，惟忻如栉茨。关心真惬望，可口欲流脂。三字瞻宸翰，五言纪昊慈。更希八纮遍，永祝万仓斯。"乾隆二十六年，乾隆帝在稻香亭观看即将成熟的稻子，"雨滋稻町插新秧，较早常年一月强。苗矣秀乎秀矣实，此时敢拟即云香。"

又如，丰乐轩。丰乐轩在紫碧山房东南，殿三间，四围有廊。此轩向东北有曲廊连至学圃。丰乐轩名取自柳宗元《种树郭橐驼传》"其乡曰丰乐乡，在长安西"一句，郭橐驼的家乡名为"丰乐"，雍正皇帝将轩取名"丰乐"，意谓期望百姓庄稼丰收、安居乐业。并在丰乐轩旁边的学圃种田观稼，祈祷一年风调雨顺。乾隆二十六年

（1761），乾隆帝在丰乐轩，祈愿农业丰收，"文轩额取郭橐传，学圃因之亦课田。欲阜吾民无别术，虔恭一意为祈年。"

又如，顺木天（学圃）。乾隆二十四年（1759），乾隆帝在紫碧山房东侧的学圃种植蔬菜果树，"北村有隙地，种树还艺蔬。清溪贯其间，不井可辘轳。将谓无愁旱，川涸圃渐枯。乃悟凡百为，省力非良图。"

除了观稻之外，统治者还经常在圆明园中举行演耕活动。

祭先农和藉田礼在中国传统礼制中具有重要意义。藉田礼是象征着一年农事开始的礼仪，在开春之时，天子亲自躬耕以劝农，号召天下百姓勤劳务农，并祈求风调雨顺，五谷丰登。清代各朝皇帝对行耕藉礼都非常重视。每年仲春或季春吉亥之日被规定为皇帝亲耕典礼的吉日，大致在农历的惊蛰之后。

清代康熙皇帝一贯的重农政策以及身体力行的重农实践在史书中留有许多资料。《清史稿》卷七记载，康熙四十一年（1702），"皇帝省耕畿南，经博野，圣祖躬秉犁器，即功竟亩，观者万人"。继明嘉靖帝在宫苑内辟地亲省耕敛事后，圣祖皇帝玄烨也在宫苑之中海"尝亲临劝课农桑"之事，他虽然仅一次往临先农坛亲耕，但深知"王权之本在乎农桑"的重要。他在西苑"治田数畦，环以溪水"，种试验田，培育良种，体察农事，赐名"丰泽"。

清代各朝皇帝对行耕藉礼都非常重视。其中，乾隆皇帝亲行率耕表现得更为突出，行耕藉礼次数为历代皇帝之冠，在位期间行藉田礼五十八次，其中二十九次亲行耕藉。耕藉礼主要在先农坛举行，但除此之外，乾隆帝还多次在圆明园山高水长进行演耕。乾隆三年（1738）三月十二日，乾隆帝"幸山高水长，演耕"。五年（1740）三月十九日，"上幸山高水长，演耕"。六年（1741）三月初八，"上幸山高水长，演耕"。七年（1742）三月十九日，"上幸山高水长，演耕。"

另外，统治者还在园中举行祈雨活动。在靠天种粮吃饭的传统农业社会，老天降雨与否，不仅与人们的生存息息相关，而且直接关系到一个王朝的稳定，所以祈雨活动在中国有着相当久远的历史。清代统治者除了前往天坛、地坛进行雩祭活动之外，也常常在御园进行祈雨。乾隆三年（1738）四月初二，乾隆帝幸圆明园，谕大学士、九卿等："朕思竭诚祈祷，在内与在外无异，用是仰遵懿旨，以慰慈怀。"（《清高宗实录》卷66）

我国历史上灾荒非常之多，在无力左右和改变自然的情况下，为求得大自然的宽容与恩赐，保佑四季平安，人们往往通过祭拜天地、供奉龙王等仪式，以求消灾避难。圆明园是水景园，自然少不了建龙王庙，就连香山静宜园多泉水，清帝也建了四座龙王庙，至今碧云寺卓锡泉旁的龙王庙仍然保存完好。当天时大旱时，乾隆帝往往会连续几天到龙王庙、黑龙潭敬香求雨，天下雨后，又要到龙王庙谢雨。若是发生涝灾，仍要去拈香。

（杨剑利）

五代同堂宗亲宴

乾隆五十四年（1789）新年第一天，也就是俗称的元旦，北京的天儿如往年一样冷得厉害，79 岁的老皇帝照例在圆明园的奉三无私殿举办宗亲宴席。

不过，这次宴席的名目却不寻常，称作"五代同堂宴"。

奉三无私殿位于圆明园内"九州清晏"景区内（位于正殿正大光明殿后面的前湖内岛上），前（南）为圆明园殿，后（北）为九州清晏殿。

所谓奉三无私，出自《礼记·孔子闲居》，云：

子夏曰："三王之德，参于天地，敢问何如斯可谓参于天地矣？"孔子曰："奉三无私以劳天下。"子夏曰："敢问何谓三无私？"孔子曰："天无私覆，地无私载，日月无私照。奉斯三者以劳天下，此之谓三无私。"

意思是说，夏、商、周三朝的开国之君大禹、商汤王、周朝文武二王之所以德行配天地，是因为他们就像天地那般无私。旧时用以比喻帝王以天下为公，不谋私利。

九州清晏区位于湖中，通过桥梁与陆地联系，中轴线上的圆明园殿、奉三无私殿、九州清晏殿三殿合称"圆明园三殿"。三殿功能不同，圆明园殿为景区前殿，前檐悬挂康熙皇帝御笔亲书"圆明园"匾额，是圆明园内建造较早的建筑；第二重殿奉三无私殿面阔七间，系清朝皇帝在圆明园内的祭殿，也是每年元旦（农历正月初一）举办宗亲（由皇帝钦点皇子、皇孙，亲王，贝勒等皇族成员入宴）宴席的地方，也是存放各衙门进奉物品、图册的地方；第三重殿九州清晏殿则为皇帝主要寝宫。

奉三无私殿内设宝座，两边设床，供皇帝休息。此外，殿内设有祭祀所用的祭台，雍、乾、嘉三代皇帝都曾在此祭祀日神。

奉三无私殿东、西回廊也设有佛堂，西佛堂供观音菩萨，而东佛堂供圣祖仁皇帝（康熙）、孝恭仁皇后（雍正生母）神位——道光中期后，佛堂改在圆明园殿。

每年奉三无私殿宴席的情况，曾任礼亲王的昭梿《啸亭续录》卷一"曲宴宗室"条中有所记录：

每岁元旦及上元日，钦点皇子、皇孙等及近支王、贝勒、公曲宴于乾清宫及奉三无私殿，皆用高椅盛馔，每二人一席，赋诗饮酒，行家人礼焉。

也就是说，所有与会者不仅得是皇帝的宗族（家人），得有一定的级别，还得必须是皇帝亲自点名的人员。

这本是惯例，但是，如同本文开头儿所言本年这个宴席却有不同的内容，即年近八旬的乾隆皇帝为这次宴会增添了新的说头儿：庆祝自己作为天子能够五世同堂，世所罕见。

所谓五代，指得是本人、儿子、孙子、曾孙、玄孙。

多子多孙历来是中国认为吉祥的事情。《庄子·天地》载：

观乎华，华封人曰："嘻，圣人。请祝圣人，使圣人寿。"尧曰：

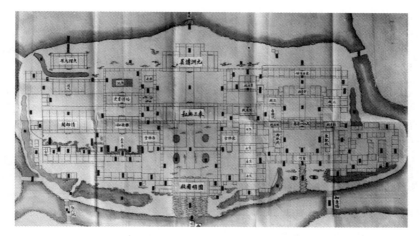

乾隆二十八年《九州清晏总平面图》(中国营造社藏)

"辞。""使圣人富。"尧曰:"辞。""使圣人多男子。"尧曰:"辞。"封人曰:"寿、富、多男子,人之所欲也,女独不欲,何邪?"尧曰:"多男子则多惧,富则多事,寿则多辱。是三者非所以养德也,故辞。"

庄子本意通过这个故事,来强调清净养德,但诚如华封人所言"寿、富、多男子,人之所欲也"。

作为一国之君、儒家信徒,乾隆自然不能免俗,此时,年近八旬的老皇帝已经实现了五代同堂的喜事,在那个医疗水平较差、人均寿命偏短的时代(大量的幼儿未过四五岁而夭折,成年者二三十岁而死的也是经常现象),五代同堂无疑是天大的喜事,尤其此事又出在帝王之家,自然要同族庆贺一下。

不过,乾隆皇帝五代同堂并不出于本年。

实际上,乾隆得玄孙是在乾隆四十九年(1784)。

乾隆四十九年,皇帝74岁,已属古稀之年。本年初,皇帝仿效祖父康熙皇帝六次南巡之事进行自己的第六次南巡，经行江宁（南京），驻跸龙潭行馆。三月十二日，皇帝接到留京王大臣六百里加急奏折，奏报皇帝曾长孙奕纯本月八日喜得一男（载锡）消息。

这个幸运的男孩是皇帝的第一个玄孙，系皇帝长子定安亲王永璜家族后代，其家族情况为：定安亲王永璜（乾隆皇帝长子）–绵德（四子）–奕纯（长子）–载锡（长子）。

随行的大臣、蒙古王公当然异口同声恭贺皇帝五世同堂，乾隆皇帝自己也是喜不自禁，当即作诗记载此事：

留京王大臣飞报得五代元孙之喜，诗以志意。

飞章报喜达行轩，欢动中朝及外藩。

曾以古稀数六帝，何期今复抱元孙。

百男周室非五代，三祝尧封是一言。

耄耋人多兹鲜遇，获兹惟益凛天恩。

乾隆帝年届七十后，派人遍查历代帝王年寿情况，获悉自三代以下除自己外，帝王年过七十者只有汉武帝刘彻、梁武帝萧衍、唐明皇李隆基、宋高宗赵构、元世祖忽必烈、明太祖朱元璋六人。

乾隆皇帝自视甚高，除其祖父康熙皇帝外，历来不将历代帝王放在眼中，自以为千古一帝，在得到自己有了玄孙（清朝避康熙皇帝玄烨讳，玄称元）后，认为自古帝王没有像自己一样五世同堂的，就连周文王那样的圣人也不多子，孙多而已。

得玄孙后不久，乾隆帝又命彭元瑞、曹文埴等大臣查阅刚刚编成的《四库全书》，查明自唐代以来除他之外，有生之年能见到元孙、得以五世同堂的，只有唐代的钱朗、宋代的张寿、元代的吴宗元和明代的罗恢、归璇、文征明六人，恰好与年过古稀的帝王之数相同，而这六人又无一人是帝王。乾隆帝因此更为欣喜，于是又作诗云：

命彭元瑞、曹文埴检《四库全书》古来见元孙者有几，据奏，自唐迄明，凡六人，诗以志事。

五世元孙膝上珍，检兹有几命儒臣。

奏来详悉翻四库，特出祯祥得六人。

恰彼古稀帝同数，赢其家庆我饶臻。

如斯天贶叨骈叠，忍不敕几心爱民。

乾隆帝令人制作"五世元孙"诗挂屏。

该挂屏以紫檀木制边框，双层边框，外圈雕万字不到头饰边，四角雕蝠纹，内圈以铜鎏金雕回纹，屏心髹黑漆为地，高 107 厘米，以青白玉嵌隶书乾隆御制诗两首，分别为《留京王大臣飞报得五代元孙之喜，诗以志意》《命彭元瑞、曹文埴检四库全书古来见元孙者有几，据奏，自唐迄明凡六人，诗以志事》。

乾隆帝认为自己能五代同堂是"尽人伦之极"的人生大事，欲推恩天下百姓，令各省督抚查访五世同堂之家，各督抚奏报，全国五世同堂者二百家。

十月二十二日，乾隆帝亲临奕纯府看视已经七个多月的玄孙载锡，欢喜异常，赐无量寿佛一尊、青玉灵芝如意一件、水晶菱花笔洗一件、珊瑚小朝珠一盘、白玉仙舟一件、青玉娃鼓一件、银晶三层盒一件、玛瑙鹤式水盛一件。

乾隆皇帝令于次年（乾隆五十年）在乾清宫举行三千九百余人

参加的"千叟宴"。

得玄孙给乾隆帝带来的欣喜是持久的，在载锡降生后的几年中，他先后用不同的方式表现自己的欢欣。

五福堂位于圆明园九州清宴东岸的天然图画景区内，此建筑为雍亲王皇子赐园时的建筑之一，殿内悬有康熙帝御书"五福堂"。

所谓五福，《周书·洪范》载："五福：一曰寿，二曰富，三曰康宁，四曰攸好德，五曰考终命。"康熙帝为胤禛题写此匾，自然是中国文人祈求后辈安康的一种心愿。胤禛将康熙帝三字制成匾额，恭悬于雍和宫、圆明园两处地方；并刻五福堂印（"五福堂"玺，清雍正，寿山石质，随形雕荷叶椭圆形玺，汉文篆书，面椭圆形，宽2.5厘米，长3.9厘米，通高6.1厘米，今藏故宫博物院）以为纪念。

圆明园五福堂情况，《钦定日下旧闻考》卷八十《国朝苑囿圆明园一》有记："池西北方楼为天然图画，楼北为朗吟阁，又北为竹蔼楼，东为五福堂，五楹。"据纂修诸臣按语：

五福堂额为圣祖御书，檐额曰"莲风竹露"，联曰："欣百物向荣，每识乾坤生意；值万几余暇，长同海宇熙春。"皆世宗御书。对楣额曰"叶屿花潭"、曰"苏堤春晓"，皆皇上御书。

自乾隆二十四年（1759）起，乾隆皇帝先后5次题咏"五福堂"，本年《御制五福堂六韵》即云：

春光酣百六，景物逗吟凭。

园内此堂古，祖恩皇考承。

翘心思好德，圣意示含弘。

竹埭琳琅峙，兰池绮縠澄。

对时常契会，肯构敢云能。

敛锡遵前训，钦哉勗继绳。

"园内此堂古，祖恩皇考承"，注曰："堂为皇祖所赐也。"

五福堂前栽有玉兰一株，系圆明园初建时植，弘历儿时，常至花下游玩，视之为同庚。乾隆五十一年，弘历偶至堂中对花，似故人重逢，遂成"五福堂玉兰花长歌志怀"，立卧碑于庭，刻诗其上。此时他已年近八旬，感叹欣逢老友，诗句云："御园中斯最古堂，其年与我相伯仲"。

想起祖父、父亲，再看看自己，皇帝觉得满意。乾隆五十二年正月，77 岁的皇帝在圆明园天然图画五福堂题"五福五代堂"匾。

匾由苏州漆做，黑漆地阳纹木金字，三寸宽二色金西番莲花纹边。从此，五福堂也就改称"五福五代堂"。

皇帝又撰《避暑山庄五福五代堂记》，在北京紫禁城景福宫增书"五福五代堂之额，以志庆"；而后，又在避暑山庄题"五福五代堂"匾额，悬于山庄东宫卷阿胜境殿，同时刻制"五福五代堂古稀天子宝"，并制《五福五代堂记》，存放于此。

今广东省博物馆珍藏有"清乾隆缂丝御制五福五代堂记卷"，该卷纵 35.9 厘米，横 169.5 厘米，引首："敬恩承庆"。卷心文云：

御制五福五代堂记

五福堂者，皇祖御笔赐皇考之匾额也。我皇考敬谨摹勒奎章于雍和宫、圆明园，胥用此颜堂，以垂永世。

丙申年，予葺宁寿宫之景福宫，以待归政后宴息娱老。景福者，

清乾隆缂丝御制五福五代堂记卷

皇祖所定名，以侍养孝惠皇太后之所也。予曾为《五福颂》以书屏，而未以五福名堂者，盖引而未发，抑亦有待也。

兹蒙天贶予得元孙，五代同堂为古希有之吉瑞，古之获此瑞者，或名其堂以芡其事，则予之所名堂，正宜用此五福之名，且即景福宫之地，不必别有构作，而重熙景庆仍皇祖、皇考垂裕后昆、贻万世无疆之庥也。

若夫获福必归于好德，而好德尤在好其善以敛锡厥庶民，五章之中，三致意焉，兹不复赘。

予子、孙、曾、元读是记及堂中五福颂者，应敬思皇祖、皇考所以承天之福必在于敬天爱民、勤政亲贤，毋忘旧章。予之所以心皇祖、皇考之心，朝乾夕惕、不敢暇逸，以幸获五代同堂之庆，于万斯年恒保此福，奕叶云仍，可不勉乎，可不慎乎？

臣姜晟敬书，印"臣晟""敬书"。

此外，缂丝长卷上另有朱文长方印三："八徵耄念之宝""石渠宝笈""三稀堂精鉴宝"；朱文方印七："五福五代堂古稀天子宝""八徵耄念宝""避暑山庄""宣统御览之宝""太上皇帝之宝""秀起堂宝""宝笈之编"；白文方印二："萧萧春雨""宜子孙"；白文圆印一："嘉庆鉴赏"。

至乾隆五十三年，皇帝已经78岁，来年即是79岁，按照北京人过九不过十的祝寿习惯，79岁即可以过八十岁生日，按捺不住激

五福五代堂古稀天子之宝

避暑山庄五福五代堂宝

动心情的皇帝决定次年元旦在圆明园奉三无私殿宴请宗亲。

这虽是旧例，却有新的名头"五代同堂宴"。

乾隆五十四年（1789），79岁的皇帝在奉三无私殿举办了热闹的"五代同堂宴"，诸皇族欢欢喜喜地度过了新年。

载锡之名当出于先秦的《大雅·文王之什·皇矣》："皇矣上帝，临下有赫。监观四方，求民之莫……帝作邦作对，自大伯、王季。维此王季，因心则友。则友其兄，则笃其庆，载锡之光。受禄无丧，奄有四方。"

大伯，即泰伯，太王长子，因太王喜欢三弟季历，为替父亲传位季历提供方便，与二弟虞仲，逃至南方，另建吴国。季历，周太王末子、周文王父。此诗是赞颂上帝属天命予周朝，周朝王室兄弟和睦的故事。皇帝以此名玄孙，亲亲睦族的意思不言自明。

嘉庆三年（1798），15岁的载锡封三等镇国将军。十四年，晋不入八分辅国公。二十一年袭贝子。道光元年（1821），载锡卒，享年38岁。

（樊志斌）

揽胜忆旧闻

御园传胪纪事

古人把上传语告下称为胪，中国古代科举制度中，殿试以后由皇帝在金銮殿宣布登第进士名次的典礼仪式，叫做传胪。传胪就是唱名的意思，也叫金殿传胪。

传胪唱名制度始于宋朝，明人彭大翼撰《山堂肆考》，语及宋时传胪盛况，"进士在集英殿唱第日，皇帝临轩，宰相进一甲三名卷子，于御案前，读毕，拆视姓名，则曰某人，由是阁门承之以传于阶下，卫士凡六七人，皆齐声传其名而呼之，谓之传胪"。杨万里诗中也有"殿上胪传第一声，殿前拭目万人惊"之句。金殿传胪，是士子最大的荣耀。宋以后，传胪大典成为盛大隆重的礼仪活动，尤以清朝的金殿传胪最为完备。清代传胪定例在太和殿举行，但也有例外，京西皇家园林的圆明园就有两次举办传胪大典的特例，分别是在道光和咸丰十年，缕述如下。

太和殿，俗称"金銮殿"，是北京故宫内规模最大的一个殿。初建于明永乐十八年（1420），名奉天殿，嘉靖时改名皇极殿，清顺治二年（1645）始称太和殿。太和殿是清代帝王举行即位、节日庆典或朝会等重要庆典活动的场所。按照制度规定，传胪大典，例在太和殿举行。

清初传胪大典的举办并无定期，主要是由于当时殿试试期变化较大，因此传胪日也随之变化，但一般定在殿试后三五日内举行。至乾隆二十六年（1761）规定，四月二十一日殿试，二十五日传胪，传胪之日期遂成定制。其后，间有因临时变故而随时酌定日期的特殊情况，均随殿试试期而行。据《钦定科场条例》载，传胪大典前有周密的准备工作程序。定制：礼部先期札请钦天监选择吉时报部，并缮写礼节上奏皇帝。得旨，通行各衙门。于是礼部示知贡士，并行护军统领衙门，于传胪日五鼓开东长安门，行兵部、步军统领开正阳门；通知王以下文武百官朝服齐集；委派礼部司官四员，会同鸿胪寺官，届时负责带领贡士；预行工部，备办贡士所戴三枝九叶顶；札请顺天府，饬大兴、宛平二县办理应备之伞仗仪从，及送状元赴顺天府筵宴及归第事。

　　传胪大典的礼节仪式，清朝正式颁有《状元传胪出榜仪注》，《大清会典》中也有详细规定。当天清晨，銮仪卫设卤簿法驾于太和殿前，乐部和声署设中和韶乐于檐下，设丹陛大乐于太和门内。礼部、鸿胪寺官设黄案，一于太和殿内东楹，一于丹陛上正中。丹陛下设云盘，午门外设龙亭、御仗、鼓吹。王公大臣侍班，百官朝服侍立。贡士穿朝服戴三枝九叶顶冠，按名次奇偶序立东西丹墀之末。礼部堂官诣乾清门奏请皇帝具礼服乘舆，导引入太和殿升座。中和韶乐奏隆平之章，銮仪卫官赞鸣鞭，于是阶下鸣鞭三，"其声缭绕于空中，响彻云霄，音长而韵，如鸾鸣凤啸，入耳清脆可听"。丹陛大乐奏庆平之章，读卷执事官行三跪九叩礼。大学士进殿捧东案黄榜，出授礼部尚书，陈丹陛正中黄案上。丹陛大乐作，鸿胪寺官引导新进士就位，按次第排立。宣制官宣制曰："某年月日策试天下贡士，第一甲赐进士及第，第二甲赐进士出身，第三甲赐同进士出身。"之后传胪官唱第一甲第一名某人，鸿胪寺官导引状元出班，就御道左跪，第二名某人，导引榜眼出班，就御道右稍后跪，第三名某人，导引探花出班，就御道左又稍后跪。每名连唱三次，唱名声音极为缓慢，唱时以次传唱至丹陛下，传唱与传胪之义由此而来。二甲与三甲仅唱名一次，不引出班。唱名结束，新科进士与大学士至三品以上官员行三跪九叩礼，中和韶乐奏显平之章。礼成，皇帝乘舆还宫。

传胪是士子荣耀的象征。严我斯是康熙三年（1644）的状元，他在《甲辰传胪日纪恩诗》中写道："旭日罘罳雾色升，鸿胪声彻殿头来。香飘御案初承诏，酒赐天厨正举杯。彩仗氤氲喧凤吹，康衢蹀躞走龙媒。自惭拜献无长策，敢忘经生旧草莱。"

以帝王为权力中心的王朝，其政治核心地带往往随皇帝的变换而产生变化。如果说，紫禁城内的皇宫早已打上帝王和政治权力的印记，那么，由康熙至咸丰朝，三山五园的政治地位亦因皇帝的久居而随即确立。换言之，三山五园成为紫禁城外京城的又一政治核心地带。比如，康熙帝在畅春园内处理的政事种类多样，包括引见臣僚、任命官员、庶吉士散馆、阅试武举骑射、赐宴蒙古王公大臣、接见外国使节，等等。随着圆明园替代畅春园成为西郊政治文化的又一中心，清帝在圆明园处理的政务活动愈加增多，但原则上，重要的典礼，比如元旦（正月初一）、冬至、万寿（皇帝生日）三大节，各种祭祀活动皇帝要亲祭，还要先期回宫"斋戒"，一些重要的政务活动，如仲春经筵、孟冬颁朔、殿试传胪等仍保留在紫禁城内举行。

这一点，在乾隆四十三年《御制夏日养心殿诗》里说的很清楚："视朝虽常例（皇帝夏天居圆明园，每日召见臣工，办理庶政，遇有祭祀或其他典礼则回紫禁城，事毕再到园。这句是指太和殿常朝），有如爱礼羊。（《论语》：尔爱其羊，我爱其礼的典故）避热而弗行，是即怠之方。怠则吾岂敢，长年益自蕫。都城烟火多，紫禁围红墙。固皆足致炎，未若园居良。园居且为愧，暂热赓何伤？熏风来殿阁，亦自生微凉。近政抚兰亭，即景玩词芳。"清代皇帝都不愿夏天住在紫禁城内，但为了完成诸种礼仪，清帝还是要勉为其难，离开凉爽的西郊皇家园林，驾归紫禁城。

科举，是清王朝选拔人才的重要考试制度。清代的科举正式考试，分为三级，分别是院试、乡试、会试和殿试。院试由学政主持举行，考中者称秀才。乡试在北京、南京和各省省城举行，考中者称为举人。会试在京城由礼部举办，考中者称贡士。贡士在同年四月参加殿试，由皇帝亲自主持。原则上，殿试和之后的传胪都在紫禁城中举行，但也有例外。比如，乾隆四十六年（1781）、乾隆五十五年（1790）的殿试均在圆明园举行，而咸丰十年（1860）传胪大典也例外在圆明园的正大光明殿举办。

咸丰十年（1860）这一年的科举考试，是于常规科举考试之外因皇家开恩而举行的考试，称为恩科。恩科首开于宋代，主要是针对屡试不第又有些才能的考生，允许他们在皇帝策试时，报名参加附试，以示皇恩浩荡，不过宋代的恩科并不经常举行。元代科举制度时断时续，更无恩科。明代沿用宋代恩科制度，但开科不多。到清代，恩科制度化，是皇家遇到喜庆之事（如皇帝娶妻、册封太子、过大寿等事）时，特别加开的考试。比如，1904年举行的最后一次科举考试便是因当年慈禧太后过七十大寿所开的恩科。

这一年，正值咸丰皇帝三旬万寿，早在咸丰九年正月，皇帝就下达谕旨，"兹于咸丰十年，届朕三旬万寿，允宜特开庆榜，嘉惠士林。著于本年八月，举行恩科乡试。明年三月，举行恩科会试。以副朕简拔人材至意。"按照皇帝的命令，乡试和会试次第举行，到咸丰十年四月，在保和殿举行了殿试，190 名贡士参加了考试。正常情况下，殿试之后，金殿传胪将于太和殿举行。但这一次的传胪却出现了意外情况。

据史料记载，四月二十四日，咸丰帝在圆明园勤政殿召见殿试阅卷大臣，钦定新进士甲第。二十七日，由读卷大臣带领引见。二十八日，在圆明园正大光明殿举行传胪大典，赐一甲钟骏声等三人进士及第，二甲黎培敬等八十二人进士出身，三甲崇谦等九十八人同进士出身。颁金榜，一切礼仪均照太和殿办理。

为何，传胪大典改在圆明园举行？翁同龢父子的日记为揭开这一历史之谜提供了线索。翁心存（1791—1862）在清廷为官近四十年，大部分时间在京城活动。他是道光二年（1822）进士，选庶吉士，授编修。任广东、江西学政，累迁大理寺少卿。后历任吏部尚书、国史馆总裁、户部尚书等职。咸丰八年授体仁阁大学士，管理户部。同治元年（1862）入直弘德殿，授穆宗侍读，为两宫皇太后倚重。卒赠太保，谥号"文端"。翁心存撰日记二十七册，记事起于道光五年（1825），止于同治元年（1862），其中有记载清帝在圆明园进行的政务活动。翁心存之子翁同龢，官至户部、工部尚书、军机大臣兼总理各国事务衙门大臣，是同治帝和光绪帝的两代帝师，亦撰有日记。

据《翁同龢日记》记载，咸丰十年四月二十八日，"冒雨下园。寅正三刻，上御正大光明殿传胪，百官蟒袍补褂，作乐鸣赞如朝仪，三品以下在二宫门外行礼，新进士在桥北，一甲三人宣至贤良门阶下行礼，金榜由殿前授礼部堂官，一甲三人送至东长安门张挂。自本月初六起圣躬欠安，自廿二日起令各部院照常带领引见，入城升殿恐致劳顿，遂改于圆明园胪唱，前此所无也。"翁同龢指出，咸丰帝之所以改在圆明园传胪，是因为身体不适。翁心存日记证实了圆

雍正十二月行乐图轴之　六月纳凉（北京故宫博物院藏）

明园金殿传胪的真实性，并进一步提示，皇帝确实在进入四月就身体欠安，而殿试后传胪的安排，在四月二十二日的时候已经告知全体官员，并要求按太和殿应有礼仪进行准备。

那么，咸丰帝的身体究竟出了什么问题？咸丰帝确实生来身体较弱，据《道咸以来朝野杂记》记载"文宗体弱，骑术亦娴，为皇子时，从猎南苑，驰逐野兽之际，坠马伤股，经上驷院正骨医治之，故终身行路不甚便"。加之，作为晚清君主，政务繁多，内忧外患，他郁闷烦躁，焦虑不堪，迷恋酒色，据《晚清宫廷生活见闻》记载，他"旦旦戕伐，身体久虚，遇坛庙大祀，常因腿软恐登降失仪，遣奕訢恭代。加以军务棘手，外患交乘，遂患吐血之症"。腿脚不便，身体虚弱，不便西郊与紫禁城之间往来行走，这是传胪大典改在圆明园举行的偶然原因。

传胪大典在四月热热闹闹地在圆明园举行完毕，这成为圆明园历史上荣耀的一页，但这也是清帝在圆明园中举行的最后一次传胪大典。同年八月二十二日，英法联军直犯圆明园，窜至圆明园大宫门。九月初五、初六日，英法联军火烧圆明园。

（阙红柳）

圆明园里种荷难

清代北京的西郊，河湖密布，如颐和园昆明湖的前身西湖，在明代已经是夏日赏莲胜地。

明万历年间知名文人袁宗道在《西山十记》中说："每至盛夏之月，芙蓉十里如锦，香风芬馥，士女骈阗，临流泛觞，最为胜处矣。"

而依西郊地势建造的清代皇家园林，水景处处，集天然与人工为一体，自多赏荷佳处。

清人李渔，爱莲如命，自称，"予有四命，各司一时：春以水仙、兰花为命，夏以莲为命，秋以秋海棠为命，冬以蜡梅为命"。四命之中，"莲命"最贵。

荷为水生，近距离观赏不易。自唐朝以来，富贵之家一般都会挖池养荷，既美化环境，又可满足夏日避暑和赏荷的双重需要。但荷花种植颇考验爱荷人的资财，需要连续的水源和广阔的池塘作为场地。可叹李渔一生酷好荷花，"竟不得半亩方塘，为安身立命之地"，只好凿斗大一池，植数茎以塞责，因池水不时泄露，经常望天乞水以救荷花。李渔的"荷命"，何其草率、勉强！

半亩方塘，田田莲叶，是李渔求而不得的凤愿；或斗大一池，或区区数缸，是大多数爱荷之人不得已草菅"荷命"的权宜做法。而对清朝帝王来说，种荷的地盘和花费根本不成为问题。北京西郊的泉水从玉泉山流到紫禁城皇宫，沿途流经圆明园、清漪园、畅春园、金河、长河、紫竹院、积水潭、什刹海、北中南三海，最后从社稷坛南过天安门，向东向南流出。另一支从北海分出流入紫禁城的护城河及城内金水河。水面丰富，且都不深，均是种植荷花绝佳之地。

据史料记载，每年由清王室内务府经管并出租种荷的护城河水面，就达二百八十八亩，地处西郊的皇家园林区更大量种植荷花。据乾隆二十七年（1762）内务府档案，当年在圆明园安澜园、清净地河泡，以及北大墙外新挖之河泡内栽种藕秧，用量竟达五千五百二十五斤。

西郊皇家园林之中，圆明园湖泊众多，水域占园区总面积的十分之四，适宜种荷。圆明园四十景中，"濂溪乐处""曲院风荷"，还有"多稼如云"的芰荷香，都是赏荷佳处。以《爱莲说》脍炙人口的宋代理学家周敦颐，号为濂溪先生，乾隆帝诗云"时披濂溪书，乐处惟自省"，遂用以命名园中景观。在《濂溪乐处诗序》中，乾隆帝描述了眼前荷花之盛：

"苑中菡萏甚多，此处特甚。小殿数楹，流水周环于其下。每月凉暑夕，风爽秋初，净绿粉红，动香不已。想西湖十里，野水苍茫，无此端严清丽也。前后左右皆君子，洵可永日。"

"曲院风荷"是模仿西湖十里荷花而建造的景观，位于后湖与福海之间，四面环水，静坐于曲廊之内，观赏荷花随风摇荡，在荷香水影之中，颇能感受李渔的感概——"避暑而暑为之退，纳凉而凉逐之生"。芰荷香位于圆明园北部偏西，是"多稼如云"一景南端的前屋，"坡有桃，沼有池，虹梁云栋，巍若仙居"。

如果说三山五园，是清帝及皇亲在京城的避暑胜地，那么御园赏荷，则是他们夏日观景纳凉的独特享受了。

荷花的种植，并非易事。清人阮元《吴兴杂诗》中有云："交流四水抱城斜，散作千溪遍万家。深处种菱浅种稻，不深不浅种荷花。"

圆明园四十景之　曲院风荷

麯院風荷

西湖麯院為宋時酒務
地荷花家多是有麯院
風荷之名葢霞紅衣印
波長虹搖影風景相似
故以其名之

香遠風清誰解圖亭々花庭
睡雙鳬停橈隄畔饒真賞那
數餘杭西子湖

曲院风荷咏

说明种植荷花与水密切相关，要求水域不深不浅，以适度为原则。

清人何绍基在诗中细数种荷不易，"止缘池水剧深清，欲种荷花不易成。但得廉纤半宵雨，又添三日水车声。"因池水须半干方可种荷，一旦遇雨，就要连日用水车劳作淘净多余之水。据沈复《浮生六记》记载，用盆植荷花，需用河水浇灌，并在太阳下晒，如此方能"花发大如酒杯，叶缩如碗口，亭亭可爱"。

另外，盆植荷花还要注意时令，清代园艺学家陈淏子在《花镜》中称"春分前种一日，花在茎上；春分后种一日，叶在花上；春分日种，则花叶两平"，颇为神奇。近人卢彬作《莳荷一得》，总结多年的种荷经验，认为"荷虽易生，但种不如法，则不易花。若钵莲则尤难养，以器小易干、肥多易腐也。"从萌发到开花，结实，涉及风水、时令，种荷一事，确实困难重重。

从清代档案史料中，可以一窥皇家园林内的荷花生长及种植情况。惊蛰时节，藕种萌芽。清明节前后，京城市面上出现出售藕种的档口。由此时到谷雨之前，是园林内大规模补种藕秧之时。藕种萌芽，即为藕秧。所种藕秧，一部分源自园林内自产，但数量不多；绝大部分则由内务府在外采买。

以乾隆二十七年为例，因乾隆二十六年荷花生长状况不如人意，当年在圆明园特地补种藕秧，共用五千五百二十五斤，其中一千零二十五斤采自熙春园河内，另外四千五百斤则是从外面市场采买而来。每千斤藕秧用银二十两，共计花费银九十两。又栽种藕匠工价银四两一钱五分八厘，两项共用银九十四两一钱五分八厘。这项花销在圆明园日常开销中应算比较小的。但那年藕秧栽种后长势令人忧心，到谷雨前，不知道是什么原因，荷苗萌出甚少。

到了七月，本为荷花发旺之际，但补种了藕秧的清漪园、惠山

园河泡内所出荷叶虽较前一年稍增，有花朵，但开花者不多。其余
耕织图等五处，所长出的茎叶稀弱如前。圆明园安澜园、清净地二
处河泡内所出荷叶虽亦稍增，却并未结花。北大墙外新挖河泡之内，
所出荷苗过于微少。为此，负责管理的官员被分别议处，皇帝责令
他们在明年谷雨前派员加意补种。因为种植不力，皇帝恐怕就难以
观赏"清水出芙蓉，天然去雕饰"，或"出淤泥而不染，濯清涟而不
妖"的诱人美景了。

　　乾隆四十二年（1777）九月，因圆明园北部胜景芰荷香前
水泡的荷花开花偏少，乾隆帝令步军在清理河淤之时，将沙土挖

出，加堆土山，换补水泡中的河泥，并于次年谷雨之前，栽种藕秧一千四百七十斤。

本以为这样一来，当年荷花一定会长势良好。谁知到七月间，不但花开寥寥无几，竟有多半全未萌芽。为此，清淤补种所花费银两被勒令追赔，主持官员如库掌钱保、委署苑副福新罚俸六个月，主管官副都统和尔经额，也因未能查处办理，疏于职守，罚俸三个月。

还好皇上赏荷不顺心这样的"事故"毕竟少见，乾隆帝有诗写道："柳桥横界水东西，西浅东深致不齐。浅乃宜荷花正放，过桥似入绛云低。"可见御园之内，河水深浅相宜，荷花夏日盛放，天子可尽情观赏才是常例。

赏荷是风雅之事，一般的文人墨客种之赏之，至多留一段风流佳话，或多谱写一曲旖旎颂歌。清帝种荷、赏荷，事情就可大可小。往小里说，是帝王的个人和家庭细务；往大里说，则涉及政务，事关天下。

就拿乾隆帝来讲吧，爱荷是他个人生活情趣的表现，也是孝敬母亲的方式。乾隆中叶，每当大暑前后，弘历总是特地把母亲崇庆皇太后从畅春园接到圆明园芰荷香观赏荷花。乾隆十四年至三十六年间（1749—1771），邀皇太后同赏荷花共有 20 次之多。如乾隆二十一年六月二十四日，弘历在九州清晏吃早膳后，乘轿到畅春园西北隅的闸口门迎候皇太后，然后一同乘船向北，进圆明园水闸门，至芰荷香看荷花。弘历侍奉皇太后在这里进早膳，再恭送她回畅春园。《恭侍皇太后观荷》诗中，乾隆帝写道：

"平湖香锦夏风吹，长日承欢此处宜。已喜自天无暑气，可知随地有西池。当前顿觉忘关塞，开后何须较疾迟。莲叶莲花不如藕，爱他延寿缕丝丝。"

赏荷以避暑，食藕寓长寿，确实是表达孝敬的良好方式。而吃莲子则有生活哲学蕴含其中，乾隆帝《食莲》诗中写道：

平湖参错芙蓉紫，看罢莲花食莲子。轻舟棹入碧洲湾，犹有新红才出水。出水新红未吐花，晚风轻度香云霞。几回流赏冷衣袂，蚤秋消息知非赊。笑对冰盘珠玉净，清芬恰与幽怀称。莫教入口嫌苦心，从识生成有本性。

个人及家庭之外，有幸陪同皇帝赏荷者，还有关系亲密的大臣。康熙帝在经筵日讲结束后，曾携同翰林张英、高士奇、励杜讷等一同到西苑太液池（今北海公园）看荷，并写诗记录其事："千队芙蓉太液池，迎薰初散讲筵时。螭头绝胜金莲烛，自有清香送晓飔。"

乾隆皇帝也多次特允近支王公、大学士、翰苑诸臣与他一起赏荷，如乾隆二十五年（1760）六月底，弘历即特例允许回部郡王霍集斯获此殊荣。

霍集斯出身吐鲁番的维吾尔族贵族家庭，在清代平定准噶尔蒙古贵族和大小和卓木叛乱、维护国家统一的大业中卓有功勋。他的画像作为五十功臣之首悬挂于紫光阁。乾隆帝为其题诗曰："奉元戎檄，擒达瓦齐；后稍观望，旋迎我师；同大军进，被围黑水；回部望族，居之京邸。"

前一年，霍集斯到北京朝觐时，乾隆帝已特赐宅第，让其留居北京。这回又特许他入圆明园，在芰荷香一同观赏荷花，既是对他个人贡献的肯定，也是对西北地区民族团结、政局稳定的期许。

荷花在密切君臣关系方面的作用不可小觑，在赐朝臣赏荷的同时，赐藕、赐莲蓬也是对朝臣优待的表示。得到赐物的臣下，感

揽胜忆旧闻

激涕零，怎能不怀恩思报？康熙朝的翰林院编修、著名诗人尤侗在《赐藕恭纪》诗中写道：

> 碧藕如船太液池，侍臣分赐折琼枝。生成天上玲珑骨，拔出泥中冰雪姿。蓬馆携来秋色里，草堂批向晚凉时。君恩欲解相如渴，引起羁人万缕丝。

曾官至刑部尚书的魏象枢不仅多次蒙康熙帝赐藕，还得赐莲蓬和菱角，其诗中云：

> 藕大如船出御河，重来水殿沐恩波。虚中比德谁无愧，触类清心感更多。菱角霜微真抱玉，莲房粉坠不依荷。诗成未敢邀宸览，拜手惟书喜起歌。

皇帝身系家国天下，御园之荷花，也有袖里乾坤。在政治寓意方面，荷花是祥瑞的一种，并蒂莲一直是自然生成的吉祥之兆。天降祥瑞，又一向作为政治清明、安居乐业的清平之世的标志。清代帝王之中，雍正帝一朝追求祥瑞，层出不穷，花样百出。他即位之初，急需祥瑞证明自己是真命天子，恰逢此时，内苑太液池于八月六日得并蒂嘉莲，遂为雍正元年（1723）祥瑞。

值得一提的是，种荷、赏荷的副产品，即京城各处荷花池租赁费，以及皇家园林内所产莲藕变卖后的银两，还可以充实皇帝的荷包，是内务府很重要的一笔收入。比如，圆明园内每年所产莲藕的收入，是可以部分支付同期的园林维修费用的。

（阚红柳）

狮子林故事

中国园林有三大狮子林，一在苏州，声名最著；一在承德避暑山庄内；一在圆明园附园长春园内，为英法联军焚毁。

园林佳名固多，狮子林三字又非园林常用名称，那么，三园何以同名？它们之间有又怎样的联系呢？

狮子林位于苏州城内，始建于元朝至正二年（1342），是中国著名的古典园林之一。

满园叠石，形态各异，有若狮子。狮子又作"师子"。《汉书·西域传上·乌弋山离国》："乌弋地暑热莽平……有桃拔、师子、犀牛。"

因狮子威猛，吼叫能震慑百兽，佛家用狮子吼称佛以无畏音说法，如狮子咆吼；以狮子喻佛，指其无畏，法力无边，称佛陀为人中狮子。前蜀贯休《寄大愿和尚》诗："自怜亦是师子子，未逾三载能嚬呻。"

元时，天如禅师惟则得法于浙江天目山狮子岩普应国师中峰，天如禅师在苏州说法时，建造此园，堆叠山石，为表示佛法传承、纪念中峰禅师，取名"狮子林"。

明洪武六年（1373），73岁的大书画家倪瓒（号云林）途经苏州，作有《狮子林图》。

倪瓒，名珽，字泰宇、元镇，号云林子、荆蛮民等，江苏无锡人，系中国历史上著名的画家、高士，在明清画史上有着至高的地位与名声，随着其《狮子林图》的传承，使得狮子林名声在外。

康熙四十二年（1703），皇帝南巡至苏州，驻跸狮子林，赐额

"狮林寺"。

作为著名的文人皇帝，乾隆帝最好倪瓒，收藏有倪瓒款《狮子林图》（在画面上反复题跋六则），先后4次亲笔摹仿倪瓒《狮子林图》画意作图，题咏多达9叠韵、百余首。

在故宫养心殿，收藏有一幅款倪瓒的《狮子林图》（纸本水墨，宽28.3厘米，长392.8厘米），墨笔绘图，画中假山堆叠、树木掩映，厅堂散布，内设佛像，廊庑间一僧人手持经卷作诵经状。画幅右上方一跋云：

余与赵君善长以意商榷，作《狮子林图》，真得荆关遗意，非王蒙所梦见也。如海因公宜宝之。懒瓒记。癸丑十二月。

说明此画是为"如海因公"所作，时间在明洪武六年（癸丑，1373）十二月。

倪瓒性高洁，如何自我称颂作画"真得荆关遗意，非王蒙所梦见也"，又谓如海因公"宜宝之"。此画明显为后人假托——现代学界认为，此图风格不类倪瓒，跋中"赵君善长"为元末明初著名画家赵原（字善长），卒于洪武六年，故此画当为明初仿本。

不过，此画笔法不恶，向来被认为倪瓒真迹。明末清初观看或收藏过此画的书画鉴藏家多认为此画为倪瓒真迹。万历间收藏家张丑《清河书画舫》载，其观画感受云："书法娟秀""跋语清真"，"是迂翁真相"。曾收藏此画的清初鉴藏家孙承泽在《庚子销夏录》中记载此画"为云林得意之作"。

乾隆皇帝对此卷绘画珍爱有加，终其一生反复题跋。在画卷的画心、前后隔水处拖尾处有题识，分别书于乾隆二十二年（1757）

倪瓒　狮子林图

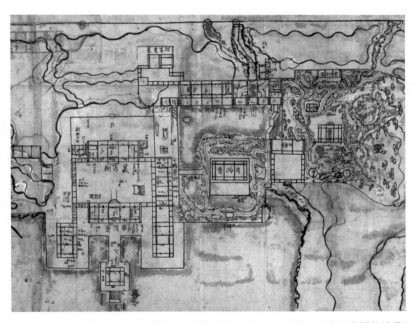

样式雷　狮子林清淑斋前后地盘形式图　（局部，北京故宫博物院藏）

暮春、乾隆二十二年初夏、乾隆二十七年仲春、乾隆二十九年冬、乾隆三十年春、乾隆三十七年暮春、乾隆三十七年仲夏、乾隆三十八年新正、乾隆三十九年仲冬、乾隆四十九年仲夏。可见皇帝的重视。卷后还附有梁国治、刘墉、彭元瑞、董诰、曹文埴等臣子共同撰写的考据之文。

因此，乾隆帝对苏州狮子林念念不忘。乾隆皇帝最为佩服皇祖康熙皇帝，处处仿效康熙帝行径，也作六次南巡之举，六下江南，六至苏州，五游狮子林，先后赐"镜智圆照"、"画禅寺"、"真趣"等额匾。

皇帝还作有《游狮子林即景杂咏》，云：

城中佳处是狮林，细雨轻风此首寻。
岂不居然坊市里，致生邈尔濮濠心。
真树盖将千岁计，假山曾不倍寻高。
云林大隐留芳躅，谁复轻言作者劳。
画谱从来倪与黄，楚弓楚得定何妨。
庭前一片澄明水，曾照伊人此沐芳。

赞扬狮子林在城市而得幽静之意，园中大树沧桑，假山嶙峋，细雨清风，使人有出世之想。想到自己收藏的倪瓒《狮子林图》，乾隆帝说绘画当属倪瓒、黄公望为尊，倪瓒的《狮子林图》现在进入宫廷，仍然是楚弓楚得（事物丢失但得主也非外人）。园中庭前的一片湖水，当年曾有美人在此沐浴。此是兴会。

乾隆帝还有《再游狮子林》诗：

本拟行宫一日间，念民瞻就策天闲。
宁论龙井烟霞表，却爱狮林城市间。
古树春来亦芳树，假山岁久似真山。
小停适可言旋耳，寓意非因畅陟攀。

对狮子林的叠石古树念念不忘。

乾隆皇帝好大喜功，以天子拥四海的气势，想把天下美景尽数纳入圆明园内。对狮子林也是如此，他不仅不时观看《狮子林图》，五次游览狮子林，还令人将狮子林布局绘图造型，先后在圆明园、避暑山庄仿建狮子林。

圆明园狮子林位于长春园（圆明三园之一，在圆明园东侧）东湖北岸，建成于乾隆三十七年（1772）。

乾隆九年（1744），圆明园本园大规模扩建工程告一段落后，皇帝又在圆明园东侧新建了占地一千余亩的长春园。

之所以建造此园，按照乾隆自己的说法，他不能超过皇祖爷康熙执政六十一年的历史，如果天假年寿，至乾隆六十年（1795）八十五岁时，就退位颐养天年，故而预先为自己建造这处颐养的园林。

之所以，取名长春园，是因为父皇雍正在圆明园赐长春仙馆给自己读书居住，自己以"长春居士"为号，园名是对这段历史的纪念。

经过两年营造，长春园中路建筑如前宫门、牌楼、澹怀堂、长春桥，中央岛上的主建筑含经堂、淳化轩、蕴真斋，以及主建筑东边的神心妙远、味腴书屋、大戏台，西边的涵光室、三友轩、理心楼、焚香楼等建筑基本建造完毕。

如果说，圆明园更多的反映天子拥四海的气魄与表达，长春园虽然也不脱离这个主题，但却十分强调园林的自然观。

整个园子湖水面积巨大，占全园面积的三分之二，水域宽度都在一二百米之间，适足做景观的远距离朦胧观赏；整体布局上，也更为合理舒适，巨大的水面上，用以分割、连接水面的洲、桥、岛、堤错落有致、停匀自然。

乾隆皇帝于乾隆十六、二十二、二十七、三十、四十五、四十九年六巡江浙，乾隆三十年后，在长春园东路仿江南胜景如苏州的狮子林、江宁（南京）的如园和杭州西湖的小有天园等，造作园林。

狮子林始建于乾隆三十一年（1767）后，西临丛芳榭，南为玉玲珑馆，景区内景观众多，《钦定日下旧闻考》卷八十三《国朝苑囿·长春园》载：

> 丛芳榭之东为狮子林，为虹桥，为假山，为纳景堂，为清閟阁，为藤架，为磴道，为占峰亭，为清淑斋，为小香幢，为探真书屋，为延景楼，为云林石室，为横碧轩，为水门。《长春园册》

乾隆帝先后为长春园狮子林命名十六景，并有御制诗。乾隆三十七年《御制狮子林八景诗》序云："狮子林之名，赖倪迂图卷以传，此间竹石邱壑皆肖其景为之，冠以旧名，志数典也。"

倪迂，即倪瓒。倪瓒家中豪富，不事生产，清高自许，自称"懒瓒"，亦号"倪迂"，这是按照道家的世界观命名的。

"倪迂图"即倪瓒绘《狮子林图》（纸本水墨，纵 28.3 厘米，横 392.8 厘米，今藏北京故宫博物院）。"竹石邱壑皆肖其景为之"，可见长春园狮子林与其说是仿苏州狮子林而建，毋宁说系仿照乾隆帝藏倪瓒款《狮子林图》布局而成。乾隆帝题狮子林诗云：

> 最忆倪家狮子林，涉园黄氏幻为今。
> 因教规写阊城趣，为便寻常御苑临。
> 不可移来惟古树，遄由飞去是退心。
> 峰之池影都无二，呼出艰逢懒瓒吟。

"最忆倪家狮子林，涉园黄氏幻为今"句，皇帝自注云："吴中狮子林故址虽存，已屡易，为黄氏涉园。丁丑南巡，曾访其胜，因邮倪卷证之；壬午、乙酉，复再至，前后并有诗题卷中。"

但是，由于倪瓒《狮子林图》毕竟为写意，乾隆恐模拟不肖，遂以苏州狮子林格局为模板设计建造。这就是乾隆三十六年四月苏州织造舒文遵旨送来苏州狮子林全景烫样（模型），三十七年狮子林建成的原因。故其《御制续题狮子林八景诗》序云：

> 倪瓒原卷中自识，与赵善长商榷作《狮子林图》，且属如海因公，宜宝弄云云，是则为图本自倪，而叠石筑室已在疑似，何况历岁四百余年、室主不知凡几更，而今又属黄氏矣，则今之亭台峰沼但能同吴中之狮子林，而不能尽同迁翁之《狮子林图》，固其宜也。虽然，予之咏高山而企慕兰，实在倪而不在黄。

据内务府于乾隆四十年（1775）复查汇总，实净销工料银十三万四千零十三两五钱八分二厘。在物价还算平稳的乾隆中叶，狮子林建造耗资可不算少了。

狮子林最大的特点就是大量用石。一般南方园林多以玲珑山石点景，作为赏石来用，或者少叠成山，有神似即可。狮子林不同，狮子林大量使用太湖石，除建筑空间外，几乎无处不用湖石堆叠，山势高低错落，山中曲径婉转。

叠石的石头取自太湖，具有赏石瘦透漏皱的特点，极为赏石者所好。加之堆叠比较自然，在中国园林中别具特色。

实际上，乾隆帝之所以特别好狮子林，除了狮子林在造景上的意蕴和方法外，更多的还是出于对倪瓒高雅、画技的尊重和向往。

长春园狮子林空间山、湖、桥、堂错落分布，假山崎岖，建筑小巧，楼堂亭轩十余座、百余间，颇具狮子林意趣。

虽然长春园狮子林的"亭台峰沼但能同吴中之狮子林"，但由于皇家气魄、与其他建筑的协调、所用材质等诸多原因，长春园狮子林只是肖苏州狮子林"意"而建，西部以建筑为主体，东部以叠石为主体，呈现出的园林景色与苏州狮子林园差异甚大。

乾隆御题长春园狮子林八景，后续八景，共成十六景，分别是：

八景：狮子林、虹桥、假山、纳景堂、清閟阁、藤架、磴道、占峰亭
续八景：清淑斋、小香幢、探真书屋、延景楼、画舫、云林石室、横碧轩、水画

在长春园狮子林园落成之时，即乾隆三十七年（1772）暮春，皇帝亲临观园。为了纪念园林建成，皇帝取出内府珍藏倪瓒（款）《狮子林图》，展卷欣赏，而且亲笔仿画一幅。

乾隆帝仿画与倪瓒（款）《狮子林图》在构图、内容及画风上十

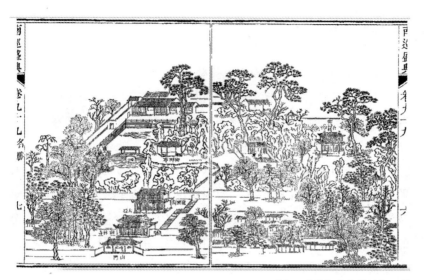

分近似，可见是乾隆帝有意照临。画卷引首处有乾隆帝自书"艺循清"三字。卷后题跋明确提及临仿的缘由：

> 兹御园规构狮子林落成，复仿倪迁意成卷，并题一律，藏之清阁，展图静对狮林景象，宛然如觌。

仿画过后，乾隆帝又不断作诗数首，书写于画卷之后。乾隆帝还给十六景依次题诗，如其题假山诗云：

> 狮林以石胜，相传为瓒自位置者，兹令吴下高手堆塑，小景曲折尽肖，驿此展拓成林，奚啻武贲之于中郎？
> 妙手吴中堆塑能，绝胜道子写嘉陵。

一邱一壑都神肖，忆我春巡展步曾。

似说长春园狮子林叠石系苏州叠石高手做。

不过，事情并不如此简单，乾隆帝写诗道："吴工肖堆塑，燕工营位置"，结合前苏州织造送来苏州狮子林地盘来看，堆塑系苏州工匠所做，长春园狮子林的工程却是北京人设计、施工的。

武贲之于中郎，意思是相差不多。中郎，官名，郎官的一种，即省中之郎，为帝王近侍官。战国始设，汉代沿置，属光禄勋（秦及汉初为郎中令），习称中郎，负责管理车、骑、门户，担任皇帝的侍卫和随从，分车郎、户郎、骑郎三类，东汉时期，除设三署外，又分属虎贲、羽林中郎将。武贲，即虎贲，虎贲中郎将，官名，主宿卫。《汉书·百官公卿表》载，平帝元始元年更期门之名为虎贲郎，置虎贲中郎将统领，隶光禄勋，主虎贲禁兵。唐人修史书，避李渊祖父李虎讳，改称"武贲中郎将"。

有的题诗还涉及心学，如其题纳景堂，云：

镜水写形，遇以无心，而景自为，纳斯堂所得，迨乎近之。
花木四时趣，风云朝暮情。
一堂无意纳，万景自为呈。
色是空中色，声皆静里声。
搋然声色表，五字亦因成。

先说景色自在，唯识者得之。景观名"纳景"，偏从"一堂无意纳，万景自为呈"说起。

搋，本意做撞击讲，引申为纷错。《五灯会元·太平懃禅师法嗣·文殊心道禅师》："三界唯心，万法唯识。今目前万象撽然，心识安在？"

"五字"，指"撽然声色表"。"亦因成"，是说"撽然声色表"五字之成句，是因为"色是空中色，声皆静里声"的原因。强调个人修心，不受外界因素干扰，以色为空，以声为静。这里既是说哲学思辨，也是说园林审美者的根本。

咏藤架、磴道二诗，虽不乏正经气象，但却有园林设计、审美的"真意"表达：

> 紫藤引架，垂阴缦蒙，可十数武，于石桥宛转尤宜。
> 石桥既曲折，藤架复逦迤。
> 春时都作花，步障垂茸紫。
> 琐月多风流，蘸波鲜尘浑。
> 施松援觉艰，附木平可喜。
> 载咏颀弁章，庶几见君子。
> 循岩陟磴，诗人比之丹梯。此虽叠石而成，亦自觉风云可生足底。
> 房山石似洞庭，刻削一例岭嶝。
> 拾级试登磴道，丹台咫尺通灵。

其写延景楼，不仅及于地面环境、石态，更及于天空、赏景者心态，真是"会者"的视角与写法：

> 诡石玲珑栈径通，入来浑似万山中。
> 近峰远渚揽次第，秋月春风观色空。
> 拾级望遥目容与，焚檀习静意冲融。

虽然延得江南景，罢露台惭未昔同。

由于长春园狮子林更多地取法苏州狮子林，而不是倪瓒的《狮子林图》格局，乾隆帝虽甚是喜欢，却总不畅怀。他咏清閟阁云："当年阁中人，未必首肯遂。"他咏清淑斋云："如云晤倪老，恐未契高襟。"

之所以如此，是因为在乾隆帝看来，倪瓒的山水绘画在不即不离之间，既真实，又有意境。他咏占峰亭中就表达了他的这种看法："峰顶一笠，清旷绝尘，元镇画往往如是印证，故在不即离间，虽是假山，亦有峰……俗手石工那得窥，粉本倪迁精绝处。"

乾隆帝又觉得，景观新造，松木新种，自然不如"田盘古松林立"。

出于种种不惬于心，乾隆三十九年（1774），皇帝决定按照倪瓒《狮子林图》意向，在承德避暑山庄清舒山馆前再仿建一处文园狮子林。

与长春园狮子林园一样，文园狮子林园同样设置狮子林、虹桥、假山等十六处景观。

相比于长春园狮子林园，乾隆帝显然对文园狮子林园更有信心。乾隆三十九年（1774），皇帝《题文园狮子林十六景有序甲午》序云：

向爱倪瓒《狮子林图》，南巡时携卷再至其地，摹迹题诗。昨于长春园东北隙地规仿为之，即仍狮林之名，初得景八，续得景亦如之，皆系以句。

然其亭台峰沼，但能同吴中之狮子林，而不能尽同迁翁之《狮子林图》。兹于避暑山庄清舒山馆之前，度地复规仿之，其景一如狮园，之名则又同御园之狮子林，而非吴中之狮子林。

且塞苑山水天然，因其势以位置，并有非御园所能同者，若一经数典，则仍不外云林数尺卷中，所谓言同不可，何况云异？知此则二亦非多，一亦非少，不必更存分别。见懒道人"画禅三昧"，或当如是耳。

既落成，名之曰"文园"，仍随景纪以诗。或有以同、不同？为叩者，惟举倪迂画卷示之。

意思是说，长春园狮子林仿苏州狮子林而作，而苏州狮子林经过几百年的沿革，已经不能如元末明初时候如倪瓒《狮子林图》样貌，现在在避暑山庄完全按照倪瓒《狮子林图》格局仿建，景观命名则与长春园狮子林一样。此外，避暑山庄位于塞外，山水天然，地势不同于长春园，格局也不尽相同，总之是按照倪瓒图的意向而成。

最后，乾隆帝幽默的说，要是谁认为避暑山庄狮子林建造的不合于倪瓒原意，我就拿倪瓒《狮子林图》给他看。

举乾隆帝题避暑山庄狮子林诗数首，以见其心得。其《狮子林》云：

倪氏狮林存茂苑，传真小筑御湖滨。
既成一矣因成二，了是合今不是分。
爱此原看鸥命侣，胜他还有鹿游群。
水称武列山雄塞，宜著溪园济以文。

茂苑，古苑名，又名长洲苑，故址在今江苏省吴县西南，后也作苏州的代称。晋左思《吴都赋》："造姑苏之高台，临四远而特建；带朝夕之浚池，佩长洲之茂苑。"

命侣，呼唤友伴。唐李商隐《越燕》诗之二："命侣添新意，安巢复旧痕。""胜他还有鹿游群"是写实，因山庄有梅鹿闲游，更富天然之趣。

避暑山庄之水来自武烈河，山庄依山而建，峰岭雄奇。狮子林内溪水环绕，山水相依，将其命名为"文园"——概与汉司马相如曾为文园令、倪瓒系高雅文人有关。

皇帝咏文园狮子林《假山》云：

塞外富真山，何来斯有假？

物必有对待，斯亦宁可舍？

窈窕致径曲，刻峭成峰雅。

倪乎抑黄乎，妙处都与写。

若颜西岭言，似兹秀者寡。

皇帝深通传统哲学，对儒释道都有相当的接触。在此诗中，他提出了一个非常有意义的命题："塞外富真山，何来斯有假？"既然塞外多有真山，何必在叠石成山，造假为事呢？

接着他说："物必有对待，斯亦宁可舍？"意思是说，事物都有阴阳两面，万事万物都有相对应的成分，文园狮子林假山也是如此啊，正是因为有了真山，这些假山才可以叫作"假山"，假山又怎么可以舍弃呢？

与园子外的真山苍茫雄壮不同，这些假山堆叠的"窈窕致径曲，刻峭成峰雅”，两相对照，更有情趣。

不管是倪瓒，还是黄公望，都是画山水的高手，山水妙处，他们都尽量摹写。要是跟园子外的西山相比，像这里的假山那般秀美的倒少。

其写《纳景堂》云：

面临清浅背屝颜，廓落虚堂静且闲。
景纳四时无尽藏，我来每爱夏秋间。

屝颜，参差不齐貌，引申指高峻的山岭。唐李绅《逾岭峤，止荒陬，抵高要》：“周王止化惟荆蛮，汉武凿远通屝颜。”

纳景堂背靠高山、面临水塘，宽敞的房屋闲静，视野开阔，可以观看四时的风光，我来每每在夏秋之际，点明避暑山庄的性质与功用。

其咏《藤架》云：

藤架石桥上，中矩随曲折。
两岸植其根，延蔓相连缀。
施松彼竖上，缘木斯横列。
竖穷与横遍，颇具梵经说。
漫嫌过花时，花意岂终绝？

写石桥曲折，藤萝种植在岸边，顺着石桥上的松木架子攀援而上，横竖穷通，就像《梵网经》中说法意向一般。

《梵网经》，佛教大乘戒律经典，全称《梵网经卢舍那佛说菩萨心地戒品第十》。后秦鸠摩罗什译，上下两卷。上卷叙释迦牟尼从第四禅擎接大众到莲华台藏世界见卢舍那佛，问一切众生以何因缘得成菩萨十地之道诸事；下卷述释迦牟尼受教已，于摩醯首罗天王宫，观诸大梵天王网罗幢，因说无量世界犹如网孔，一一世界各各不同，佛教法门亦复如是。

最后以"漫嫌过花时，花意岂终绝"结。紫藤花，北方四月开，乾隆帝到山庄避暑时，往往花盛期过，但是乾隆帝认为，不用为此遗憾，心若明了，花的意向却是长存的。

避暑山庄狮子林建成后，在近百年的时间里（1774—1860），三座同名为狮子林、各具意趣的审美空间矗立在神州大地上。

四个狮子林（一图、三园）是乾隆皇帝的心结，是乾隆帝一生的牵挂，是乾隆政治、文化生活中极为重要的组成。在清代文化史上写下了浓墨重彩的一笔，也为后世留下了厚重的文化遗产。

时光如电，倏忽三百年，当中国发展到又一个兴盛时代，三个园林间天然不可分割的因缘，迎来了异样重逢的时刻，促成了2019年的"一园南北 三狮竞秀"狮子林主题联展，展览先后在苏州、承德、北京三地举办，通过这种方式，三家狮子林聚到了一起，向世人展示那段历史、那段辉煌、那段文化和如今。

（樊志斌）

清宫御苑中的"出版社"

有清一代，大内武英殿修书处刊刻的典籍，以上乘的质量，被誉之为"殿本"。故而，究清代出版史事之人，多就武英殿修书处相关的修书与藏书活动做一整体的梳理和把握，尤其是《武英殿聚珍版丛书》，更属学界研究的重中之重。殊不知，位于北京城西北郊的皇家园林——"三山五园"中，同样有着众多的修书与藏书机构，如畅春园的蒙养斋、熙春园的集成馆和圆明园的文源阁等。在清宫出版名录中有着"双璧"美誉的《古今图书集成》和《四库全书》，即与之有着密切的关系。

从紫禁城武英殿到畅春园蒙养斋

武英殿，位于紫禁城的西南隅，是一组由前殿武英殿、后殿敬思殿、东配殿凝道殿、西配殿焕章殿及恒寿斋、浴德堂等建筑物组成的建筑群。自康熙年间起，随着"武英殿修书处"的创设，此地成为清代内府刻书的主管机构，所刻典籍史称"殿本"。

清廷修书机构绝非武英殿修书处一处。据杨玉良考证，自顺治至乾隆的一百多年间，清廷所设书馆就有三十多处。若以常开、例开、特开分类，常开之馆有武英殿修书处、国史馆与方略馆；例开之馆有实录馆、圣训馆、玉牒馆等；特开之馆有图书集成馆和四库全书馆等。待到京城西北郊的"三山五园"皇家园林体系逐渐成形以后，离宫御苑中的皇家修书机构更是如雨后春笋般，纷纷设立。其中，康熙年间的畅春园蒙养斋，堪称清代皇家园林中较早的修书机构。

康、雍、乾三帝，皆属文治武功的集大成者。但论对西学之倾心及其西学之造诣，无人能出康熙皇帝之右。他被后世誉为"最早懂得向西方资本主义先进知识学习的开明君主"。至于其重视西学的缘故，《圣祖仁皇帝庭训格言》中，有这样一段话：

> "尔等惟知朕算术之精，却不知我学算之故。朕幼时，钦天监汉官与西洋人不睦，互相参劾，几至大辟。杨光先、汤若望于午门外九卿前当面赌测日影，奈九卿中无一人知其法者。朕思，己不知，焉能断人之是非，因自愤而学焉。今凡入算之法，累辑成书，条分缕析。后之学此者视此甚易，谁知朕当日苦心研究之难也！"

所谓"今凡入算之法，累辑成书"说明，康熙帝不仅"自愤而学焉"，而且积极从事算学典籍的编纂工作。其代表作首推成书于康熙末年的《律历渊源》。而这部以西学为主体的科学典籍，正是成书于京城西北郊的畅春园。

康熙五十二年六月初二日（1713 年 7 月 2 日），康熙帝命和硕诚亲王胤祉："律吕算法诸书，应行修辑。今将朕所制律吕算法之书发下，尔率领庶吉士何国宗等，即于行宫内立馆修辑。"立馆修辑律吕算法诸书，由此拉开帷幕。九月二十日（11 月 7 日），康熙帝再谕总理修辑事务的诚亲王胤祉："修辑律吕算法诸书，著于蒙养斋立馆，并考定坛庙宫殿乐器。举人照海等四十五人，系学习算法之人。尔等再加考试，其学习优者，令其于修书处行走。"由此，几项重要的原则确定：首先，将修书场地定于畅春园内蒙养斋。其次，总理修辑事务者，仍为皇三子胤祉。最后，关于馆员人选问题，定为在举人照海等四十五人中考选。接着，又有何国宗、梅毂成、陈厚耀、王兰生、方苞、胡煦、明安图等一批专门人才入馆修书。

正是在康熙帝的亲自指导和皇三子的主持下，律吕算法诸书的修辑工作进展相当顺利。康熙五十三年十一月十七日（1714 年 12 月 23 日），诚亲王胤祉等以《律吕正义》进呈。接着，康熙六十年（1721），《数理精蕴》辑成；康熙六十一年（1722），《历象考成》辑成。随后，康熙帝下旨："律吕、历法、算法三书，著共为一部，名曰《律历渊源》。"其中，《律吕正义》五卷，分为三编：上编《正律审音》两卷，下编《和声定乐》两卷，续编《均协度曲》一卷，是一部有关乐器、乐理的专著。《数理精蕴》五十三卷，分为三部分：上编《立纲明体》五卷，下编《分条致用》四十卷，附表八卷，是一部数学百科全书，被《四库全书总目》誉为"通贯中西之异同，而辨定古今之长短"。《历象考成》四十二卷，亦分三部分：上编《揆天察纪》十六卷，下编《明时正度》十卷，附表十六卷，是一部有关天文、地理的专著，被《四库全书总目》誉为"集中西之大同，建天地而不悖，精微广大，殊非管蠡之见所能测"。

康雍之际，随着清廷与罗马天主教廷的矛盾激化，明清之际西学东渐的文化交流趋于沉湮。迨至雍乾以后，西学难有立锥之地。正因如此，从畅春园蒙养斋走出的以《律历渊源》为代表的一批西学典籍，可谓弥足珍贵。

熙春园里的"古今图书集成"馆

成书于清康雍之际的《古今图书集成》，是中国古代现存最大的一部类书。雍正帝曾以"贯穿今古，汇合经史"誉之。乾隆帝亦以"书城巨观，人间罕觏"许之。其影响更是及于海外，被西方学者称为"康熙百科全书"。英国人李约瑟即言:"我们经常查阅的最大的百科全书是《古今图书集成》。"而这部闻名遐迩的巨著,正是成书于圆明五园之一的熙春园(盛时圆明园包括圆明园、长春园、熙春园、绮春园、春熙院)。

熙春园与《古今图书集成》的渊源,须从熙春园第一任主人——康熙帝三子诚亲王胤祉(1677—1732)及其业师陈梦雷说起。康熙二十六年(1687),位于京城西北郊的皇家园林——畅春园建成。四十六年(1707),康熙帝允准胤祉等七位年长皇子在畅春园"北新花园迤东空地"建园。胤祉即在"水磨闸东南明珠子奎芳家邻接空地"(即今清华园一带)建园。十一月二十日,"皇三子多罗贝勒胤祉恭请上幸花园进宴",暗示着胤祉花园当年即已建成。五十二年三月十三日,即康熙帝六十寿诞之前五日,皇三子诚亲王胤祉等十三人,率皇孙弘昇等二十六人,在胤祉花园为康熙帝预祝遐龄,称觞献寿。值此前后,康熙帝为胤祉花园御题名曰"熙春园"。迨至雍正八年(1730)以前,胤祉长期居于此园。

陈梦雷(1650—1741),字则震,号省斋,福建侯官人。康熙九年(1670)进士,选庶吉士,寻授编修。十九年(1680),以在三藩之乱中"从逆"入狱,寻论斩。二十一年(1682),免死,流于奉天府尚阳堡。三十七年(1698),康熙帝东巡盛京,陈梦雷献诗称颂,帝施恩,梦雷遂得返京,奉命为皇三子胤祉授读。怀着"思捐顶踵,图报万一"之心的陈梦雷,向胤祉提出了欲以己之长,"掇拾简编,以类相从,仰备顾问"的想法。对此,胤祉欣然允诺,他除将自己的协一堂所藏鸿编尽数献出外,并对编纂体例提出一己之见:"《三通》《衍义》等书,详于政典,未及虫鱼草木之微;《类函》《御览》诸家,但资词藻,未及天德王道之大。必大小一贯,上下古今,类列部分，有纲有纪，勒成一书，庶足大光圣朝文治。"

于是，自康熙四十年（1701）十月起，陈梦雷综合家藏诸书与协一堂藏书共一万五千余卷，"目营手检，无间晨夕"，至四十五年（1706）四月间，全书初稿终于告成。其后，又寒来暑往，几易其稿。至康熙五十五年（1716），得呈御览。康熙帝不仅御赐书名《钦定古今图书集成》，而且御命开设"古今图书集成馆"，馆址即设于熙春园西半区。关于集成馆的人员设置，经青年学者项旋考证：其时，以胤祉为监修，总理日常事务；以陈梦雷、顾承烈为正、副总裁，主管编纂事宜；此外尚有"领袖纂修"（如：金门诏）等职衔设置。其他如分纂、校对、誊录等人员，常年额设在编人员为八十人。

此书内容宏富，巨细靡遗。依陈氏之言："凡在六合之内，巨细毕举。其在十三经、二十一史者，只字不遗，其在稗史子集者，十亦只删一二。以百篇为一卷，可得三千六百余卷，若以古人卷帙较之，可得万余卷。"对于全书的影响，陈梦雷有着高度的自信："较之前代《太平御览》、《册府元龟》，广大精详何止十倍。从此颁发四方，文治昭垂万世。王爷鸿名卓越，过于东平、河间。而草茅愚贱，效一日犬马之劳，亦得分光不朽矣！"

其间，康熙四十三年（1704），康熙帝曾赐陈梦雷联曰："松高枝叶茂，鹤老羽毛新。"陈遂自号"松鹤老人"，并以"松鹤山房"命其在胤祉熙春园东北隅的住处——一座上下三间的二层小楼。正是在"松鹤山房"（康熙四十九年（1710）至六十一年（1722）的十三年间，陈居于此），陈梦雷最终完成《古今图书集成》的编纂工作。

时至康熙六十一年（1722），《古今图书集成》的编印工作已接近尾声：全书"共一万卷，已刷过九千六百二十一卷，未刷者三百七十九卷"，这意味着全书的 96.21% 已印刷完成。然而，随着康熙帝的病逝，政局陡变。十二月十二日（1723 年 1 月 18 日），继位未满一个月的雍正帝降旨："陈梦雷，原系攀附耿精忠之人，皇考宽仁免戮，发往关东。后东巡时，以其平日稍知学问，带回京师，交诚亲王处行走。累年以来，招摇无忌，不法甚多。京师断不可留，著将陈梦雷父子发遣边外。"所谓"招摇无忌，不法甚多"，只是新帝欲翦除胤祉手足的"欲加之罪"。未几，康熙朝集成馆亦遭到改组。监修由胤祉改为康熙帝十六子胤礼；正、副总裁亦由陈、顾二人改为礼部侍郎蒋廷锡和内阁侍讲陈邦彦；原集成馆前后共有十六人遭到清洗。

雍正三年（1725）十二月间，《古今图书集成》全书告竣。历经康、雍两套班子，耗时二十四番寒暑，终成《古今图书集成》的蔚然大观。对于《古今图书集成》的诞生地——熙春园，苗日新有着颇高的评价："《御制律历渊源》和《钦定古今图书集成》是用同一副铜活字、同一时间在古今图书集成馆刷印装订而成。熙春园集成馆是康雍朝最大刻印中心，它与畅春园蒙养斋构成西学东渐的发源地和当时的文化中心。"

圆明园文源阁庋藏《四库全书》

康乾盛世，是国学整理的黄金时代。尤其是康雍之际的《古今图书集成》与乾隆年间的《四库全书》，一为类书，一为丛书，堪称国学整理的"双璧"。与《古今图书集成》相类，《四库全书》和皇家御园——圆明园之间同样有着紧密的联系。

乾隆三十八年二月二十一日（1773 年 3 月 1 日），乾隆帝对校核《永乐大典》事宜做出最高裁决："将来办理成编时，著名《四库全书》。"这是"四库全书"一名在清宫档案中的首次出现，暗示着编修《四库全书》大型文化工程的正式启动。此后，各项工作渐次展开。有关修书事宜，统交"四库（全书）馆"办理。具体而言，"四库（全书）馆"又分为翰林院四库馆和武英殿四库馆两大系统：翰林院四库馆，主要是指办理四库全书处，负责纂办《四库全书》，以纂修官为代表。武英殿四库馆，主要是指缮写四库全书处，负责缮写、分校、刊印、装潢《四库全书》，以分校官为代表。经过在馆诸臣夜

老年乾隆朝服像

以继日的不懈坚持，《四库全书》的编修工作顺利进行。

乾隆四十六年十二月初六日（1782 年 1 月 19 日），第一部《四库全书》告竣，藏于紫禁城内文渊阁。四十七年第二部告竣，藏于沈阳故宫的文溯阁。四十八年第三部告竣，藏于圆明园内文源阁。四十九年第四部告竣，藏于避暑山庄的文津阁。文渊、文溯、文源、文津，谓之"内廷四阁"。而在四十七年七月初九日（1782 年 8 月 17 日），乾隆帝再谕："扬州大观堂之文汇阁，镇江金山寺之文宗阁，杭州圣因寺行宫之文澜阁，皆有藏书之所。著交四库馆，再缮写全书三分，安置各该处。"五十二年四月十七日（1787 年 6 月 2 日），续办三份《四库全书》同时告竣，亦分阁贮之。文汇、文宗、文澜，谓之"江南三阁"。四库七阁，蔚为大观。

据《四库全书总目》统计，作为中国古代现存最大的一部丛书，它著录书籍3 461种，79 309卷；存目书籍6 793种，93 551卷；总计10 254种，172 860卷，基本囊括清代乾隆朝以前中国古代的主要典籍。而据黄爱平统计："以全书册数计，每份约为36 000册，七份合计252 000余册；以全书页数计，文津阁《四库全书》2 291 100页，七份合计16 030 000余页。"如此宏富的体量，对藏书之处自然有着极高的要求。

文源阁，位于圆明园内水木明瑟一景之北侧，是一处以藏书楼为主体的建筑群落，占地面积16 000平方米，建筑面积800平方米。雍乾之际，此地本是一座四方重檐大亭，亭额曰"四达亭"（雍正九年〔1731〕御书）。乾隆四十年（1775），为藏书之便，此地改建成藏书楼——文源阁。作为主体建筑的文源阁，"南向卷棚歇山楼六间，覆黑色琉璃瓦，嵌绿边，外观为两层，前后出廊，楼外檐悬乾隆四十年四月御书'文源阁'一块玉黑漆铜字匾，内额为'汲古观澜'。"阁成之初，收贮《古今图书集成》一部。乾隆四十八年（1783），第三部《四库全书》入贮时，阁东建碑亭，刊刻乾隆帝御书《文源阁记》：

藏书之家颇多，而必以浙之范氏天一阁为巨擘。因辑《四库全书》，命取其阁式，以构庋贮之所。既图以来，乃知其阁建自明嘉靖末，至于今二百一十余年。虽时修葺，而未曾改移。阁之间数及梁柱宽长尺寸，皆有精义，盖取"天一生水、地六成之"之意。于是就御园中隙地，一仿其制为之，名之曰"文源阁"，而为之记曰：

文之时义大矣哉，以经世，以载道，以立言，以牖民。自开辟以至于今，所谓天之未丧斯文也。以水喻之，则经者文之源也，史者文之流也，子者文之支也，集者文之派也。派也，支也，流也，皆自源而分；集也，子也，史也，皆自经而出。故吾于贮四库之书，首重者经。而以水喻文，愿溯其源。且数典天一之阁，亦庶几不大相径庭也夫！

"记"之起笔，首论建阁之缘由，即"因辑《四库全书》"，"以构庋贮之所"。而其建筑蓝本，则是藏书界巨擘的浙江宁波范氏天一阁。秉承其"天一生水，地六成之"的理念，乾隆帝"就御园中隙地，一仿其制为之"，遂有文源阁之规模。"记"之主体，则以"水"喻"文"，而以经、史、子、集，譬为文之源、流、支、派。"派也，支也，流也，皆自源而分；集也，子也，史也，皆自经而出。"有鉴于此，"四库之书，首重者经"。这其中"四阁之贮首重者源"的意蕴暗含其中。乾隆帝对文源阁的重视，由此可见一斑。

清代作为中国最后一个封建王朝，有着政治上"大一统"和文化上"集大成"的显著特点。这种"大一统"与"集大成"，在以京城西北"三山五园"为代表的皇家园林中得到较好的呈现。即以"三山五园"中的"出版社"而言，纵观康、雍、乾三朝，在继承历朝历代修书、刻书、藏书的丰富遗产基础上，构建起堪称完备的典籍出版机制：既有像畅春园蒙养斋和熙春园集成馆这样的修书机构，又有像武英殿修书处这样的刻书机构，更有像圆明园文源阁这样的藏书机构。

从其"出版物"的内容属性来看，一方面，作为国学整理"双璧"的《古今图书集成》与《四库全书》，成为浩如烟海的古代典籍中难以企及的两座高峰；另一方面，从畅春园蒙养斋走出的《律历渊源》，备载天文、数学、音乐等西学内容，成为明清之际"西学东渐"大潮的历史见证。

（程广媛）

同乐园宴赏群臣

同乐园位于圆明园后湖东北面，是圆明园四十景之一"坐石临流"景区的一部分。

坐石临流景区位于圆明园中路后部、福海西侧：买卖街（十字交叉街市，南北长210米，由中间的双桥分为北街、南街）贯穿景区中部，买卖街东南部即为同乐园，西南部为抱朴草堂，西北部为兰亭，北部为舍卫城（圆明园内唯一独立城池，为供奉佛像、经书空间）。

可见，买卖街串联起来的四大景区是一个融合市井、官宦、佛域、乡村四种风格截然不同景点于一体的园林景区，是现实与理想高度融合的空间。

随着明清时代商品经济的发展，城市规模越发扩张，城市有闲人口数量激增，各种休闲类活动如小说、戏曲、酒楼等行当迅速繁荣起来。

清朝，繁盛一时以清雅舒缓为特点的江苏昆腔开始没落，而热闹喜庆的江西弋阳腔逐渐兴起。除各地方腔、戏外，昆弋两腔并赏是康雍乾时代汉文化圈社会大众娱乐的基本特点。《红楼梦》第二十二回《听曲文宝玉悟禅机 制灯迷贾政悲谶语》中写宝钗生日情形："至二十一日，就贾母内院中搭了家常小巧戏台，定了一班新出小戏，昆、弋两腔皆有。"宫中也不例外。

清代皇帝出身满洲，信仰萨满教、佛教，对各种音乐、戏曲尤其喜爱，因此，在皇宫、御苑、行宫各处多有戏台和戏班设置，圆

圆明园四十景之 坐石临流

坐石临流

反涧中濚泉奔汇奇石
峭列为坻为碕为屿为
奥激波分注潨潨鸣濑
可以漱齿可以泛觞作
亭擅胜泠然山水清音
东为同乐园
白石清泉带碧萝曲流贴
泛金荷年年上巳寻欢宴便
是当时晋永和

坐石临流咏　　　187

明园同乐园清音阁、热河避暑山庄福寿园清音阁、紫禁城西北部寿安宫前戏楼、紫禁城东北部宁寿宫东路阁是楼前畅音阁、颐和园德和园戏楼并称清代宫廷五大戏楼（宁寿宫畅音阁、避暑山庄清音阁、紫禁城寿安宫三处大戏楼均建于乾隆时期）——实际上，各种室内、室外戏台众多，适合不同气候、环境、人数演戏。

同乐园始建于雍正年间。《孟子·梁惠王》中，孟子借谈论齐宣王喜好音乐一事，劝告齐宣王要"与民同乐"。雍正建造此园，当然不可能与百姓同乐，但臣工参与听戏，也算君臣同乐了。

同乐园内的主体建筑为大戏台，名清音阁，坐南朝北，3 层（分别名福台、禄台、寿台），卷棚歇山顶，宽 10 丈；戏台一层底下设有地井，二层、三层有隔板相连，按照剧目需要，地井可以喷水，二层、三层之间相通，上下自如，演鬼神戏时，象征地下天上，神仙自天上降下，鬼怪自地下升起。

戏楼南面房屋 5 间，为演员换妆化妆的地方，名为扮戏楼；北面为观戏楼，5 间，是皇帝与后妃观戏处。

观戏楼上、下两层，楼上外檐挂"同乐园"匾，殿额悬挂"景物常新"匾，两边的对联为："乐奏钧天，玉管声中来凤舞；音宣广陌，云璈韵里叶衢歌"。

每次演出时，皇帝坐在一楼的殿内，皇太后及皇后、嫔妃则坐在楼上看戏，戏楼两旁各建有二层转角配楼 14 间，是王公大臣及皇室宗亲看戏之处。

乾隆、嘉庆时期，这里只允许王公大臣及皇室宗亲听戏，到咸丰朝以后才偶而让下级官员听戏。

乾隆年间，每年从正月十三日起，在此举行酬节会，连日宴赏宗室王公及外藩陪臣，并赏听戏。每逢皇帝生日，也在此演戏庆祝数日。其他如后妃生辰、上元节、端午节也要唱戏几天。

清廷演戏，由南府掌管。南府始于康熙年间，属内务府管辖，收罗民间艺人，并教习年轻太监和艺人子弟，以为宫廷应承演出。乾隆十六年（1751），选征苏州籍艺人进宫当差，命名为外学，令住景山，仍属南府管辖；原习艺太监命名为内学。内、外学人数都在1000人以上，唱昆、弋二腔。道光七年（1827），撤销外学，艺人俱回原籍，十番学并入中和乐内，增设档案房，改南府为升平署，主持宫内演出事务。嗣后，又曾兼管召选宫外艺人进宫当差演戏或充作教习事务，直到宣统三年（1911）撤销。

宫内演戏，先由升平署缮写进呈皇太后，皇帝阅览的"安殿戏单"，列演出地点、日期、开戏时间、剧目及主要演员。最有名的剧目有《升平宝筏》（全部《西游记》）、《鼎峙春秋》（《三国志》）、《忠义璇图》（全部《水浒》）、《劝善金科》（目连救母）、《昭代箫韶》（《杨家将》故事）、《征西异传》（《薛丁山征西》）等，共计二、三十种。

嘉庆十九年进士，曾任四川总督、云贵总督的吴振棫（字仲云，浙江钱塘人）在他的《养吉斋丛录》对同乐园演戏事有详细记载：

同乐园在圆明园大宫门东，转东楼门，乘舟里许乃至。

乾隆间，年例自正月十三日起，在园酺节，宗室王公及外藩蒙古王公、台吉，额驸，属国陪臣俱命入座、赐食听戏。又，万寿庆节前后数日，亦于此演剧。

正屋凡五间，圣驾临莅，主位亦从观焉。诸臣命听戏者，先数日由奏事处以名单奏请。皇子及内廷王公、大学士、尚书、御前大臣、军机大臣、内务府大臣、南书房供奉翰林皆与，例坐于东、西厢，某某同屋一间，亦先期指定，皆赐茶酒果物。

演剧台深、广约十丈，凡三层，神祇仙佛由上一层缒而下，鬼魅则自下一层穴而上。

所演有清平见喜、和合呈样、青牛独驾、万年甲子、太平有象、环中九九、瑶林香世界等名目，其余传奇杂出，与外间梨园子弟扮演皆同，特声容之美盛，器服之繁丽，则钧天广乐，固非人世所得见闻。道光间，每日不过演十余出，大抵自辰至申即罢。

优伶向由织造、监督、盐政等采选送京，并有眷属同居者，谓之外南府。按：康熙间即有南府之名。道光初元，将南府人一概遣还，自后宫内演剧皆用内监为之。盖亦昭德示俭之一端也。

按：同乐园听戏乃行庆令典，至于深宫清暇，宣唤乐工，则随处别有排当，不在此制。如嘉庆间宣宗在藩邸，三十寿辰，蒙仁宗于如意洲一片云赏戏，其一事也。又，同乐园听戏，向来词臣不与，嘉庆间，始命南书房翰林与宴。

附录：乾隆五十九年，驾驻热河，赐扈跸诸臣观剧于清音阁。自七月二十四日始，至八月十五日，凡二十日，每日卯刻入班，未正散出。日赐茶果、克什三次。

附录：苏州优伶，旧时亦有入内务府三旗者，然只准一、二人，以其占包衣人等俸饷也；其日侍左右者，谓之"什子"。

同乐园观戏楼后建有供帝后休息、进膳的后楼、配殿等。

至于宗室近臣听戏的礼制和剧目，昭梿《啸亭续录》有比较详细的记录，其卷一"派吃跳神肉及听戏王大臣"条载："定制……至上元日及万寿节，皆召诸臣于同乐园听戏，分翼入座，特赐盘餐肴馔。于礼毕日，各赐锦绮、如意及古玩一二器，以示宠眷焉。"其

"大戏、节戏"条则载乾隆时期演戏剧目情况：

乾隆初，纯皇帝以海内升平，命张文敏制诸院本进呈，以备乐部演习，凡各节令皆奏演。其时典故如屈子竞渡、子安题阁诸事，无不谱入，谓之"月令承应"；其于内庭诸喜庆事，奏演祥徵瑞应者，谓之"法宫雅奏"；其于万寿令节前后奏演群仙神道添筹锡禧以及黄童白叟含哺鼓腹者，谓之"九九大庆"。又演目犍连尊者救母事，析为十本，谓之"劝善金科"，于岁暮奏之，以其鬼魅杂出，以代古人傩祓之意；演唐玄奘西域取经事，谓之"升平宝筏"，于上元前后日奏之。其曲文皆文敏亲制，词藻奇丽，引用内典经卷，大为超妙。其后，又命庄恪亲王谱蜀、汉《三国志》典故，谓之"鼎峙春秋"；又谱宋政和间梁山诸盗及宋、金交兵，徽、钦北狩诸事，谓之"忠义璇图"。其词皆出日华游客之手，惟能敷衍成章，又抄袭元、明《水浒义侠》《西川图》诸院本曲文，远不逮文敏多矣。嘉庆癸酉，上以教匪事，特命罢演诸连台，上元日惟以月令承应代之，其放除声色至矣。

自圆明园同乐园建立，年年特定时间这里都会照例上演戏曲。

可以说，同乐园的演剧活动丰富了皇帝的生活，点染了盛世太平，而皇帝的喜好和专业赏析，也直接推动了中国戏曲艺术的发展。

在同乐园的歌舞升平里，清朝送走了乾嘉盛世。内忧外患一股脑涌来，沉浸在音乐中的皇朝忠臣却没有清醒的认识，在圆明园被毁前的几个月里，这里仍然在上演种种太平曲目。

同乐园的戏曲声声如同一曲挽歌，在丝竹声声里、在演唱者的咿咿呀呀里，大清朝送走了往日辉煌，迎来了末日。

（樊志斌）

端午节龙舟竞渡

　　历史上，北京是多水的城市，尤其是海淀一带，位于永定河冲积扇上，西山泉水又从地下汇流到平原区域，使得海淀溪湖遍地、莲苇相望，丹棱沜、瓮山泊都是自然形成的大型湖泊。

　　这样的条件使得海淀一带成为帝王行围打猎、贵戚游玩、百姓娱乐的绝佳场所，元明时期，瓮山泊（今颐和园昆明湖）周边寺庙林立，湖面渔舟唱晚，游人如织，宛若江南。

　　水是园林的血脉，山是园林的风骨。

　　海淀多水临山的环境又为海淀一带营造园林创造了绝佳的条件。故而，明末武清侯李伟在此造清华园、曾官太仆寺少卿的著名书画家米万钟在此造勺园，都以水景闻名京师。

　　康熙间，以清华园为基址，兴造第一座大型皇家园林畅春园，其后在畅春园附近为诸皇子赐园。

　　畅春园北北华家屯一带泉眼密布，溪水恒流。皇四子胤禛在此造园。

　　由于地下水位高，为了建造房屋安全，也为了营造园林的仿自然意味景观，圆明园的设计者连泉成溪，汇溪成湖，经雍正、乾隆二朝改造扩建，造就了圆明园水景园、集锦园的基本风貌。

　　圆明园水面众多，几乎所有景区都位于溪流湖泊包围之中，最大的水面当然是福海。

　　福海位于圆明园东部，又称东湖。

　　福海中有蓬岛瑶台，取材于中国传统神话海中仙山与中国传统园林一池三山营造模式。

一池指太液池，三山指神话传说中东海内的蓬莱、方丈、瀛洲三座仙山，山上有仙人居住，有长生不老仙药。《列子·汤问》载：

渤海之东不知几亿万里，有大壑焉，实惟无底之谷，其下无底，名曰"归墟"，八弦九野之水、天汉之流莫不注之，而无增无减焉。其中有五山焉，一曰岱舆，二曰员峤，三曰方壶，四曰瀛洲，五曰蓬莱。其山高下周旋三万里，其顶平处九千里，山之中间相去七万里，以为邻居焉。其上台观皆金玉，其上禽兽皆纯缟，珠玕之树节丛生，华实皆有滋味，食之皆不老不死，所居之人皆仙圣之种。

战国秦汉时期，信奉神仙学说，秦始皇、汉武帝等一代帝王皆有寻仙人、求长生之事，神仙渺茫求不得，即在园林中仿效理想境界，做心理安慰，造一池，中三山（蓬莱、方丈、瀛洲）——概与中国传统哲学中的"三"（代表多、代表天地人）崇拜有关。

福海面东西宽 500 米，南北长 570 米——几乎与圆明园南北等长，面积约 420 多亩（28.5 公顷），周围长 4 里多，接近北京城内北海面积。一名东海，因位于圆明园东侧，故名。

福海中央堆土成山。土来自挖湖的湖泥，驳岸用嶙峋巨石堆砌，一来防止水波侵蚀，二来模拟自然山体，形态仿宋著名山水画家李思训仙山楼阁画意。岛屿，雍正时称"蓬莱洲"，乾隆改名为"蓬岛瑶台"。

三岛之中，中岛最大，约 45 米见方（东岛 30 米见方，西岛约 20 米见方），即名"蓬岛瑶台"。瑶台，本意指美玉砌的楼台。《楚辞·离骚》："望瑶台之偃蹇兮，见有娀之佚女。"游国恩纂义引徐焕龙曰："瑶台，砌玉为台。"借指传说中的神仙居处。晋王嘉《拾遗记·昆仑山》："傍有瑶台十二，各广千步，皆五色玉为台基。"则思模拟仙人境地之意显然。《钦定日下旧闻考》卷八十二《国朝苑囿圆明园三》载：

蓬岛瑶台，在福海中央，门三楹，南向，正殿七楹。殿前东为畅襟楼，西为神洲三岛，东偏为随安室，西偏为日日平安、报好音。由蓬岛瑶台东南度桥，为东岛，有亭，为瀛海仙山；西北度桥，为北岛，正宇三楹。《圆明园册》

站在岛上，举目四望，福海沿岸堆砌的土山山脉连绵，蜿蜒起伏的山冈上，满目苍松翠柏，营造出自然山川伏龙引气的态势；与岸上相连处，各式桥梁隐现在花明柳暗之中。从福海东岸西望，则西山如黛，列障拥翠，诸山连绵，直接太行，层层峰峦倒影海中，这正是中国古典园林最典型的借景（景观不在此区域，而通过角度、高度变化，将景观借入园林审美之中）手法。

福海之水来自周边溪流，福海周边共有 10 个水口与周边溪流相通，这就保证了辽阔的福海是有源之水，流水不腐，四时荡漾。

海岸周边堆有 10 个形状不同的岛屿，岛上堆土为山，林木茂密，山下奇花异卉花团锦簇。依山临湖处，绿树鲜花丛中，建造许多殿宇、亭台。

借着福海宽阔的水面，这些疏朗分布的建筑、土山和林木以不同方式组成福海四周十余个景观区域：

圆明园四十景之 蓬岛瑶台

蓬岛瑶台
福海中作大小三岛仿李思
训画意为仙山楼阁之状岩
岩亭之望之若金堂五所玉
楼十二也真妄一如小大一如
能知此是三壶方丈便可半
升鐺内煮江山
名葩绰约草葳蕤隐映仙家白
玉墀天上盡圖懸日月水中樓閣
浸琉璃鷺拳淨治波翻雪燕賀
新巢棟有芝海外方蓬原宇由祖
龍鞭石竟吳為

蓬岛瑶台咏

东岸：接秀山房、涵虚朗鉴（即雷峰夕照）；北岸：双峰插云、平湖秋月；西岸：廓然大公、澡身浴德；南岸：南屏晚钟、夹镜鸣琴、别有洞天；北岸：方壶胜境、三潭印月。

其中，三潭印月、平湖秋月、雷峰夕照、南屏晚钟、双峰插云等景区都仿杭州西湖景观建造。圆明园中仿建的西湖十景，福海周边就占了一半。这一区域在圆明园中的地位可见一斑。

沿湖栽有许多柳树，春夏之际，柳丝倒垂，漫步湖岸，绿柳拂风，一眼望去，犹如一道绿色垂幔。福海周边溪流水流潺潺，与沿岸翠柳一起，营造出无尽的生命感。

夜幕降临，是另一番景色，福海静谧无声，四周万绿丛中灯火齐明，太监、宫女手宫灯，来来往往，动静结合，自然生动。而皓月当空之时，福海上又是观月极好的所在：碧空为幕，月明星稀，四周无声，唯有湖水拍岸，天上一明月，湖中一明月，乘舟往来，意境高远，不可言传。雍正帝在《月夜平湖放舟》诗中写道："碧浪载舟舟破浪，白云笼月月穿云。"

福海庞大的水面不仅为园林赏景提供了绝佳的空间，也为御园里的水上活动提供了极佳的条件。

除了佳时荡舟的安闲静谧外，冬季的滑冰游戏、夏季的龙舟竞渡都是热闹非凡的场景。

雍正时期，每逢良辰佳节，皇帝赏赐王公大臣到福海，或泛舟，赏花或钓鱼。从乾隆开始，每年五月初五，都在福海举行龙舟盛会。

端午，是中国久远的节日。

按照原始起源来说，这一时段，百虫活动，疫气蒸人，古人避毒沐浴。《大戴礼记·夏小正》"五月……煮梅为豆实也，蓄兰为沐浴也。"又传楚国大夫屈原是日投江，古人哀其志节，于是日食粽竞渡。唐人张建封《竞渡歌》中写道："五月五日天晴明，杨花绕江啼晓莺。使君未出郡斋外，江上早闻齐和声。"

历史上的北京虽不缺水，却缺少大面积的水面，虽过端午，却少竞渡。明沈榜《宛署杂记》载："五月女儿节，系端午索，戴艾叶、五毒灵符。宛俗自五月初一至初五日，饰小闺女，尽态极研。出嫁女亦各归宁，因呼为'女儿节'。"

北京的龙舟竞渡主要有两个地方，一个是端午通州里二泗的船工比赛，一个就是圆明园福海的皇家龙舟竞赛了。

康熙帝、雍正帝在端午节这天曾与王公大臣在西苑的中南海及圆明园乘龙舟泛游，并在龙舟上与大臣们欢宴。乾隆皇帝也多次陪同母亲在圆明园观赏福海上龙舟竞渡，并曾写有"中流九龙舟，谁肯相参差"的诗句。乾隆时期福海端午龙舟竞渡场景，昭梿《啸亭续录》卷一"端午龙舟"条载：

乾隆初，上于端午日命内侍习竞渡于福海中，皆画船箫鼓，飞龙鹢首，络绎于鲸波怒浪之间。兰桡鼓动，旌旗荡漾，颇有江乡竞渡之意。每召近侍王公观阅，以联上下之情。今上亲政后，亦屡循旧制观之。

实际上，此种情形，在雍正皇帝《十二月行乐图》之"五月竞舟"图与题诗中也有描绘。《五月竞舟》题诗云："江阁登临颇欲胜，中都子弟冶游成。盛朝已附屈原老，竞看龙船载妓新。"这是市民端午游赏习俗的写照。

宫廷赛龙舟习惯，五月初一至初四先行演练，初五时正式竞赛。

届时，皇帝率领王公大臣等在"望瀛洲亭"观赏。《钦定日下旧闻考》卷八十二《国朝苑囿圆明园三》载：

> 澡身浴德，在福海西南隅，即澄虚榭正宇，三楹……澡身浴德之北，度河桥为望瀛洲，其北为深栁读书堂，堂北为溪月松风。

乾隆帝在此处立昆仑石，刻御制诗，碑一面镌《望瀛洲亭子》：

> 骤雨过河源，碧天爽气来。
> 落景照东宇，赤城靘崔嵬。
> 飞烟亦飞云，如楼复如台。
> 虹楼容可蹑，佺羡相追陪。
> 亭子琳池西，望瀛名久封。
> 今朝乃领要，俨然见蓬莱。
> 可望不可即，劳者非仙才。

写雨后天晴，爽气袭面，自己在望瀛洲亭子上东望，湖面中岛上建筑巍峨，如海上仙山一般，今日才领略到造景的意蕴；又说海上仙山"可望不可即，劳者非仙才。"

在乾隆皇帝的学术修养中，儒家的修身治国与佛教的藏密占有相当的分量，神仙家的说法，他倒是不怎么热衷，故而，在他的眼中，园林里海上三山的营造模式，只是一种美学需要，而不是实际的认同。

诗碑另一面镌乾隆御制七绝三首：

雍正十二月行乐图轴之 五月竞舟（北京故宫博物院藏）

湖心构舍规三岛，湖岸开亭号望瀛。

标榜莫猜出想象，便真壶峤也虚名。

早觉真痴鄙汉帝，那更幻乐羡唐臣。

可知名利场中客，不是神仙队里人。

东海金波一缕丝，须臾玉镜大千披。

仙家日月迅如此，望彼瀛洲亦底为。

重申自己对海上三山的认识。

中国的节日从来不纯粹是信仰的时段，信仰而外的娱乐向不缺位。

如果说，端午划龙舟既是节日本该拥有的元素，也可以视作一种娱乐的话，这一天的其他娱乐就算是信仰以外的休闲了。

某年端午期间，嘉庆帝就和后妃们在圆明园福海澡身浴德观赏一种叫台阁的表演。

澡身浴德在福海东南隅，周围湖光山色，风景优美，其正殿东向三间，是一处临水的轩榭建筑。

包括台阁在内的各种杂耍、曲艺由舟船载着，从水榭前经过，湖上清风徐徐，水中仙乐飘飘，真有神仙下凡之感。

可惜的是，随着圆明园的大火，福海周边景观尽为灰烬，福海也只剩下一片水域，当年雍正、乾隆营造的人世间、海上仙山的对照景观和无尽想象，只能在我们的想象中去感受了。

（樊志斌）

多少人与事

圆明园里的西洋贡物

乾隆五十八年（1793）七月，一群不远万里而来到中国的英国使团人员正在圆明园正大光明殿中忙碌地安装英国最为先进的军舰等十余件模型，这批礼物的安装，是为即将回京的乾隆帝的观赏作准备。

事情的缘起几乎要回到一年前。乾隆五十七年八月十一日（1792 年 9 月 26 日），英国使团代表马戛尔尼及随员乘坐"狮子号"和"印度斯坦号"从朴次茅斯港出发，另有供给船只"豺狼号"随行，他们的最终目的地是远在东方的中国。

自乾隆二十二年（1757）限定广州单口通商后，英商北上开辟新口岸的企图被遏制，随着英国工业革命迅速发展，中英贸易额大幅上升，英东印度公司商人急欲打破广东粤海关的垄断，英国内新兴工业资产阶级亦力图扩大对华贸易。英政府大力支持海外贸易，期望通过外交途径解决中英贸易种种障碍，以垄断世界对华贸易。乾隆五十二年（1787）英政府曾派遣凯思卡特使团来华，其使命由于凯思卡特中途病故而夭折。但英国政府与东印度公司一直没有放弃。在各方的反复权衡下，东印度公司同意提供使团的全部费用，共同组织了此次由马戛尔尼为代表的访华使团。

出行前，国务大臣敦达斯曾就此向马戛尔尼提出七点建议：第一，为英国贸易在中国开辟新的港口；第二，尽可能在靠近生产茶叶与丝绸的地区获得一块租借地或者一个小岛，让英国商人可以长年居住，并由英国行使司法权；第三，废除广州现有体制中被加以滥用的各项权力；第四，在中国特别是在北京开辟新的市场；第五，通过双边条约为英国贸易打开远东其它地区的市场；第六，要求向北京派遣常驻使节；第七，在不引起中国人怀疑的条件下，使团应该尽量到处游历观察，并对中国的实力作出准确的估计。为达到上述目的，访华使团精心准备了呈献给乾隆皇帝的种种礼品。马戛尔尼在出行前，还阅读了他能找到的几乎所有关于中国的书籍。

乾隆五十七年（1792）九月初三日，东印度公司特使通过广东商人蔡世文请求会见两广总督郭世勋，并递交了东印度公司主席百灵（Francis Baring）的一封禀文。九月初七，郭世勋将此事上奏乾隆帝。得知使团来华的原因，乃是为庆祝自己的八十大寿，并由于贡物的规模形制特殊，请求使团能蒙特许于天津登陆。乾隆帝作出批示，接受使团进京朝见的请求，并同意其行程路线。

乾隆五十八年（1793）正月十八日，乾隆帝要求沿海地方督抚在接待即将到来的使团时，必须展现出大清帝国的最佳面貌，并保证随时全面掌握使团的信息。他希望被委派接待使团的官员能体会其中的重要性并掌握接待的适当尺度。在接到乾隆帝的谕旨之后，两广总督郭世勋、直隶总督梁肯堂、两江总督书麟、浙江巡抚长麟、长芦盐政徵瑞分别呈递奏折，重复了乾隆帝谕旨的内容，并表示已领会旨意，将沿途一体遵行。

乾隆五十八年五月十三日，英国访华使团乘船历时近九个月航行，经大西洋马德拉岛、里约热内卢、印度洋特里斯坦·达库尼亚群岛，进入巽他海峡，在巴达维亚稍事停泊后，终于驶抵中国澳门口外老万山岛。六月二十九日，英使马戛尔尼及其随行人员抵达天津。钦差徵瑞即派遣天津道乔人杰、通州协副将王文雄前往迎接，并送去大量牛羊米面果蔬茶酒，传旨颁赏，同时向英使索取《表文》和"贡单"查看。次日，直隶总督梁肯堂与马戛尔尼会见。随后由天津经水路到通州，在通州起旱，进入京师。

七月初三日，乾隆帝发布上谕，令英国使团与蒙古、缅甸大使共同赴热河觐见。但由于英国使团所携带的礼物有大有小，不能全部携带前往热河，而且有不少模型是成箱成箱的零件，尚未组装。因此，乾隆帝便命英国使团在圆明园中事先安装好，等到他回京后再观看。

马戛尔尼带来的正式礼物共有19件，充分反映了英国当前工业文明的科技成果。这些礼物主要分为两类，一类是金线毯、洋布等产品，另一类是展现英国科技实力的天体运行仪、地球仪、望远镜、军舰模型等。尤其是英国军舰模型。这是当时英国第一快捷战舰"皇家元首"号的模型，装备有110门大炮的巨大军舰的各个部分都在模型上显现的很清楚。

乾隆五十八年七月初七，乾隆帝接到钦差徵瑞的奏报，英国使者称，贡品内第一件天文地理大表安装需要一个月的时间，其第二、第三、第四、第六、第九、第十一、第十七等件，安装亦需时日。其余十一件可以由一名使团技术成员先带往热河呈进。十二日，乾隆帝又接到奏报，英国使团成员称第一件天文地理大表不仅体量大，而且一旦安装后便难再行拆卸。乾隆帝认为正大光明殿、澹怀堂都是正殿，不便陈设这么大而且又难以拆卸的物品，便命徵瑞与伊龄阿商酌，在圆明园挑选一处宽敞之地进行安设。

不过，在乾隆帝眼里，这些东西不过是"夷人"向天朝进贡的"奇技淫巧"，而且他很反感英国使团人员的夸张之词。七月十四日，乾隆帝谕令徵瑞，认为这必定是使臣的夸张之词，只是一个礼物，怎么安装就需这么长时间呢。"第一件天文地理表，一月之久始能装成，安装后即不能复行拆卸，其言实不足信。该国制造此件大表时，制毕之后，自必装饰成件，转旋如法，方可以之入贡。若不能拆卸，何又零星分装箱内，载入海船，又由大船改换小船，复自通州陆运至京乎？"

七月十八日，英国使团人员在钦差带领下，至正大光明殿观看空间大小是否合适。使团人员看后称：天文地理表周围约一丈，高不过一丈五尺，其余物件较为减小，正大光明殿足够宏大，安设殿内，宽然有余。得到消息的乾隆帝发现，此前英使反复要求分配宽敞的房屋来陈设礼物，结果礼物的规模事实上完全不像他们所夸耀的那样高大，朝廷的殿宇绰绰有余。"总不出朕所料，该贡使等从未观光上国，其前此向徵瑞称贡品高大，原不免夸张其词。兹一见天朝殿宇、辉煌壮丽，即以为尽容全分。"于是，乾隆帝命英国使团将所有需要安装的礼物一并在正大光明殿安设。为了在使团人员回国后，还能有人会装卸和维修，乾隆帝命挑选在京传教士人员在英国使团安装时在一旁观摩。"且现有该国匠役在园内装饰，若不趁此时将如何装卸之法预为留心学习，得其窍要，将来该匠役回国后，不特不能移动，倘其中枢纽稍有损坏，又用何人修理，岂不竟成弃物？"为掌握安装方法，和珅奉命选派钦天监监正安国宁、监副汤士选及四堂西洋人罗广祥等十名一同观看学习。

据英国随团人员斯当东记述，"礼品送到圆明园后，正由欧洲工匠会同中国工匠开箱安装。许多人前往参观，其中有皇帝的三个孙子，他们看了之后非常赞赏。但有些中国官员却故意做出不足为奇的表情。大家的注意力都集中于瓷器上。中国人对于瓷器每个人都内行。送来的瓷器是韦治武德先生最新最精彩的产品，得到大家普遍称赞。"这些礼物的安装的确花费了较长的时间，"特使出发的时候，行星运行仪还未安装好，丁维提博士不得不留下来监督安装工作。"（斯当东《英使谒见乾隆纪实》）

在英国使团在圆明园正大光明殿安装礼物时，英使马戛尔尼与中方就觐见乾隆皇帝礼仪一事发生争执。徵瑞按乾隆帝旨意要求马戛尔尼觐见皇帝时应按中国礼仪，行三跪九叩首礼。马戛尔尼表示反对，要求以觐见英王礼节进见，但徵瑞随后却向乾隆帝奏称，英吉利使臣等深以不娴天朝礼节为愧，连日学习，渐能跪叩。七月底，马戛尔尼及副使斯当东等旋自京启程，取道古北口，前往热河，同行共七十人，其中四十人系卫队。

八月初四，抵热河，中方军队列队欢迎，众僧俗人等观者如堵。副使斯当东即前往拜访大学士和珅。据斯当东说，和珅对英王《表文》似乎相当满意，但对马戛尔尼事先所准备有关觐见礼仪之《备忘录》，做出毫不知情的样子。次日，钦差徵瑞再次前来劝说马戛尔尼按照中国礼仪觐见。马戛尔尼坚持或者双方行对等礼，或者使独立国使节和属国代表在谒见礼上加以区别。八月初十日，英使马

马戛尔尼

戛尔尼、副使斯当东等在避暑山庄万树园大幄次觐见乾隆帝，呈递英王《国书》，乾隆帝亲手接过，温语慰问英使，并向英王致意，祝愿两国臣民永远和好。随后宴请扈从王公大臣、蒙古王公及英国、缅甸使臣。十三日，万寿节。乾隆帝御澹泊敬诚殿，扈从王公大臣官员及蒙古王公并缅甸、英吉利使臣等行庆贺礼。八月十七日英使马戛尔尼一行从热河启程返京，二十三日抵京。八月二十八日，和珅在圆明园会见马戛尔尼、斯当东，并婉转促请及早启程回国，马戛尔尼遂将来华所要谈判各重大问题要点提出讨论，和珅置若罔闻，顾而言他。

八月二十六日，乾隆帝从热河回銮。到北京后，便前往圆明园参观英使团的"贡品"。据斯当东记述，"皇帝没有进城，直接到圆明园去。他到达圆明园以后，马上到陈列礼物的大殿去参观。皇帝对礼品非常重视，绝非如那个人所说的不愿有两边回头的麻烦。他看过之后非常高兴，立刻命令赏给全体参加安装工作的人员每人若干银两。许多种仪器的功用马上当着他的面试验，用望远镜望远。他把一块金属放在派克氏透光镜的焦点，很快这块东西就被熔化。他对事物的观察和理解是非常尖锐深刻的。他看过之后立刻做出结论说，无论透光镜或望远镜的原料都是玻璃，同一种东西通过欧洲人的技巧而做出不同功能的仪器来。他对一个安装着一百零门大炮的皇家号军舰的模型非常感兴趣，他详细问到当时在场帮助安装的使节团人员关于军舰上许多零件的问题，以及有关英国造船事业的一般问题。可惜翻译人员的水平太差，许多技术上名词译不出来，迫使他不得不减短他的问题。"不过在乾隆帝看完这些贡品后，它们便则从此锁在了仓库中，无人过问。

九月初三日，马戛尔尼一行由军机大臣、侍郎松筠陪同离京，和珅等大学士至城门送行。十一月十七日，英使马戛尔尼到达广州，旋乘"狮子号"离开广州，前往澳门。在澳门小住后即开洋返回英国。中英首次通使结束。

在英使团离京之际，礼部也"赏赐"了英国国王和使团正副使礼物，包括了各种精致的瓷器、丝绸、茶叶以及一些精美的食品。马戛尔尼当即仔细观察了乾隆帝赏赐的如意："此种如意系一种长一英尺半之白石，刻花而成，石质略类玛瑙，虽华人以为此物异常名贵，我则以为就此一物之原价而论，未必值钱。其次，皇帝复以一如意赐我，绿色，所刻花纹则与赠英皇者相若。"马戛尔尼并不在意皇帝所赏赐的东西，因为仅仅获得区区的赏赐物品，根本不是此行来到中国的真实目的。他们一方面对乾隆帝赏赐的这些东西不关心，另一方面却在焦虑地等待清政府何时能正式答复他们建立通商和正式外交关系的要求。然而，最后的结果并没有令英国使团满意。

18世纪的清王朝正处于稳定繁荣的康乾盛世，在疆域、人口、经济、文化等方面都达到了新的高度；而西方国家不仅依靠地理大发现对整个世界有了全新的认识，而且其自身的社会发展又处于工业文明的起飞阶段，迫切需要在本国的领土之外寻找和拓展新的商业市场和殖民空间。英国使团作为主动的一方，希望通过与中国的外交谈判获取更多贸易的机会，然而，此时的清王朝在安排对外交

马戛尔尼使团成员绘制的圆明园正大光明殿

往时仍走在朝贡的老路上，双方的误解和摩擦不可避免，结果英国出使中国的目的没有达到，中国也未能深入认识到这一接触背后所隐含的机遇和挑战。

清政府拒绝了英国使团的一切要求。虽然英使团的要求没有得到清政府的应允，但马戛尔尼一行通过实地观察，收集到大量情报。据当年英国使团副使斯当东《英使谒见乾隆纪实》的记载，马戛尔尼得出如下结论："清帝国好比是一艘破烂不堪的头等战舰……而它胜过其邻船的地方，只在它的体积和外表。但是，一旦一个没有才干的人在甲板上指挥，那就不会再有纪律和安全了……英国从这一变化中将比任何其它国家得到更多的好处。"这正是在乾隆帝晚年的时候，与英国这样的西方国家相比，中国明显已经落伍，但乾隆帝仍沉醉于自己的盛世光环中。英国使团当年虽没有实现开拓东方最大市场的愿望，乘着舰船回国了，但几十年后，当乾隆帝的孙子道光帝当政时，英国舰队又来了，这回他们用大炮轰开了中国的大门。

（杨剑利）

如意馆里的洋画师

《清史稿》载："清制画史供御者无官秩，设如意馆于启祥宫南。"昭梿在《啸亭续录》中对如意馆的介绍更为详细一些："如意馆在启祥宫南，馆室数楹，凡绘工、文史、及雕琢玉器、裱褙帖轴之诸匠皆在焉。乾隆中，纯皇万几之暇，尝幸院中看绘士作画，有用笔草率者，辄手教之，时以为荣。有绘士张宗苍，以山水擅长，仿北宋诸家，无不毕肖。上嘉其艺，特赐工部主事，实为一时之盛。其他如陈孝泳、徐洋辈，皆以文学优长，或赐举人一体会试，或以外郡佐杂升用，亦各视其才具也。"简言之，如意馆相当于清朝的宫廷画院，里面的画师、工匠皆为皇家服务，优秀者可赐举人身份参与会试或录用于外廷。

清代宫廷并没有真正意义上的画院。雍正五年（1727）于造办处下设"画作"，作为绘画机构。乾隆以后，增设"画院处"。至于如意馆，设立时间尚不可考，其名最早见于档案记载是在乾隆元年（1736）正月初九日。无论是画院处还是如意馆，都只是类似画院的机构，并无正规办公场所和规章建制。"画院处"与"如意馆"亦无明确的分工，职能接近，到乾隆后期，"画作"和"画院处"不复出现，一切绘画任务均由如意馆办理。依据皇家需要而招录画家，按照皇帝旨意选题、起草、绘制、装裱。清朝宫廷招纳画家亦无一定之规，一些是通过献画自荐，如乾隆帝南巡时，徐扬、张宗苍、沈映辉、李秉德等呈画作于御前得以供奉内廷。大部分是通过举荐的方式，像袁瑛、王岑、陈士骏等均是通过这一方式进宫。父子相承、师生互引也是惯用的方式。

如意馆主馆一般都认为是在紫禁城启祥宫南面，由于自雍正以后，清帝在圆明园办公、居住时间越来越长，"如意馆"也随之在圆明园的"洞天深处"东北部有了一个新的馆址，它是一组四合院的建筑，每年初春皇帝由紫禁城迁往圆明园时，启祥宫的管理人员、画家及工匠，也随之移入圆明园如意馆，冬初还宫，这种作法一直延续到咸丰十年（1860）。

在如意馆的画家里面，除了来自中国各地的画师，还有一个为《啸亭杂录》所未载的非常特殊和引人瞩目的群体，里面的人同样是为清朝皇帝服务，听从皇帝的旨意来进行绘画创作，不同之处在于他们是西洋人。西洋画师为何会出现在清朝宫廷里？这还要从清朝初年天主教传教士东来说起。

从16世纪40年代开始，天主教开始尝试向中国传教，耶稣会成为其中最为活跃的力量，早期最引人注目的传教士当属利玛窦，他开创了耶稣会士被中国社会上层接受的传教方法。清初，在华耶稣会士经历了朝代更迭所引发的社会震荡后，在新王朝谋得一席之地。清初对耶稣会士的态度较为宽容，如日本学者稻叶君山《清代全史》所记："睿亲王之占领北京也，欲举城而充满、蒙八旗之住宅，限三日内，汉民一律退出。汤若望呈书于睿亲王，宣武门内之圣堂邸第，及阜成门外之茔域，得以保存。顺治帝赏汤若望以钦崇天道之匾额。顺治三年，加以太常寺少卿衔。……十五年，更有恩命，晋叙光禄大夫，祖先三代则追赐一品封典。相传世祖对彼之隆恩，逾于恒格。召对不呼其名，用玛法之满语代之，得随意出入内廷。"清廷之所以对其采取这种厚遇政策，一方面不过是继承了中国以往各个朝代对待宗教的一贯态度，即"国家并不排斥所有未获承认的神祇，而只是剔出其中那些被认为有可能招致动乱的神灵"。另一方面，相比于宗教信仰问题，清初统治者恐怕更希望借助他们的科学技术来确立和稳固自己的正统地位，这应该是更为重要的因素。例如，在历法方面，因改朝换代而制定新历法，以证明新王朝合乎天意和天命的做法，在中国历史上屡见不鲜。顺治元年（1644）六月，汤若望以明朝原有历算仪器在战乱中被毁，请求另制进呈。此提议与清廷急欲颁行新历的想法不谋而合，因此，当时的摄政王多尔衮不仅同意其制作仪器，而且授命他按西洋新法修订历书。不久，新历完成，定名为《时宪历》，自顺治二年起，即用新历，颁行天下。清代的历法，能够达到分秒不差的程度，与耶稣会士的努力是分不开的。在制造兵器方面，据《东华录》记载，南怀仁自康熙十三年迄十五年，共制大小炮一百二十位。至二十一年四月，铸炮数量达一百三十二位，又有神威炮二百四十位。这些火炮工艺精湛，品质精良，在清朝前期的军事战争中发挥了重要作用。

而康熙帝本人对西方科学技术的喜爱，向为后人所津津乐道。据白晋《康熙帝传》记载："他（康熙帝）非常注意并专心于这种学习，绝不因为这些原理中的棘手的难题，及我们语言的粗率而感到厌倦"，"他兴致勃勃地学习这门科学（几何学），除了每天通常跟我们一起度过的二三小时之外，无论白天还是晚上，他每天还花了不少自学时间。……使人感到惊讶的是，他努力亲自去找一些同已经给他讲过的相类似的新问题；他把几何学中学到的最有趣的东西运用到实践中去，以及练习使用一些数学仪器，看作为一种乐趣。"康熙帝不仅自己学，还让皇室子弟也学习，"当他发现他的第三个十六七岁的孩子具有一种非常适合于从事这种科学的才能以及其他一些优秀品质之后，他就开始亲自给这孩子讲我们的几何学原理。"

耶稣会士在中俄谈判中的突出表现，更使得他们的在华事业达到了巅峰。在长达数年的中俄边界谈判过程中，耶稣会士特别是徐日升（Thomas Pereira）和张诚发挥了相当重要的作用。他们在《尼布楚条约》签订过程中所起的作用，"对俄国人来说，他们是在汉学还几乎不存在的时代的最早的东方专家和汉学家；对中国来说，他们是在中国人对西方几乎一无所知的时代的最早的西方专家"，而且，"他们是调停者和政治行动的参与者。"

正是由于耶稣会士在自然科学方面的特殊才能及在清初政坛上所发挥的独特作用，康熙帝对他们青睐有加并委以重任。康熙三十一年（1692）正月，康熙帝宣布"将天主教同于白莲教谋叛字样删去"。同年二月，又发布了所谓的"康熙保教令"："各省居住西洋人并无为恶乱行之处，又非左道惑众，异端生事。喇嘛僧道等寺庙，尚容人烧香行走，西洋人并无违法之事，反行禁止，似属不宜。相应将各处天主堂俱照旧存留。凡进香供奉之人，仍许照常行走，不必禁止，俟命下之日通行直隶各省可也。"将天主教同中国的佛、道两教同等看待，这是中国步入近代以前西方传教士所得到的前所未有之"隆恩"。

这一政策使得耶稣会士在中国的传教事业有了很大的发展，据柳诒徵《中国文化史》记载，"十七世纪之末，教士所到之各省，信徒大增。当其最盛之时，属于教会之教堂，广东有七所，江南有百余所。1663年十二省信徒达十二万人，六省信徒其数未详，然亦非少数。1696年在北京受洗者六百三十人。"

但是，清廷与在华耶稣会士之间的这种和睦亲善关系并没有维持太长时间。到康熙四十六年（1707）左右，形势发生了根本性的变化，康熙帝对天主教由实行"容教"政策改变为"禁教"政策。

这一变化最主要的原因就在于所谓的"礼仪之争"。"礼仪之争"是明清之际发生在传教士之间，进而扩大到罗马教廷和清廷之间关于如何对待中国传统礼仪的一场大辩论，时间前后长达百余年。《清代全史》记述了事件的起因和结果。"1704年（即康熙四十三年），罗马教皇克列门第十（一说格勒门得十一世），使安吉阿其何教长次鲁囊（一译多罗）为代表，至北京，予以教书，谓对于基督教之神，不许用天之称号，对于支那之基督教信徒，严禁祖先崇拜之仪式。康熙帝为详细说明支那崇拜祖先之趣意，次鲁囊讫未发表教皇之教书，仅以己之名义摘要公布，排斥帝对于神学之意见，凡不从教皇教令者即行退去。于是帝命捕之，遣送至澳门，使葡萄牙人监视之。次鲁囊遂于1710年（即康熙四十九年）死于狱中。……清国以罗马教皇干涉国内事，以其命令行于国内，则为侵害国家之独立，故于1707年（即康熙四十六年），清政府定一限制，非有内务部印票之宣教师，概令退去澳门；各地方之天主教堂，概行禁止。1717年（即康熙五十六年），依广东碣石镇总兵陈昂之奏，禁止一切外人留住内地，违者决不得归本国云。此后数百年间，清廷政府对于基督教徒之态度，非无宽严之别，然卒未撤回其禁止之命令也。"利玛窦所开创的传教方式和传教努力付之东流。

所谓内务府印票，即清廷规定凡愿意遵守利玛窦规矩，表示永居中国，再不返回欧洲的传教士，必须到内务府领票，方准许在中国居住，并保障其人身安全。这种永居票均用满、汉两种文字并写，按序编号，并盖有"总管内务府"的印记。康熙年间许多来华的传教士都取得了永居票，特别是那些擅长科学技术的人，但他们的传教活动受到了限制，康熙前期耶稣会士踊跃来华的现象不复出现，中西文化交流受到了阻碍。

中国是个多宗教的国家，佛教、道教、伊斯兰教及萨满教长期在中国自由传播，各有自己的信徒。但是，中国又是一个历史悠久的国家，有自己独特的文化传统。因此，任何一种外来宗教若想长期融入中国社会生活，则必须调整自己的教义和仪式，尊重中国的政治体制和文化传统。耶稣会士初来中国，之所以能够迅速打开局面，关键在于他们采取了灵活的传教方式，尊重儒家学说，赢得了一部分士人的信服。当罗马教廷欲强硬干预中国人传统的伦理观念、风俗习惯时，中国统治者感到自己的统治根基受到了威胁，必然对此深抱戒心，这就使得已建立起来的彼此信任的基础荡然无存了。

耶稣会士在传教的同时，带来了诸如数学、天文、物理、地理、生物、解剖、医学、音乐、绘画等各个领域的西方近代科学和技术知识。而这些知识在中国的传播是以宫廷为主要场域的。据方豪《中西交通史》记，曾掌管康熙朝钦天监的南怀仁本身就是一个丹青高手，"南怀仁自谓尝作画三幅，呈圣祖御览，于透视之法，遵守惟谨；并作副本悬堂中，全国官吏之进京者，必以一睹为快。"如意馆里的西洋画师就是在这一背景下来到遥远的中国并在宫廷中谋到了一席之地。法国神父王致诚记述了他们当时在圆明园中的生活："在这座别宫的花园入口处有一座如意馆，它是中国和欧洲画家，制造自动装置或其他各种机器的欧洲钟表匠及加工宝石和象牙的工匠们工作的地方。除了这个皇帝不时会光顾的内部工场外，皇宫周围还有许多各种类型的工场。大批工匠为了装饰宫殿而经常在这里工作。""其中一个市镇叫海淀，我们法国教会在此有一幢不大的住所，供在陛下宫中效力的法国传教士居住。白天我们置身于园林之中，并在那里由皇帝供应晚餐……当皇帝还驾京师时，我们也随驾返回。"

传教士在如意馆中的工作是紧张而勤奋的，就像任何一个供职

郎世宁　乾隆皇帝围猎聚餐图轴

于内廷的中国人一样。王致诚记道："我没有一时一刻的时间属于我自己"，"我必须忘记自己过去所学的技艺，我还必须学会一种新技艺以符合该民族的情趣。我们所画的一切都是奉皇帝钦命而作。我们首先绘制草图，他亲自御览，再令人对此修改和重新造型，一直到他满意为止，无论他修改得好坏，大家必须通过而又不敢讲任何话。""不特监视甚严，且须疾趋轻步以行，不能稍做声也。"严格的宫规和不能传教的苦闷，使得王致诚发出"这儿离上帝的天堂那么远，一切精神养料都被剥夺了，我简直难以说服自己"的悲叹。

与王致诚的苦闷和抑郁的状态不同，同为宫廷画师的郎世宁（1688—1766）则表现出了稳定的情绪和坚韧的品格。郎世宁可谓清廷西洋画师中声名最为显赫的一位，他是意大利米兰人，少年时代学习绘画，1707 年加入热那亚耶稣会，曾为教堂绘制过宗教壁画。康熙五十三年（1714），郎世宁搭乘"圣母希望号"从葡萄牙里斯本出发，经过一年多的海上航行，于次年抵达澳门。接着从澳门转赴广州，努力学习中国语言和礼仪。按照清廷对传教士的管理规定，广东巡抚杨琳将其入境情况进行了奏报："七月十九日有香山澳本澳商人从小西洋贸易船回澳门，搭载西洋人朗宁石（即郎世宁）、罗怀中二名。奴才于八月初六日传至广州，据朗宁石称，系画工，年二十七岁。罗怀中称，系外科大夫，年三十六岁。……奴才见示技艺之人，捐给盘费衣服，俟其休息可以起身，即遣人伴送进京。"康熙帝对于擅长科技的传教士一直抱着欢迎的态度，批示道："西洋人著速催进京来。"十一月，郎世宁等奉旨进京，由神父马国贤引导进宫觐见康熙帝后，留在内廷供奉。

虽然耶稣会在中国发展的高峰期已然过去，但并未对郎世宁的绘画事业产生太多的影响。他在中国的大部分时间都是在如意馆度

郎世宁　乾隆皇帝大阅图轴

过的，历经康雍乾三朝，绘制了大量人物画、风景画、花鸟画、年节画、扇画、珐琅画等，其中大部分为宫廷收藏，仅《石渠宝笈》中就记录了 45 件他的作品。尤为值得一提的是，他学习、吸收了中国传统绘画的技巧和审美观念，将之与西方绘画技法融会贯通，形成独树一帜的艺术风格，深受清朝皇室喜爱。如他创制的人物画运用了西方的立体写实绘法，造型准确，形象逼真，同时又按照中国的审美习惯进行了改造，对人物面部选取正面光照，减弱西画中的光线亮度，使人物面部清晰柔和，避免因强烈的明暗对比而形成中国人所忌讳的"阴阳脸"。雍正帝、乾隆帝及其后妃子女都曾邀郎世宁画过肖像，如著名的"乾隆大阅图"和"香妃戎装图"等。乾隆四十七年（1782），值乾隆帝 72 岁寿辰时，他翻出郎世宁曾为其绘制的《平安春信图》，图中所描绘的是雍正帝和尚未即位的宝亲王弘历二人品竹赏梅的场景，父子皆面目真切、眼光平和，呈现出一派和乐融融之像。乾隆帝在画上御题五言绝句一首："写真世宁擅，缋我少年时。入室翩然者，不知此是谁？"在诗注中写道："郎世宁，西洋人，写真无过其右者。"对其画工给予了极高的评价。

雍正时期，郎世宁协助中国学者年希尧（年羹尧之兄）完成了《视学》的撰写，书中介绍了欧洲的焦点透视画法，如年希尧在序言中写道："迨后获与泰西郎学士（郎世宁）数相晤对，既能以西法作中土绘事。始以定点引线之法贻余，能尽物类之变态。一得定位，则蝉联而生，虽毫忽分秒，不能互置。然后物之尖斜平直，规圆矩方，行笔不离乎纸，而其四周全体，一若空悬中央，面面可观。"这部作品成为中国首部介绍这方面知识的图书。乾隆年间，郎世宁还参加了圆明园内西洋楼的设计工作。为此，郎世宁一度担任了奉宸苑卿（正三品）的官职。

　　乾隆二十年（1755），乘准噶尔汗国内乱之机，乾隆帝不顾大多数朝臣的反对，决定兵分两路，"直抵伊犁，即将策凌等分驻游牧，众建以分其势，此从前数十年未了之局，朕再四思维，有不得不办之势"。二十二年，几经反复，天山南北进入清朝版图。平准、平回战争的结束，也意味着清朝大规模开疆拓土行动告一段落，清朝的疆域基本形成。对于这场战争，乾隆帝本身极为自得，"统观历代经营西域之迹，大率详于山南而略于山北。如汉之都护校尉，唐之四镇，俱在山南，犹且户口不登于天府，贡赋不入于司农，聊示羁縻之方，曾无开置之实。至山北诸境，汉张骞仅获一履其地。唐虽遥置都督诸州，亦复名存实去。有元西北疆域稍广，然考元史西北地附录，纪载弗详，规为未备。惟我圣朝，德业鸿远，举从古未抚之西域全境，井耕其地，而冠裳其民，设官定赋，与赤县神州相比埒"，"一切制度章程，与内地省分无异。""而后中土之与西域，始合为一家"。清朝史官更是对此大加颂扬："惟我皇上文武圣神，功迈三五，准疆回部并入版图，每乙夜运筹，制胜万里，而用兵不得已之深衷，时往复于奎文睿什间。"为了能够更加长久并生动地纪念自己的旷世武功，乾隆帝决定采用绘制战图的形式，命郎世宁等几位宫廷画师将战争的过程描绘出来。乾隆二十九年（1764），由16幅分图组成的长幅画卷完成，规模恢弘，气势雄伟。为追求更为逼真的效果，郎世宁向乾隆帝建议将画卷制成精美的铜版画。铜版画起源并流行于欧洲，由于当时中国还没有掌握铜版画技术，乾隆帝便令两广总督杨廷璋在当时唯一的通商口岸广州联系洋商订制铜版画。最后确定交付法国东印度公司来完成，乾隆三十五年（1770），第一批铜版和铜版画运抵中国。

　　乾隆时期对天主教的禁令已经执行一段时间且越来越严格，郎世宁还是偶尔会利用皇帝对自己的赏识尽可能为传教事业贡献力量。乾隆元年（1736）因辅臣的奏议，除供奉内廷的传教士外，满汉军中传教士禁止居住。北京及各省教民遭到囚禁，教会人士想利用直奏天子来解除这项禁令，恰逢乾隆帝为欣赏郎世宁的作品，亲临他作画的地方，郎世宁趁机向其呈明禁教的遭遇。据后来整理出来的《耶稣会士书简集：中国回忆录（第四卷）》记载，郎世宁"突然满脸悲伤，跪倒在地，断断续续边叹息边说了几句我们教会遭难的情况之后，从怀里取出用黄帛包着的我们的奏章。太监们都被这个教士的大胆举动吓得发抖，因为他事先没有告诉他们此事。然后，皇上很平静地听了他陈述，温和地对他说：'朕没有谴责你的教会，朕只是禁止营旗里的官兵进教。'"十日后又下旨，"唯禁旗人信教，他皆不问，教士亦得自由信奉。"乾隆十一年（1746）禁教之事又起，尤以华南各省最为严重，在福建司教的桑斯神父及其属下4人，被判处死刑，郎世宁复请乾隆帝解除这项禁令。虽然未能成功说服皇帝，但至少说明了乾隆帝对他的信任和礼遇。

乾隆三十一年六月十日（1766年7月16日），郎世宁病逝于中国北京，享年78岁，葬于北京西郊阜城门（平则门）多公栅栏内。乾隆帝对其给予了很高的评价："西洋人郎世宁自康熙年间入直内廷，颇著勤慎，曾赏给三品顶带。今患病溘逝，念其行走年久，齿近八旬，著照戴进贤之例加恩给予侍郎衔，并赏内府银三百两料理丧事，以示优恤。"

与郎世宁同一时期及其后，供职于如意馆的西洋画师有王致诚、潘廷璋、贺清泰等，各留下了一些传世作品。此后，传教士的身影逐渐淡出清朝宫廷，标志着这一波中西文化交流已步入尾声。

（孙喆）

郎世宁　乾隆皇帝朝服像

西洋楼与传教士

　　大概在乾隆八年（1743），供职于如意馆的神父王致诚在发给远在法国的友人的一封信里详细了描述圆明园的景致，他认为圆明园处于"一种天堂般的风景中"，从总体上看，"其别墅则甚可观，所占之地甚广，以人工垒石成小山，有高二丈至五六丈者，联贯而成无数小山谷，谷之低处清水注之，以小涧引注他处，小者为池，大者为海，其上以华美富丽之小舟行之"，"入山谷中而观之，则见其宫室焉，正面有柱有窗，凡属间架，满涂金漆彩色，其墙则砌以平正光滑之灰色砖，其屋顶则盖有红、黄、蓝、绿、紫之琉璃瓦，各按其色，间杂而匀铺之，而今区段与花色极繁缛而美观焉，其屋大多数为平房，由地起建，离地自二尺、四尺、六尺或至八尺，亦有一层楼房，上楼时，不由工整之石梯而由山石攀登，一似天设者然，世传之神仙宫阙，其地沙碛，其基磐石，其路崎岖，其径蜿蜒者，惟此堪比拟也！""房舍之建筑，亦具繁富思想"，置身其中，宛若仙境。因为有这样的精妙的建筑工艺，使得清朝皇帝对西式建筑颇不以为然，"在吾辈传述中，或在图片上，睹此巍巍大厦，不无骇诧之情，我之所谓城市大道者，彼则视为山间所挖溪径也。我之所谓连墙大屋者，彼则视同绵延石壁，凿有穴孔，而为熊与猛兽之居也，又视吾国高楼层叠而上，最所难堪，诚莫解攀登四五层楼，日冒碎颈之险无数次者，何以故也。"雍正帝曾不无轻视地说："欧洲必然是一个很小且贫穷的地方，不能拓展它的城镇，所以令人居住在空中。"

然而，令人感兴趣的是，在荟聚了中国传统建筑精华的圆明园中，却有着一处与其他地方在风格上格格不入的仿欧式建筑——西洋楼。清朝皇帝不是一向鄙薄欧洲建筑吗？为什么会有西洋楼的出现呢？

圆明园的具体设计和建筑工程是由建筑世家雷氏家族负责的，因其久负盛名，向被称为"样式雷"。而西洋楼的出现则跟康雍乾三朝活跃在清朝宫廷中的欧洲传教士有着密切的关系。他们是当时中西文化的重要媒介，通过他们的各种介绍，清朝皇帝对西方的文化和科技有了一些了解，其中就包括西式建筑。欧式建筑虽为雍正帝所不喜，但继任的乾隆帝却是一位兴趣广泛、喜欢炫富的皇帝。相较于祖父康熙帝，乾隆帝对西学的兴趣并不太浓厚。他有一首诗是这样写的："皇祖精明勾股弦，惜吾未习值酱年，而今老固难为学，自画追思每愧游。"然而，这似乎并不妨碍他对西洋艺术品的鉴赏和喜爱。从清朝的历史发展来看，历经顺康雍三朝的积累，乾隆时期文治武功皆臻于鼎盛，海内平定，万国来朝，通过海外贸易的发展和传教士的介绍，西方的艺术风格也逐渐被清朝人所了解。

虽然康熙末期的禁教令对传教士的东来产生了很大的阻碍，但对于那些掌握着各种技艺的传教士，清朝统治者还是抱着欢迎的态度的。如供职于康雍乾三朝的意大利传教士郎世宁就是在禁教令颁布以后来华的，并受到清朝三代帝王的信任和赏识。雍正帝登基时，郎世宁绘制《聚瑞图》，称："皇上御极元年，符瑞叠呈，分歧合颖之谷实于原野，同心并蒂之莲开于禁池。臣郎世宁拜观之下，谨汇写瓶花，以记祥应。"恰如其分地迎合了雍正帝喜好祥瑞的心理。乾隆帝对郎世宁的宠信更是达到顶峰。据《耶稣会士中国书简集》记载，乾隆帝甚至曾自称为郎世宁的弟子，在"服丧期间的大多数日

郎世宁　乾隆雪景行乐图

子里，他几乎每天都要与郎世宁修士一起待上好几个小时。"正是在这样一种比较和谐和互相信任的关系的推动下，才有了西洋楼这座旷世之作的面世。

乾隆十二年（1747），乾隆帝看到一幅欧洲的喷泉图后，便让郎世宁向他解释，并问宫中是否有某个欧洲人能造同样的东西。郎世宁于是向他推荐了法国教士蒋友仁。其后，乾隆帝命令传教士郎世宁负责设计一座西洋式的建筑，蒋友仁、王致诚、艾启蒙、杨自新等几位神父及建筑师利博明、植物学家戴卡维等陆续加入进来。具体施工建筑的则是大量的中国建筑师和工匠。从乾隆十二年（1747）开始筹划谐奇趣，一直到四十八年（1783）远瀛观最后建成，西洋楼的建筑历时三十余年，由谐奇趣、黄花阵、养雀笼、方外观、海晏堂、远瀛观、大水法、观水法、线法桥等十余座西式建筑和庭院组成，占地百余亩。乾隆帝下令修建西洋楼，不仅是出于对西方建筑的浓厚兴趣，更主要的是想由此来展现中国的博大富饶和无所不有，以及满足其"移天缩地在君怀"的"十全"心理。

西洋楼的建筑从样式和材料上而言，是典型的西洋巴洛克风格，造园形式则为勒诺特风格。最先引起乾隆帝建造西洋楼兴趣的大大小小的水法设计最能体现这点，例如，谐奇趣的两组喷泉，分别设置在南北两侧，南面的一组是一个巨大的海棠式的喷水池，池里有巨大的石鱼，口中喷出的水高达五六丈。水池的四周有十八只铜鹤，池边有四只铜羊，分别向池中喷水，互相交织，相映成趣。海晏堂前的喷泉则有 54 个喷水口，可以同时喷水，水池两边排列着 12 座石台，每座石台上都安装着一个人体兽头的青铜塑像，各自代表一天中的一个时辰，依次以喷水的方式报时。每当中午时分，十二只兽头同时喷出水花，奇丽壮观。而最蔚为壮观的大水法喷泉，则是一个大型的狮子头造型，下方是椭圆菊花形喷水池，池中心是一只铜制的梅花鹿，从鹿角喷水八道，两侧是十只铜狗造型的喷水装置，从口中喷出水柱，直射鹿身。大水法的左右前方，各有一座巨大的方形喷水塔，塔高13层，顶端喷出水柱，四周有88根铜管也可一齐喷水，一旦全部启动，云蒸霞蔚，蔚为大观。

从建筑群的装饰上看，也带有明显的欧式特征。1860年曾随英法联军进入圆明园的法国医生阿尔道夫·阿尔芒在《出征中国和交趾支那来信》中提到："宫殿群是路易十四、十五时期的风格。建筑装饰完全按照法国的样式建造，装潢和家具来自哥布林地毯厂的地毯，圣格本产的镜子，吊灯、烛台、座钟、油画"，"我们甚至感觉似乎已经身处巴黎。"

除了这些强烈的西洋特点外，传教士在设计时又依乾隆帝的喜好和中国文化的忌讳，加入了一些中国元素，形成了中西合璧的特点。如在园林的设计上，参与设计的蒋友仁在信中写道："与欧洲不同，这是那些一眼看不到尽头的通道，不是那些可以远眺无数优美景象的露台……在中国的花园中，目力所及几乎是一块恰到好处的空间……百步之后，新的景色又呈现在你眼前。"由此，这一带园林的设计采用的不是欧式通透、开阔的方法，而是运用了曲径通幽、错落有致、宛若天成的中国传统审美方式。而西洋楼的屋顶设计更是体现了中国建筑的特点，与主体建筑不同，其屋顶更偏于中国式的琉璃瓦屋顶。中国传统建筑屋顶常用的形式有庑殿顶、歇山顶、硬山顶、悬山顶、攒尖顶等五种。谐奇趣采取的是四坡式庑殿顶，紫色琉璃瓦；海晏堂也是庑殿顶，屋顶面铺的是孔雀绿琉璃瓦；方外观为重檐庑殿顶，蓝绿两色琉璃瓦；远瀛观屋顶采用的双层庑殿顶，五竹亭是重檐攒尖顶，线法山亭子为攒尖顶。阳光照耀之下，

圆明园西洋楼

五颜六色，绚丽明艳，富丽堂皇。西洋楼中的各种水法，也被赋予了中国传统文化的特色，如海晏堂中最为有名的十二兽头选用的是十二生肖、大水法中央的喷水池设计为"十狗逐鹿"等。建筑群中有欧式的宫殿、迷宫、喷泉和草坪，也有中国式的假山、怪石、亭台、小桥、水池、花径等。因此，西洋楼可以说是一座中西文化交融、中西合璧的完美建筑。乾隆帝在诗中也表明了这一点："连延楼阁仿西洋，信是熙朝声教彰。激水引泉流荡漾，范铜伏地质精良。惊潮翻石千夫御，白雨跳珠万斛量。巧擅人工思远服，版图式廓巩金汤。"

以郎世宁为首的传教士们是西洋楼得以建成的最大功臣，郎世宁自康熙末期进入清宫以来，一直是皇帝的御用画家，西洋楼开建以后，他又是主要的设计者之一，乾隆帝对其极为信任，在设计、陈设方面屡屡征询其意见。如据档案记载，乾隆帝曾命将从各处搜罗来的西洋器物诸如罗镜、天体仪、西洋蜡、八仙灯、珐琅插屏、珐琅缸等交由郎世宁验看，由其把关，将能用的留用，无用的上交。中国画师张廷彦在长春远全图上画谐奇趣和新添水法时，乾隆帝亦要求其"有不明白处问郎世宁"。

西洋楼是中国最早大规模仿建欧式园林和建筑的代表性成果，向有"东方凡尔赛宫"的美誉，在世界园林史和中西文化交流史上都占有重要地位。它不仅是十八世纪中西文化交往的珍贵见证，也反映了两种文化能够交融并完美结合的事实。在这次交流过程中，传教士扮演了文化和技术交流使者的角色，发挥了重要的作用，在史书中留下了自己浓墨重彩的一笔。

（孙喆）

九州清晏失火事件

"九州清晏"是圆明园四十景之一,位置在圆明园的中轴线上,是清朝帝后的寝宫,作为圆明园中最大的一组建筑物,前后分为三进,前殿是圆明园殿,悬挂着康熙皇帝御笔亲书的"圆明园"匾额,中殿是奉三无私殿,这是皇家祭祀、家宴宗亲的地方,后殿就是九州清晏殿。

提到九州清晏,除了这是几代清朝皇帝喜欢居住的地方,还曾经发生过一件大事。

乾隆二十八年五月的一天,乾隆皇帝正在圆明园正大光明殿中和众大臣商议国事,湖对岸的九州清晏殿中忽然浓烟滚滚,着起了大火。火势从中殿奉三无私殿中开始燃起,从殿内的装饰物上迅速蔓延开。古代的宫殿建筑可全部都是木制建筑物,从殿内的火烛、绸带迅速燃烧,很快就引燃了宫殿,并且向北蔓延,引燃了后面的九州清晏殿。

听到九州清晏失火的消息,乾隆帝和大臣们先是呆了下,很快就反应过来,乾隆帝亲自带队,赶到了九州清晏附近。这时候,圆明园内的太监、护军等也都已经迅速赶到了,在皇帝的指挥下,大家开始扑火。在救火过程中,还有不少官员、皇室宗亲等远远的看到起火了,也都急忙赶到圆明园来一起参与救火。幸亏九州清晏前后就有湖水,水量充沛,经过百官和守护园子的护军、园中的太监就近汲水,齐心协力的扑救,经过了不少时间,才终于扑灭了这场突来的大火。

等到大火终于熄灭之后，九州清晏内外一片狼藉，几个大殿内的局部屋子和宫殿内的大部分设施都被烧毁，因为这可是皇帝日常居住的屋子，殿内的一些贵重物品也都在大火中付之一炬。不过，幸亏救火很及时，火势很快得到了控制，宫殿的主体结构倒是保存了下来，也没有引燃临近的其他宫殿，这也算是不幸中的大幸了。

乾隆皇帝看到这一幕，觉得既是欣慰又是生气。欣慰的是虽然突起大火，但总算控制得当，没有造成更大的损失，救火的过程中也没有人员伤亡。而且在场的朝廷百官和后赶来的许多官员宗亲也都不顾个人安危，积极参与到救火队伍中，奋力扑火，这一幕让乾隆皇帝看到很是感动。

但是也有让皇帝很生气的例子。当大火被扑灭后，有一位年轻的王爷姗姗来迟，脸上一点也没有着急惊慌的样子，反而站在一边嬉笑观望，好像起火和他没有一点关系。这位年轻王爷就是雍正皇帝的小儿子，袭封为果亲王的弘曕。

弘曕作为乾隆皇帝的幼弟，年纪比乾隆皇帝小了二十多岁，因为从小在圆明园里长大，又被人称为"圆明园阿哥"。乾隆对这个比自己儿子都小的弟弟十分疼爱，从小为他延请师傅悉心教导，大一点后又让他承袭了雍正十七弟果亲王允礼的爵位，小小年纪就成了亲王，得到了皇帝的种种宠爱与厚待。不过，这一次弘曕的"隔岸观火"，却着着实实惹怒了皇帝。

《清史稿》中记录了这一幕场景："二十八年，圆明园九州清晏灾，弘曕后至，与诸皇子谈笑露齿，上不怿。又尝以门下私人嘱阿里衮，上发其罪，并责其奉母妃俭薄，降贝勒，罢一切差使。自是，家居闭门，意抑郁不自聊。三十年三月病笃，上往抚视，弘曕于卧榻间叩首引咎，上执其手痛曰，以汝年少，故稍加拂拭，何愧恧若此。因复封郡王。旋薨，予谥恭。"

《啸亭杂录》中有大略相同的一段记载："壬午夏，九州清晏灾，王后至，与诸皇子接见，谈笑露齿，为纯皇帝所窥见。会其门客有干请政事者，上乃褫王爵，降为贝勒，王乃闭门谢客，抑郁生疾。上往抚视，王叩首衾褥间，惟谢过自责而已。上感恸，呜咽失声，归即加封亲王，会以疾薨，上特谥曰恭。"

这两段史料的记载描述的大致相同，就是描述弘曕在九州清晏大火这天，迟迟才赶到圆明园，而且到了现场以后也并不上前参与救火，反而闲闲的站在一边观看，还与一旁观看的皇子谈笑风生。这个场景被乾隆皇帝看到，当时就觉得很不高兴，其他的王爷大臣都在第一时间赶来觐见，关切询问皇帝的安好状况，参与救火，弘曕的住处明明更近，却到的最晚，来了后也是嬉笑如常，毫不关心，觉得他丝毫没有奋力保护皇家财富的行为和自觉。正好在这个时候，皇帝知道了弘曕曾在私下请托兵部尚书阿里衮，令阿里衮在朝廷选官之时安插进他的门客，又认为弘曕对待他的母妃不够孝顺，种种的不满长期积累下来，再加上这次九州清晏失火时的不良表现，就成了压垮骆驼的最后一根稻草，乾隆皇帝的怒气终于爆发了。

几天后，乾隆皇帝亲自颁下谕旨，责骂弘曕种种罪状，斥责他"不知祗遵朕训，承受朕恩，屡蹈愆尤，罔知绳检"，就是骂他不遵皇帝的训导，承受厚恩，还屡屡犯错，不知道检讨自己。最后，皇帝给弘曕的处罚是革去他的亲王爵位，降为贝勒，永远停俸，解除弘曕担任的所有职务，让他回家闭门思过，反思自省，以观后效。

弘曕自回家后，大概是惊吓焦虑过度，抑郁难解，很快就身体

圆明园四十景之　九州清晏

九州清晏
正大光明直北为几余游息之所萦楼纾
接鳞瓦栉比前皆巨湖澄演潋周围支
汊纵横窈达诸滕仿佛得阳九派骈行谓
祁海周环为九州者九大瀛海环其外兹
境信若造物施设耶
昔我　皇考宅是广居旰食宵衣左图右书园
林遊观以适几余堂紧庙廊泉石是娱所志维
何煌煌御书九州清晏　皇心乃舒宵构轨
青缇序在子业と就と奉此　遵模一念之间
敬肆攸殊彼作圣繁彼斯洄谓　天可畏屋
漏与俱谓民可畏戢戢其愚六儆八珍牧乎御
厨念彼沟室昌其佗诸水榭山亭天然画圆瞻
彼芽稆洞隩切肤慎终如始前圣之谟呜呼小
子母渝厥初

九州清晏咏

衰弱，疾病缠身。在他病重的时候，乾隆皇帝又很担心，亲自上门去探望他，还拉着他的手安慰他说："因为你年少，做的不好，朕稍微骂几句，教导你一下，何至于愧疚苦闷到这个地步！"等回宫后，皇帝就重新封了弘曕郡王爵位，以作安慰。可惜这时候，弘曕已经病入膏肓，无力回天了，在皇帝走后不久，就病逝了。

也有论文论证，弘曕病逝的时候，正逢乾隆皇帝南巡，并不在京城，上门探病是不可能的。但是，乾隆皇帝极为关心弘曕应该是确凿无疑的，不但屡屡垂问他的病情，并且恢复了他的郡王爵位，希望能使他心生欢悦，病情能够得以缓解。不过，这份谅解还是来迟了，弘曕于乾隆三十年三月初八因病薨逝，最终定格在了三十三岁的壮年时光。

这场九州清晏大火不但间接导致了一位王爷的死，还有其他一些大臣同样撞上了皇帝愤怒的枪口。火灾过后，乾隆皇帝曾专门下了一道谕旨，处理了一大批救火不利的大臣："今日圆明园失火，众皆奋力扑救，而那木图、那沁、兆德、保平、万福、李景皋等反自寻坐处，虽失火不赖伊等扑救，亦当随众立看。保平年老，未免站立维艰，然此系何等事，伊等既不能奋勉出力，更图安逸，殊属不堪。那木图等著交领侍卫内大臣议处。銮仪卫章京伯宁站立廊下，由窗内观看，伊身系满洲，不思奋勉，视同戏剧，其心实不可问，本应即行正法，从宽革职，发往伊犁给厄鲁特为奴。"（《清高宗实录》卷六八六）在这道谕旨中，被惩罚革职、发往伊犁为奴的处罚，可就不像弘曕这样高高拿起轻轻放下这么简单了。

当然了，俗话说福祸相依，有人因此获罪，当然也会有人因此得到奖赏，因为这场火，也有一批大臣得到了皇帝的赏识，逐渐获得重用，走上了人生巅峰。

在《檐曝杂记》卷二中，有一篇"程文恭公遭遇"的小文，记载了一位大臣因火事获益的事："仕宦进退，莫不有命，余外舅程文恭公为礼部侍郎，时在班行中无所短长，方疑侍郎一席亦不能久。会圆明园失火，举朝大臣咸趋救，公踉跄入，正值上坐小舆出，文恭跪道左请圣安，而先入及后入者皆未得见也，上遂心识之。明日赏救火诸臣币物，特命给一分。自是邀圣眷渥，历吏部尚书拜大学士，为一时贤相，其端皆自救火之日起。"

这里面作者赵翼提到的外舅程文恭公，名叫程景伊，是乾隆朝早期的进士。他在乾隆四年时中了进士，选为庶吉士，散馆后授官编修。又升为侍读学士，在上书房行走，教授皇子皇孙学习。之后又多次做过乡试、会试的考官，职位一直做到了兵部侍郎、礼部侍郎、工部侍郎。当他做礼部侍郎的时候，正巧遇到了圆明园这一场火事。当他踉踉跄跄赶到的时候，正巧遇到皇帝坐着小舆出来，他急忙跪在道边给皇帝请安。在他之前之后赶到的人都没赶上皇帝出现，只有他正巧赶上，因此给乾隆皇帝留下了深刻印象。从此以后，程景伊深受乾隆皇帝的赏识信任，仕途上更是青云直上，先后担任过工部尚书、刑部尚书、吏部尚书，协办大学士等高官，还曾经做过四库全书馆的总裁官。当乾隆帝南巡的时候，还曾命程景伊留在京中处理朝廷事务，这已经是皇帝心腹中的心腹，深受信任和器重。当他病故后，乾隆皇帝亲赐挽联，称赞他："执笏无惭真宰相，盖棺还是老书生"，给予了极高赞誉。

回过头来，想起他的外甥女婿赵翼的那句评价，称他"为一时贤相，其端皆自救火之日起"，这人生的旦夕祸福不得不令人发出一声唏嘘。

（李静）

齐召南险命丧圆明园

在民国时期编撰的《清史稿》中，记载了这么一位清代有名的官员，他与圆明园结缘的最大原因是路边的一颗大石。

这位官员名叫齐召南（1703—1768），字次风，号琼台，晚年又号息园，是浙江天台人。他出生在一个江南官宦之家，自幼就非常聪颖，看书一目十行，过目不忘，据说他入学一年时间就能够背诵五经，从小就被人称为"神童"。他去到杭州参加考试时，当时的浙江学政、主考官何世璂看了他的试卷，非常欣赏。当时的浙江人文荟萃，学风鼎盛，全省各府的考生都齐聚于杭州，何世璂当着这些考生的面盛赞齐召南，说："此奇士，正当以王姚江一辈人期之。"意思就是说，齐召南是一位当世奇才，他以后会像明代的名臣王阳明一样有作为，很令人期待。

齐召南还有一项特殊的能力，就是目力奇佳，史书上都称他"目光炯然""目力最远"，据说他的视力远超常人，能见一二十里之外的地方。他曾登上杭州的凤凰山顶，可以看清十里外隔江西兴渡口的人物。

齐召南在雍正七年参加乡试中了副榜，雍正十一年被举荐参加博学鸿词科，乾隆元年被乾隆皇帝在保和殿召见考试，钦定为二等第八名，成为翰林院庶吉士，散馆后授官检讨，从此踏入仕途。之后他又历任右中允、侍读学士，先后担任了《大清一统志》纂修官、武英殿校勘经史官、《明鉴纲目》馆纂修官、《大清会典》《续文献通考》纂修官等等。即使在他因为父丧居家守制的时候，也没用停止修撰的工作，负责《礼记》《汉书》的考证。三年后齐召南除服，仍然官复原职。

乾隆十三年时，朝廷又对翰林院和詹事府的任职人员进行考试，齐召南名列榜首，被提升为内阁学士，上书房行走，后来又升任礼部右侍郎，并且担任了皇子弘曕的师傅，从此成为皇帝身边的近臣，很受重用。

齐召南博闻广记，长于诗赋，屡屡受到了乾隆皇帝的褒奖和同僚的称赞。他曾经负责编写《外藩书》，对边塞以外的路程远近、山川状况、地名沿革原委等都记载的非常详尽，乾隆皇帝北上拜谒祖陵，凡是车马所经之处，查核此书，无不准确，称赞说："齐召南之博学，一至是乎！"又有一次，皇帝从宁古塔得到一块古镜，左右的人都不认识来历，于是把齐召南叫来一问，他根据上面的款识图案辨认，把这面古镜的原委一一道来，乾隆皇帝高兴地对身边的说："齐召南真不愧是博学鸿词的人！"至于辞赋文章，齐召南更是常常与皇帝相唱和，得到皇帝的赏识。乃至于后来齐召南病退回乡，乾隆皇帝每每南巡的时候，都会召见齐召南伴驾，遇到美景君臣就诗词相和，传为佳话。由于齐召南学识渊博，得到了帝王的尊宠，人们都称他"齐大人"。

至于说到齐召南与圆明园的渊源，则是一件险之又险，险些使他丧命的意外事件。

清朝中后期的皇帝，其实很不喜欢拘束狭窄的紫禁城，他们往往都喜欢住在京城北部先后修建起来的皇家园林中。既然皇帝常常住在园子里，他身边经常随侍的大臣官员当然也要跟在身边，随侍轮值。古时候官员上值时间非常早，又是交通不便，不可能每天往返于京城与圆明园之间，于是圆明园南面就有了一处专门的院子，名字叫做"澄怀园"，地址在圆明园福园门南边，绮春园的西墙外，这是专为南书房和上书房翰林们所设的寓所，俗称为"翰林花园"。从雍正三年一直到咸丰朝，澄怀园一直是南书房和上书房翰林的值庐，咸丰皇帝曾有诗云："墙西柳密花繁处，雅集应知有翰林。"诗中说的就是这个地方。在管理体制上，澄怀园是圆明园的一座附属花园，它的护卫和管理都是由圆明园管园大臣统一负责的。

齐召南因为深受皇帝赏识信任，这时候已经成为了乾隆皇帝身边的近臣，同样需要经常轮值伴驾，散值后来不及返回京城，就住在澄怀园的宿舍中。乾隆十四年四月二十九日，这一天齐召南轮值下班，骑马返回澄怀园的住处，途中不知道为何马忽然受惊，齐召南从马背上跌落下来，很不幸地头部落地，就撞在了路边的巨石上，头颅几乎开裂，脑浆迸出，当时就陷入了深度昏迷中。《清史稿》中记录这一幕，用了"慬然若无知者，奄忽毙矣"一句，描述他坠马后当时就失去了知觉，几乎就快死了。乾隆皇帝知道这件事后也是大吃一惊，赏赐了不少救急的药材下来，同时还赶紧派了最好的蒙古医生给他治疗。

当时的圆明园中养着一批蒙古医生，很擅长于治疗外伤，据说他们使用了一种秘密的治疗办法，使用牛脬蒙在齐召南的头上，经过了好几天的紧急抢救，才把齐召南的命抢救了回来。在这个过程中，乾隆皇帝非常关怀他的伤势，好几次询问身边的人："齐召南是否安然无恙了？"皇帝还常派出身边的太监去探问他的病情，嘱咐太监一有消息就马上告诉他，直到齐召南病情稳定后才停止探问。他还专门嘱咐皇子弘瞻："你师傅的病情如何了？你要时常去看看，关注他的病情。"后来，乾隆皇帝去木兰围场打猎，还专门派人给齐召南送了十五束鹿肉干。这种种关心充分说明了皇帝对齐召南的隆宠。

等到乾隆十四年的冬天，齐召南终于病情好转了，于是进宫去向皇帝道谢，并且表示自己的身体不好，希望辞去官职，回乡修养。乾隆皇帝好好地安慰了他，挽留他继续担任官职。

然而这次坠马的意外，还是使齐召南的头部受到了重创，虽然经过半年的修养，他的身体渐渐恢复，但是头部受到的伤害使他的记性顿减，曾经的一目十行、过目不忘都变成了过目即忘，往往读书后不两日就遗忘了书中内容，前后判若两人。没有办法，齐召南只好以自己的身体不好、家中的老母亲需要亲自照顾为理由，再次提出退休的请求，皇帝仍是不同意，经过再三请求，才得到允许辞官回乡。他临走的时候，乾隆皇帝还赐给了他不少纱、葛等赏赐之物。

不过，齐召南回到浙江家乡后并没有完全呆在家中修养，因为他声誉卓著，先后担任了绍兴蕺山书院、杭州敷文书院的院长，前后有十多年的时间，培养了很多人才，对当地的文教事业作出了很大贡献，在士林赢得了好名声。后来，因为健康情况恶化，齐召南才不得不回到天台老家养病。

齐召南乞休回家之后，乾隆皇帝也并没有忘了他，后来几次南巡，都招齐召南去迎驾，还曾经亲自驾临过齐召南主持的书院，每次见面都会关心询问他的病情，并且与他诗词唱和，赏赐颇丰。

乾隆三十年的春天，乾隆皇帝奉太后南巡到了苏州、杭州，还想去游幸浙东地区。因为齐召南就是浙东地区的人，乾隆皇帝特意召他前来觐见，向他询问天台、雁宕的著名风景。令人意外的是，齐召南回答说，这两处都没有去游览过。皇帝不相信地问："这两处名胜都在你的家乡，你怎么会没有去过呢？"齐召南回答说："这两处名胜之地都山势险峻，溪流深险，我的老母亲还健在，我怕自己登高临深会让母亲担心，所以一直不敢去游览。"皇帝认为齐召南想的很对，深表赞同，于是驻扎在江宁，祭祀江神后，四月就动身返回了京城。实际上，齐召南不但是位显宦，更是清朝一位非常著名的地理学家，对于家乡的天台山名胜又怎么会不熟悉呢？他还曾根据明代天台高僧传灯的《天台山方外志》删订为《天台山志要》，并品评出天台山十景，亲自游历各景，赋诗纪念。其实，这只是齐召南在想方设法劝阻乾隆皇帝的巡幸，以免给当地的百姓增加额外的负担。不过，虽然齐召南发迹于乾隆朝，与乾隆皇帝的君臣感情十分相得，但这份难得的君臣之情并没有能够维持到最后，而是在晚年被卷入了文字狱的风波之中。

乾隆三十二年，齐召南的堂兄齐周华被举报在诗文中讽刺皇帝，定为逆案，齐周华被凌迟，家中男丁十多人都被连坐立斩。齐召南也被牵连其中，被押解进京投入刑部待审。最终，刑部拟定的处理意见是：齐召南隐匿不报，本人流放，家产全部没收。不过，乾隆皇帝知道齐召南品性质朴，没有歪脑筋，也怜惜他的才华，决定对他网开一面，处罚从轻，最后决定削去他的官职，放回原籍，家产发还十分之三。于是，老病缠身的齐召南得以从北京回到天台，一个月后，于乾隆三十三年五月二十三日去世，终年六十六岁。

在今人看来，清朝的文字狱非常严酷，迫害人数之多、株连规模之广，均属空前。乾隆皇帝时，这种文字狱更是达到了顶峰，很多都是牵强附会、望文生义、捕风捉影所致，惨被凌迟者比比皆是。齐召南被牵连其中，能够逃得一命，已经是侥幸。不过，齐召南本人倒并不这么认为，他在拖着病体回到天台老家后，曾经留书给他的家人说，他这一生有两次濒临死亡，第一次就是"马惊坠地，时首触巨石，脑髓流迸，目睛眩转，神魂飞越，自分必死"，第二次就是这次"逆书"一案，他认为"生我者父母之，死而致生之者圣上也"，要求他的子孙后代"齐氏子孙生生世世宜何如感激为报"。可以说是临死之时犹忠心不二了。

齐召南这一生博治经史、天文、律历，尤其精于地理学，一生著述甚丰。史地方面的著作有《水道提纲》28卷、《尚书礼记春秋三传考证》、《史记功臣侯表》5卷、《考证汉书》120卷、《后汉书·郡国志》5卷、《史汉功臣侯第考》1卷、《历代帝王年表》13卷、《后汉公卿表》1卷以及《宋史目录》、《天台山志要》12卷及《外藩书》若干卷等。天文学方面有《隋书·律历天文》5卷、《旧唐书·律历天文》2卷。艺文方面有诗文集《宝纶堂诗钞》《宝纶堂集》《赐砚堂集》《宝纶堂集古录》《琼台诗集》和《琼台集》等流传于世。徐世昌曾在《清儒学案》中称赞他"博学无所不通，自天文、律历，以至山川、险阻、要隘，了如指掌。深知古今治乱得失，通习掌故。"

（李静）

雍正十二月行乐图轴之　七月乞巧（北京故宫博物院藏）

圆明园内争蟹案

乾隆四十八年八月初八日（1783 年 9 月 4 日）夜，圆明园东谐奇趣螺蛳楼北边水沟旁，发生了一起太监斗殴伤人致毙的恶性事件。案发的原因，竟是为了争螃蟹。

宫苑禁地发生人命案，自不能等闲视之。内务府得报，当即遣慎刑司官员带同仵作，对死者太监张忠进行了详细的尸检。同时，将殴毙人命之犯太监郑进忠收拘审讯。郑进忠供称：八月八日晚，他与张忠巡查门户走至螺蛳楼北边水沟，见有一双螃蟹，彼此争夺，一时忿怒，失手将张忠打死。内务府初时不信，天下岂有因争一蟹而将人活活打死的道理？且刑讯间发觉郑进忠神情闪烁，供词支吾，恐别有他情。于是连日再四刑鞫，郑进忠坚称是因焉争蟹，只不过事件的经过已非初供。

原来，谐奇趣螺蛳楼北边有道引水沟，与园外大河相通。每值秋季，往往有螃蟹由涵洞顺水爬入沟内。谐奇趣的太监发现后，便约同素日交好的狮子林太监李进忠、孙玉于八月初七日夜，汇聚引水沟边。用引灯的光亮在沟眼虚照引螃蟹进沟，当夜收获颇丰，捉了十七只，三人饱食一顿。谐奇趣的另一名太监，张忠的盟兄郑进忠听闻此事，心中恼火张忠竟然瞒着本处的兄弟与别处太监捉蟹分食，便约了谐奇趣的另一名太监田进忠，于八日晚一起前往争蟹。是日掌灯后，郑、田二太监提灯去赴螺蛳楼北，发现那里已然灯光点点，人影幢幢。原来，张忠与狮子林的李进忠、孙玉已经先到，于沟边引灯捉蟹正酣。郑、田二太监见状自是气急败坏，上前呵斥李、孙二太监，说你们并非谐奇趣的人，黑夜不应越界到此捉蟹。李、孙二太监理屈哑然，只得就此罢手悻悻离去。而后，田进忠便坐在沟边持灯探蟹，郑进忠则以胜利者的姿态洋洋得意地立在墙根下睥睨着不尴不尬的张忠。张忠见自己约来的人被轰，郑、田二太监又准备抢夺，当然心怀忿怒，愤愤地说谁先到就该谁捞，别人休想抢夺。郑进忠闻言，当即恶语回向。张忠愈发气怒，起身扑向郑进忠。郑进忠也回身揪住张忠的发辫，二人拳脚交加扭作一团。太监私下斗殴，司空见惯。故一直在沟边探蟹的田进忠初时并未在意，后见张忠落入沟内，才感到苗头不对，从沟南跳过去劝架，这时张忠已脖项下垂，身不能动了。斗殴之声惊动了巡更的太监，同时狮子林的太监李进忠、孙玉亦闻声赶来。众人七手八脚将张忠抬起，其人已是口吐白沫，气息奄奄。当夜二更，张忠殒命。

此后，内务府复将郑进忠严行夹讯，并将各有关证人反复究诘，众人供录终始不移，毫无间隙。于是八月十九日此案议结："查律载，凡斗殴杀人者，不问手足他物金刃并绞监候。又律载，凡太监在紫禁城内持金刃自伤者斩立决各等语。今太监郑进忠以争蟹微嫌辄将张忠凶殴致毙，况在园庭禁地尤属凶顽不法，若仅照律拟绞监候，非但情孚于法，亦无以儆戒其余，应将郑进忠比照紫禁城内持金刃自伤律拟斩立决。太监田进忠既听从郑进忠约往捞蟹，当该犯斗殴之际，岂有袖手坐视不即帮殴之理？今严刑之下虽坚称并未加功，但究属构端之人。法难轻纵，与加功为从者无异，若仅照律拟以满杖不足蔽辜，应将田进忠重责四十板发往黑龙江赏给索伦为奴。李进忠、孙玉系狮子林之太监，乃并不安分当差，胆敢于深夜过谐奇趣伙同张忠捞蟹。以致禁地酿成人命，均属不法，应将李进忠、孙玉发往吴甸永远锄草。"另外，谐奇趣的首领太监孟玉柱、副首领太监张昇及狮子林首领太监朱进禄等，以"平日约束不严"之罪或被革去首领，交总管太监各重责四十板，酌量分拨当差，或罚俸三

雍正十二月行乐图轴之 八月赏月（北京故宫博物院藏）

多少人与事

245

年。即是总管大太监也被罚月银一年。

　　两个拜把的太监，为争蟹竟酿命案，说起来实在荒唐，但更复可悲。由此也使人们看到了清代广大下层太监悲惨生活的一面。这些太监大都从小入宫，幼儿失教，地位卑微，倍受欺凌。森严的宫禁，沉重的差役，枯燥的生活，使本来生理上已受创伤的太监们在心理上又加倍受创伤。因此他们大都性格怪僻，心胸狭窄，戾气满身，日常中每每会由于细琐小事起争执，骂街挥拳，甚而大动干戈，痛下狠手，乃至酿出人命。故"争蟹案"悲剧的直接原因，还应归咎于摧残人性的吃人的太监制度。

（胡忠良）

圆明园中失貂案

圆明园是清代最著名的皇家宫苑。院内不仅荟萃了当时国内外建筑木石、奇花异草之精华，而且还豢养着许多珍禽异兽。乾隆时，法国教士王致诚在《圆明园纪事书札》中曾提及："水滨复有无数禽笼鸟室，畜水禽者则半入水中、半居岸上。在陆则有兽圈猎场，沿途时遇此小建筑也。"据记载，圆明园内这些动物都有专人饲养，饲料由内务府定额统配。皇帝对这些动物十分重视。尤其是一些小宠物，更是爱宠有加，时常亲自过问。饲养者也深知干系重大，兢兢业业，不敢稍有怠忽。然百密难保不有一疏，乾隆二十七年，圆明园中豢养的一只貂鼠跑失了。

乾隆二十七年六月十六日（1761年7月17日）圆明园总管太监得到养牲处奏报：该所豢养的貂鼠有一只夜里咬破铁笼跑掉了。

皇帝的宠物跑失，内务府怎敢怠慢，且通过调查，现场也不无可疑之处。于是当即便将喂养貂鼠的太监刘顺、王福等严讯。

太监刘顺、王福熬刑不过，始供："实系闰五月二十八日放雀喂养，遗销穿钉，貂鼠钻出跑脱。随各处寻觅，又下木猫捕打，因而未报总管。后于六月十一日皇上问时，虽答应过去，恐怕再要看……。是以我二人商议将铁丝笼弄破，假充貂鼠咬坏自行钻出，比遗失罪略轻些。即于十六日报了总管，说夜里貂鼠咬破铁笼跑脱了。"

取证勘实，内务府议得："太监刘顺等俱系专管喂养貂鼠之人，平日理宜小心喂养，勿致走失。刘顺因放雀入笼喂养貂鼠，未销穿钉，以致貂鼠窜去，此乃无心过犯，本可薄责示惩。但刘顺复与太

多少人与事

监王福商同将铁笼故为损坏,谎称貂鼠自行咬坏窜出,希同谢罪,且审讯之际又不据实供出,一味支吾,有意掩饰,情属可恶,若仅责惩无足为戒。应将太监刘顺、王福各鞭一百,枷号四十,日满交与总管太监等著落充当苦差,以昭炯戒。"

无奈奴才依然议结,主子却犹忿忿,不肯就此善罢甘休。宠物丢失,乾隆帝自是恼火之极,览阅过内务府的奏章,认为其中尚有未清之处。于是下旨"伊等供称闰五月二十八日丢失,乃系谎言,况盛貂鼠之笼尚属干净,定是朕南巡后将貂鼠偷卖,着交内务府大臣再行严加刑讯,钦此。"

此道圣旨一下,无异于已将此案定了性,内务府怎敢有拂圣意。无奈重刑用遍,刘顺等绝不承认有偷卖之事。内务府深感棘手,彷徨无策,正在两难之际,恰巧有庄头丁永带领长工王二持貂皮一张并剥开肉骨一具到案呈报。审案方始出现转机。

庄头丁永供:"我是圆明园庄头,本月十五听见我雇的长工王二在一溪清水引风凉的东边稻泡内拾得一个死黄鼠狼,十七日晚我听见里头跑了一个貂鼠,各处找寻,我疑惑王二拾得一个黄鼠狼恐其是貂鼠,因此叫他拿来看,果然是一张貂鼠皮,庄头不敢隐瞒,据实呈报。"

长工王二供:"我是庄头丁永雇的长工,本月十五日巳饭时,在东园内风扇东边稻池内见有一个死牲口,像是黄鼠狼,已经臭了,我随用镰刀将皮剥了,仍旧搁在池边草上晾着,今日庄头叫我取来看,说是一张貂皮,就带着我来呈报了是实,又要貂鼠的肉骨,我埋在稻池边,我也刨出拿来了,所供是实。"

太监刘顺等验看过貂皮及肉骨,也确认无讳。实证在手,内务府总算舒口长气,根据线索,再究失貂的确切日期。

刘顺、王福见貂终于有了着落，偷卖之罪总算侥幸躲过，且刑法如炉，无由以熬，于是彻底招认："我们从前说闰五月二十八日遗失的，原是害怕慌供的。实系六月初八日遗失的，不敢就呈报总管，是以下木猫捕打，又在各处寻觅未得。六月十一日皇上问时，我虽答应九只只剩了八只，恐怕再要看，我们害怕，是以商议将铁丝笼弄破，假充貂鼠咬坏自行钻出……。这拾得的貂鼠实是我遗失的貂鼠，但审问时，我们害怕，没敢实供……。"

此后，虽复加刑讯，二太监坚供不移，于是内务府再次结案："看来王二既称本月十五日拾得貂鼠之时已经臭秽，是貂鼠失迷之后去王二拾得貂鼠之日不甚相远。其刘顺等所供六月初八日失迷貂鼠似非遁情。但伊等从前辗转支吾坚不吐实，此太监等怙终积习，殊属可恶，请将太监刘顺等惧罪未报，其每日口分尚未裁减，今既审明治罪，应将初八日至十五日多领喂养肉觔仍著落刘顺、王福赔还。"同时，"至该出总管太监平日漫不经心，以致所养貂鼠失迷，并未查出料理，咎实难辞，应将该管总管太监等各罚钱粮六个月。"失踪的貂鼠既然有了下落，乾隆帝这才作罢，同意了内务府的审议。

如此一桩失误事故，竟然一波三折，几成重案，乃至惊动皇帝亲加干预。两太监惧于宫禁，希图遮饰，不想弄巧成拙。人不如貂，恰恰正是清代宫中下层太监地位卑微、命贱如蚁的悲惨境遇的真实写照。

（胡忠良）

雍正十二月行乐图轴之　九月赏菊（北京故宫博物院藏）

翁心存与圆明园

清代自雍正朝至咸丰十年（1860）之前，君主常驻圆明园，园居而理政，政务活动照常运行不辍，京城西北郊的皇家园林——圆明园遂成为紫禁城之外的又一政治中心。受此影响，朝臣也需从城内随侍皇帝到城外的圆明园帮助处理政务，这一行为被朝臣称为"下园"。"下园"，是君主居园理政的延伸，是朝臣参政议政乃至社会生活的重要内容，为清王朝所特有，具有显著的时代特色，亦凸显出圆明园的历史地位和功能。

翁心存（1791—1862）是清代众多"下园"朝臣队伍中富有代表性的个案。他是道光二年（1822）进士，选庶吉士，授编修。任广东、江西学政，累迁大理寺少卿。后历任吏部尚书、国史馆总裁、户部尚书等职。咸丰八年授体仁阁大学士，管理户部。同治元年（1862）入直弘德殿，授穆宗侍读，为两宫皇太后倚重。卒赠太保，谥号"文端"。他在清廷为官近四十年，大部分时间在京城活动。所撰日记二十七册，记事起于道光五年（1825），止于同治元年（1862），其中有不少与"下园"活动相关内容，具体而生动地记述了清代官员往来圆明园的大体状况，反映出圆明园给朝臣政务活动造成的相应影响以及清人社会生活中与圆明园相关的内容。

丑正下园

皇家御园远在紫禁城外西北郊的海淀，为求方便，清代君主在御园周围大量兴建官房，赐给有需要的宠臣使用，王公贵戚多享有附近的赐园，不少陪同侍从之臣则在御园周围营建居所，更有朝臣除了自有或租用城内宅第外，在海淀另外赁舍而居，以求便利。当然，后者需要一定经济基础，至少家用宽裕。京城居，大不易，大部分官员经济窘迫、拮据，是没有能力负担城内和御园周围两处房屋的。道光十四年（1834）翁心存从江西学政任返京，任国子监祭酒，租用城内前宅胡同的房屋二十四间，"租钱每月十二千文，破坏殊甚，聊以容膝而已"，显然不具备在圆明园附近租房乃至建房的经济实力，于是，"下园"——自然也就成为翁心存日常生活的一部分。需要"下园"的朝臣是指那些不必每天陪侍皇帝，而是轮班侍直，其"下园"有一定的规律可循。据笔者统计，道光十五年前半年，翁心存共"下园"近 20 天，大概每 8–9 天"下园"一次，这大致反映了清代朝臣"下园"的一般频率。

据翁心存所撰《日记》，赴圆明园值班当日，丑正（即凌晨两点）下园为常态。他常常"丑正起下园待漏"，有时《日记》记述的时间会更为具体，"是日本衙门值日，丑初二刻起，丑正下园，寅初二刻抵园"。当然也有需要更早出发的情况，如二月十日，"天明时微雪，须臾大风从北来，即晴，风暴甚，扬沙蔽天，终日不息。子初二刻即起，子正即下园销假，待漏于翰林朝房。"因为天气不好，加之身体痊愈，心情振奋，翁心存子正提早出行。操心事务，心绪不宁，情绪激动，也会令动身时间提前，"六月廿六日，晴热。是日值日，余起过早，到园时天仅微明耳。"从城内到圆明园路途所用时间基本可控制在一个时辰多一些，如能在一个时辰内到达，已属不易。

道光十七年二月廿八日（4 月 3 日）

"出阜成门，沿河行，渌水沦漪，白凫翔泳，洵可悦目。过高粱桥，行土道，夕阳衔山，林薄深秀，宿麦如韭，浅草铺茵，春光殊明媚也。酉正抵澄怀南垞。（是日旧车修理完好，坐之下园较轻利，到园才八刻耳。）"

但遇风雨阻路，也有例外。咸丰八年（1858）四月五日风雨交加，"丑正起，寅初一刻下园，行至东安，冒风雨前进，行甚彳亍，卯正乃到园，凡十一刻"；九月十二日整夜小雨，天明后未止，到十四日下园，"路犹泥淖，出土城关后大雾迷漫，到园已卯正二刻矣。（凡十一刻）"。途遇特殊情况，也会导致延迟，道光十七年三月十日，翁心存"辰初一刻下园，备园内或传入直也。辰正一刻至西直门，值驾还园初过，因按辔缓行，巳初三刻到澄怀南垞。"这次"下园"途中遇到皇帝銮驾，他只能静候缓行，幸亏不是正式值班，而是预备侍直，不赶时间，但为此较往日路途所用时间增多则是必然的。

比较而言，紫禁城城内入直，翁心存则多半"卯正一刻入直"，也就是说，正式入直的时间圆明园与紫禁城皇宫之内都是一样的，城内可以不考虑路途因素，而"下园"则需要朝臣预留出路途之上所需的一个多时辰，较比城内入直，更为辛苦。

风霜雨雪"下园"路

圆明园距城内路途较为遥远，耗时耗力，并且一年四季下园路，朝臣难免经历风霜雨雪之苦。《日记》以翔实的资料展示了"下园"路上的种种辛苦之状。

道光十五年三月九日（4月6日）

五更时星斗满天，颇寒，天明后黄霾四塞，日色淡淡，如磨青铜，辰刻愈甚，黄沙从西北来，不露日影矣，集衣盈寸，而无风气象，阴惨可畏，入夜不止，月黯不可辨，实则昼夜并无云一点也。是日值日，丑正起，寅初下园，至翰林朝房，已将辨色矣。入内待漏，辰初上诣皇太后宫，余等排队候过，退后至一亩园近光堂，拜陈莲史廉访，不值。遂至集贤院偕诸同事饭。遂入城。

北京春季多风，遇到大风天气，"尘沙蓬勃"，甚至"大风竟日"的情况也就在所难免。夏季则多雨，冒雨"下园"，则路途泥泞难行。

咸丰七年（1857）七月二日（8月21日）

"四鼓云沉沉蔽日，寅刻雨，巳刻止，仍阴，甚凉爽。夜，有星。……寅初乘肩舆下园，路滑难行，出德胜门，雨复作，卯正一刻始到朝房，凡行十五刻，辰正一刻冒雨回。"

风雨交加，雷电交作的情况令翁心存疲惫不堪，甚至头痛腹泄。

咸丰八年（1858）四月廿六日（6月7日）

丑初二刻起，小雨，旋止，丑正二刻登舆，行至东安门电又作，出德胜门雷电交作，雨一阵，至园复雨一阵，旋止，巳初二刻回，抵城寓，才午正耳。惫甚，头痛腹泄，即卧。

入秋下园，"月华如水，凉露沾衣"；立冬以后，则"严寒被途，景色凄冷"，既要忍耐严寒侵体，还要对风雪天气有充分准备。

咸丰八年十月廿三日（11月28日）

大风掀天揭地，天明后晴，终风且暴，入夜乃息，晴。

丑正起，寅初二刻冒风下园，风吹舆欲倒，手足皆冻僵，傔从口不得张，出德胜门，见饿殍横路，恻然伤之。卯正始到园。

咸丰十月廿七日（12月2日）

彻夜大风，天将明，愈甚，天明后晴，大风竟日，入夜乃息。户部直日。寅初二刻乘舆下园，冒风而行，进寸退尺，将近海淀弥大，吹舆欲倒，灯烛皆灭，卯正始到园。

四时之中，有时身体不适，还要强撑病体"下园"。咸丰八年八月十一日翁心存"夜发热，呻吟竟夕"，十二日，还是要"丑正起，寅初下园，卯初到园"，"昨夜不舒，今日勉力下园，归后热止，头尚涔涔作痛"。当然，也有途中忽然发病的情况，比如咸丰七年（1857）七月十八日正值夏秋之交，天气骤然变冷，"丑正三刻下园，服棉衣犹嫌冷也。月好，卯初到朝房，东方始曙，枢廷门尚未启也。（今日下园，舆中忽腹痛，未上。）"

大体来说，从城内到圆明园的道路，因皇帝常来常往，修有御道，路况应算较好。出西直门行为御道，铺石为路，干净而不泥泞，但乘车而往，难免颠簸，而且遇雪后石路会较滑，甚至皇帝的銮驾雪后赴圆明园，也会舍御道改走土路。从德胜门或安定门出，则为土道，遇到不良天气，则更加剧"下园"的艰难。清代道路状况本就一般，加之自然界的风霜雨雪，朝臣"下园"，充满了坎坷，饱偿辛苦。

各堂皆欲下园

丑初起身，牺牲休息时间，一路披风霜沐雨雪，辛苦万状，但令人诧异的是，清代朝臣鲜有对此牢骚满腹，多加抱怨者。甚至，衙署之中，争先"下园"反为常态。据《翁心存日记》记载：

道光十五年六月十七日（7月12日）

清晨，微阴，午刻晴，燥热异常。午刻朱生应麟来。次日为值日之期，文孔修已预订欲留署矣，既又因有事下园不果，当月官富明阿禀余请留署，余以考试满堂官在即，恐诸君欲温习翻译，不愿下园，批令速向各堂请示。傍晚又来禀云：各堂皆欲下园，仍请余留署，余乃允之。任劳退抑，不与人争，自谓接人亦已尽礼矣。

翁心存本以为国子监考试在即，堂官更愿意留在城内官署温习业务，不愿"下园"，本着同僚之间互帮互助的忠义之道，他主动提出愿代替同僚"下园"，结果得到的反馈结果是善意未被接受，"各堂皆欲下园"。清代朝官竟人人争先"下园"，原因何在？

其一，当然是因为"下园"较比"留署"可以有机会与君主会面，亲聆宸训。在圆明园内的君臣会面，因地点的改变淡化了正式和严肃的官方色彩，令君臣关系更为亲近。道光十五年三月二十五日，翁心存入园值日，得到道光皇帝亲自召见，皇帝问"汝家有会试者否"，回答说"臣有长子典试"，"复蒙详询年岁、科分及上科曾否呈荐，并问现有几子，当即伏地碰头，一一具奏，天颜温霁，褒奖有加，真异数也。"皇帝甚至会与朝臣闲聊家中状况，这种与君主当面亲近的机会是非常难得的，自然备受群臣珍视。

其二，"下园"路上景色宜人，令朝臣得以享受四时风光。在《翁心存日记》中，记述了"下园"路上的各种自然美景。六月清晨，雨后雾气蒸腾，"湿云蓬蓬出山如釜上气"，"新霁之后，凉气袭人，颇爽，高柳蝉鸣，野塘蛙噪，黍稷茂盛，芃芃可观。到海淀，纤纤一钩，已吐云际矣。"当然，除了路上所能观赏到的美景之外，圆明园以及周围其他御苑的园林风光，西山一代的自然美景，阳春三月，"薄暮登屋外土山，凝眺西山晻霭，一抹烟痕，御宿繁花明如锦绣，垂杨万树，已蜕柔丝，乐泉西舫旧寓墙内山桃红然烂漫矣。池水前数日因放闸去半尺许，今日始渐长。夜，纤月娟娟挂林表，景甚幽秀，南垞水气上蒸，潮湿殊甚，蛰虫缘墙趺趺脉脉矣。"此外周围的古迹如佛寺僧舍等等，都令朝臣留恋不舍。

其三，"下园"是朝臣社会交往的重要途径。沈德潜曾感慨，"皇居迩西山，从臣宇鳞次"，因各种原因居住在圆明园附件的达官显贵人数颇多，故而，"下园"也是朝臣结交、拜会、访友、联谊的必经之途。

道光十五年二月十日，翁心存在圆明园朝房内结识程憩棠，程刚由陕西粮道升任山东臬使，二人在朝房内热聊一番，退朝后翁又至挂甲屯拜访程，彻夜长谈，加深友谊。惠亲王绵愉常居赐园镜春园，道光十五年三月，其福晋产后薨逝，其子亦殇，翁心存于圆明园下直后，遂特地至镜春园吊唁；端午节前，翁心存又去镜春园拜访惠亲王祝贺节日。访问师友、集体会餐、小酌畅谈、结伴游览等活动也往往在圆明园退直后就近就便进行。"下园"，堪称清代朝臣社会交往之捷径。

清帝园居，给朝臣政治生活和社会生活带来极大改变。朝臣"下园"成为日常，"下园"所发挥的作用变得丰富而多样。清代圆明园，在朝臣的政治生活和社会生活中扮演了极为重要的角色。

（阚红柳）

多少人与事

雍正十二月行乐图轴之　十月画像（北京故宫博物院藏）

李光昭"报效木植"案

　　李光昭"报效木植"案（又称"捏报木价"案）是清代轰动一时的事件，它涉及圆明园重修，牵连内廷和外商，引发了中外交涉，最后惊动了清朝最高统治者，谕令直隶总督李鸿章查处，最终促使同治帝决定停止圆明园重修工程。直到二十世纪三四十年代，上海著名报刊《申报》还将其作为传奇故事加以报道。

　　该案缘起同治帝重修圆明园。1873年2月，18岁的同治帝爱新觉罗·载淳开始亲政，为感谢母亲慈禧以及慈安两位太后垂帘听政时期"简任亲贤，励精图治"之劳，11月，他以两宫太后"保佑朕躬，亲裁大政十有余年，勤劳倍著，而尚无休憩游息之所以承慈欢"为由，下令重修被焚毁的圆明园部分建筑，作为她们颐养天年的居所。

　　同治帝的谕令，符合清朝历代统治者"孝亲"的传统和做法。康熙帝当年就以奉养长上为由，在北京西郊修建了第一座皇家园林畅春园，迎奉孝庄太皇太后、孝惠皇太后入驻。乾隆帝在圆明园扩建完工后，一度表示不再兴建园林，但数年后，为了给皇太后祝寿，又下令兴建清漪园。道光为了皇太后居住，也曾对圆明园内敷春堂等处建筑进行过重修扩建。

　　然而时过境迁，随着清王朝的衰败，同治帝此次重修圆明园，从一开始就遭遇阻力和困难。

　　先是舆论反对。鸦片战争以来，清朝割地赔款，再加上太平天国起义沉重打击了清王朝，内忧外患，持续不断。当圆明园重修消息传出后，不断有官员上书反对。御史沈淮、游百川，翰林院编修谢维藩等先后以国库空虚、外国侵略不断、全国各地水旱灾害频仍、圆明园缺少城墙防护等为由，奏请暂缓重修工程。同治帝对此十分不悦，表示重修只是"择要兴修"，并非大兴土木，指责言官为博取虚名，"阻朕尽孝之心"，"天良安在"？下令将游百川革职，警告官员不得再行阻止。

在同治帝的坚持下，12月，重修工程开始动工，但很快又遇到一个现实困难，那就是木料短缺问题。

十九世纪五十年代，西方国家如英国已能利用钢筋、玻璃等工业材料，建造起水晶宫等宏大建筑，但清朝受制于自身技术，所需材料大多仍取于自然。此次重修圆明园，同治帝虽然表示只修复"供奉列圣圣容之所，暨两宫皇太后驻跸之殿宇，并朕办事住居之处"，并强调"略加修葺不得过于华靡"，但实际仍包括了安佑宫、敷春堂、清夏斋、正大光明殿等三千余间高堂大殿。如正大光明殿，是按照紫禁城太和殿规格建造的，高40余米，宽19米，气势宏伟。殿中立柱，径粗近90厘米。要修复这些宫殿，根据内务府估计，需要楠、柏、松等珍贵木料数千件，而且规格要求高，粗的要四尺，长的要四丈，"均须干洁坚实，方为吉祥"。为了寻找合适木材，内务府先是奏请拆卸船坞、殿宇，以利用其中旧料，但仍不敷用，"不抵十分之一"。随后清廷令两湖、两广、四川等省各处采办，但经过长期砍伐，特别是战火破坏，各地的成材巨木难以寻觅。

就在内务府为木材一筹莫展之际，一个名叫李光昭的商人表示愿意捐献木材。该商是广东嘉应人，时年52岁，寄居湖北汉阳等地贩卖木材、茶叶。同治元年，他以监生身份捐得知府衔。本年6月在北京贩卖木材时，与前任内务府大臣诚明、前署内务府堂郎中贵宝、内务府候补笔帖式成麟认识。当听说圆明园工程缺乏木材时，他表示愿意将数十年在各省购买存留，价值十数万金的楠、樟、柏、椿、杉、梓、松等巨木，于十年间砍伐运至北京，"报效上用"，不求恩赏。但提出一些要求，包括朝廷派员共同押运，沿途关卡免税放行，给予其关防印章，批准他与各省督抚等一起，动员全国民众捐献木料、银钱，资助圆明园工程。

李光昭提出的"报效"数量并不大，而且从他所提要求来看，动机也并不纯。但内务府获悉消息后，喜出望外，将情况向同治帝作了汇报。同治帝信以为真，令向李光昭询问捐献的具体细节，包括如何运输、有何把握等。但认为十年太久，缓不济急。李光昭表示木材将从湖南、湖北、四川、贵州、福建、广东各省深山内砍伐起运，如果要加急，可在三至七年内运至北京。内务府经过商议，决定接受李光昭"报效木值"，要求其尽快运解，所捐木料，免税放行。等木料交纳至京，再请旨恩赏，"以昭激劝"。但没有批准李光昭提出的其他要求。同治帝批准内务府照此执行。

李光昭于是和成麟前往湖北采伐木材，在获悉采木出山至少需要三年时间，而且耗资巨大后，决定前往广东、香港、福建等处采办洋木。1874年5月28日，他们通过美国旗昌洋行，在福州与法国商人博纳威尔签订合同，决定购买三船柚木，共约三万五千洋尺，约定在天津交木付款。李光昭随后携带样品赶回北京，7月10日，他向内务府报告，表示从山中砍伐巨木"非一二年不能出山"，为了"体圣天子赶修园工需用"，他"亲自航海购运洋木一千五百根，木板五百五十块，价值三十万两"，现已陆续运抵天津大沽，奏请派员清点查收，"恭备上用"。并再次表白"不敢邀恩奖励，亦不敢取巧求荣"。23日，内务府未经查证，就向同治帝报告李光昭已采购洋木五万五千五百余洋尺，并建议由直隶总督李鸿章派员验收，运送至京。同治帝再次同意依议执行。

然而，李光昭的"报效木值"，很快就被证明是一场荒诞的闹剧。此事并非没有预警，1874 年 1 月，大理寺少卿、湖北人王家璧就上奏反对接受李光昭的"报效"，他揭露李光昭从未贩运过木材，家底也并不殷实，且素行不端，尚有案件未结，"其人其言均属难恃"。皇家工程如果接受如此市侩报捐，有伤大体。建议取消李光昭的"报效"，以免他借端生事，产生后患。但王家璧的警告并没有引起内务府和同治帝的警觉。

不出王家璧所料，李光昭很快惹起了事端。当李鸿章奉旨派员在天津验收木材时，遭到外商拒绝。美国旗昌行通过美国领事馆指控李光昭此次采购仅支付了十元定金，而在首船木材运抵天津后又迟不收货，要求其尽快支付货款和违约金一万五千余元。李光昭闻讯后赶到天津，指称外商所运木材不符合同，拒绝付款，要求领事馆"饬该商将大木尺寸呈出底单，具限速运来津"。双方各执一词。正当此时，同治帝派人至天津，催促尽快将木材运至北京；而法国领事则发函要求李鸿章将李光昭拘留，以防其逃走，并指责天津官员偏袒李光昭，威胁要"另行控办"。李鸿章见事态严重，已引发当时清朝统治者最担心的中外交涉，便于 8 月 14 日向同治帝报告，称"李光昭报效木值，现与洋人互控结讼，辇辚甚多，一时无从验收转解"，并检举李光昭"性情狡谲，语言荒唐"，虚报数量，将原价五万四千二百五十元的木材夸大为三十余万，"浮开太多，银两亦分毫未付，所谓报效者何在？"

同治帝接报后，又惊又怒。他原本指望通过李光昭的"报效"来解燃眉之急，却不料陷入了抱薪救火的危境。17 日，他以李光昭"胆大妄为，欺罔朝廷，不法已极"，下令将其先行革职，交李鸿章严行审究，"所有李光昭报效木值之案，著即注销"。因该案事涉外交，为避免引发中外事端，19日，同治帝又通过军机大臣特别谕令李鸿章与英法领事"会审明确，秉公办理"，并痛骂李光昭"无耻已极，尤堪痛恨"，要求李鸿章"迅速确切根究"他有无其他不法行为，"按律严办，不得稍涉轻纵"。

经过审讯，李光昭"报效木值"内情逐渐清晰。原来，李光昭"家中仅有五十石粮之地"，并无足够财力买木"报效"。在与外商洽谈时，他因手头无钱，最初还不敢决定是否购买。但陪同他的内务府候补笔帖式成麟为了通过采办木材邀功补缺，就怂恿李光昭定购，表示他可向亲戚借款。然而，当外商在6月将第一船木材运到天津时，成麟并没有借到钱，李光昭本人也无钱支付。再加上木材不合用，于是李光昭拒绝收货，遂与外商互控。

此外，李鸿章还查明李光昭在采办木材时，曾擅自制作"奉旨采运圆明园木植李"衔条和"奉旨采办"旗号，并以"圆明园李监督代大清皇帝"的名义与外商签订合同，犯了"诈传诏旨""诈称内使近臣"诸罪，"肆意招摇，煽惑中外"，"适足贻笑取侮"。

经过审讯，李鸿章对李光昭"报效木值"案下了结语："该犯素行无赖，并无家资，实借报效为名肆其欺罔之计，本无存木而妄称数十年购留，本无银钱而骗惑洋商到津付价，本止定价五万余元而浮报银至三十万两之多，且犹虑不足以耸人听闻，捏为奉旨采办及园工监督名目……诚如圣谕，无耻已极，尤堪痛恨。此等险诈之徒只图奸计得行，不顾国家体统，迹其欺罔朝廷、煽惑商民种种罪恶，实为众所共愤。本非寻常例案所能比拟，若不从严惩创，何以肃纲纪而正人心？"奏请对李光昭处以斩监候之刑，秋后处决。

同治帝接报后，9月28日，以李光昭"捏报木价，并捏造奉旨采办衔条旗号及圆明园监督各情。实属胆大妄为，不法已极"，批准将其照所拟之刑处决。

内务府因在该案中"不详查驳诘，遽为陈奏"，致使李光昭"得售其奸，欺朦尤甚"，遭到多名御史弹劾。总管内务府大臣工部尚书崇纶，工部左侍郎明善，现任内务府大臣贵宝、文锡，前任总管内务府大臣春佑、内务府笔帖式戎麟皆被革职，以示惩儆。

此外，清廷还要善后李光昭留下的烂摊子。因外商运至天津木材，不合圆明园柁梁檩柱之用，李光昭既无钱买木，亦无力认赔，而外商坚持要求赔偿损失。为避免引起外交事端，李鸿章决定让天津机器局将首船木材"权宜收买"，作为配修海防炮架之用，其他两船木材无需再运至天津，由洋商自行另售处理。

李光昭案发后，《申报》《北华捷报》等新式媒体对此进行了持续报道，引起了中外舆论关注，庙堂之上的内廷官员竟被一个市井之徒愚弄，让清廷十分被动。事实上，同治帝对所谓的李光昭报效案也知情，并作出了相关决策。一场如此荒诞的闹剧之所以能上演，根本在于同治帝不顾现实条件，一意孤行，力图完成圆明园重修工程。而内务府为了奉迎上意，极尽能事，长期惯与狡赖之徒为伍，并从中牟利。李光昭此次借助内务府实施的无本"报效"，指控方若非外商与领事馆，很可能被掩盖而得逞。

8月29日，宗室亲王奕訢、奕譞、奕劻等和大学士文祥、宝鋆以及军机大臣沈桂芬、李鸿藻等，联合上书，"以有数之钱粮，安能供无穷之糜费"，"此时物力艰难，从何筹此巨款？"再次恳求同治皇帝将圆明园重建工程即行停止，"则两宫之圣德与皇上之孝思，皆超越千古矣"。面对压力，9月9日，同治帝发布上谕，表示圆明园工

雍正十二月行乐图轴之 十一月参禅（北京故宫博物院藏）

程"工程浩大,非克期所能藏功。现在物力艰难,经费支绌,军务未尽平定,各省时有偏灾。朕仰体慈怀,甚不欲以土木之工重劳民力。所有圆明园一切工程均著即行停止。俟将来边境乂安,库款充裕,再行兴修"。

1875年1月12日,同治帝于紫禁城养心殿东暖阁病逝,距离他宣布停止圆明园工程不过一百二十多天。

(颜军)

李鸿章私游圆明园

　　李鸿章私游圆明园事件，在当时的清朝朝廷曾引起不小的风波。此事对于当时权倾朝野，名极一时的李鸿章，无疑是一盆冷水泼在身上。虽然只不过是一件细琐之事，却能成为当时清朝大厦倾颓和复杂政治关系的一个缩影。

　　此事的发生紧随于李鸿章西游归国之后。光绪二十二年（1896）农历八月二十七日，李鸿章结束西游旅程抵津，九月十一日赴都复命，随后受慈禧、光绪接见，旋即因私游圆明园之故交部严议。二十四日由光绪批示，最终由革职改处罚俸一年。

　　对于李鸿章的处分，按清朝条例来说，实不过分。圆明园是清帝国的"神经中枢"与"政治中心"，是规模恢弘的园林紫禁城，作为宫闱禁地，除皇帝、太后、后妃之外，严格限制其余人等进出。大宫门内、奏事门外，各处门禁都按紫禁城一样办理。各御门均有专员负责稽查出入，并有严格的门禁制度。除园内勤杂人员和宫女、喇嘛、道士等必须携带腰牌，记录在案，按身份从特定地方出入外，清帝国的皇亲国戚、封疆大吏、王公大臣也不得擅自出入。如乾隆三十五年五月，正在圆明园读书的八阿哥颙璇，未经"奏知"，"又不关白师傅"，擅自离园进城。事发后，乾隆帝传唤有关人等严加训诫，"将八阿哥及师傅谙达分别示儆"，又传令把这道告谕抄成文字张贴，让皇子等朝夕观省以为劝诫；道光十年十月二十一日，以怡亲王违禁擅入圆明园福园皇长子住所探病，革其子绵志宗人府右宗正及正白旗汉军都统。另据行走清廷的外国传教士记载："即亲王大臣官员人等，亦不得擅入，除皇帝一家而外，惟值演剧或其他欢会，清帝尝邀亲藩贵爵等。款待若辈，亦有定所。不许任意行走，亦不能到园中他处。"

即使圆明园在 1860 年被焚毁，作为清帝国政权的重要象征，清政权依旧不断尝试重建圆明园。慈禧在同治帝死后，继续对圆明园进行零星修缮。在不惜动用海军经费修缮了万寿山清漪园后，光绪二十年即甲午战争爆发同年，样式房设计人员又奉慈禧太后的旨意进入圆明园勘测、绘制重修建筑的地盘画样。因而，哪怕是清朝末年时日无多，对圆明园出入的严格管制律例依旧未改。

然而，圆明园经英法联军劫难，后又遭匪盗洗劫，门禁的严律禁令早已是名存实亡。不仅民间私入圆明园盗窃石木材料者甚多，朝廷官员向门禁人员施以微资私自游览也已成习惯。时人有作文讥讽："圆明园毁后，周垣半圮，乡人窃入，盗砖石，伐薪木，无过问者。然品官无敢往游，云禁地也。"，"士夫迂谨可笑类如此。"又如翁同龢日记记载："京员给守园者微资而私入游览乃习惯之事，凡久居京师者皆知。"

光绪二十二年，李鸿章已任直隶总督兼北洋大臣之职二十六年，更是清朝外交场上的核心人物。七月二十一日，李鸿章乘加拿大游船由英抵美国纽约，憩一日，即赴华盛顿，并与美第二十二任总统克利夫兰行庭见礼。于八月初八乘美"太平洋轮船公司"船赴香港，途径日本横滨各海口，均不登岸，在横滨口外，换乘"广利轮船"赴天津。此次他出游，媒体更是时刻不离，全程报道。李鸿章信件中记"各国接待情形及沿途行止，西报逐日记载，至为详尽"，而记者"执笔相随，朝夕不离，有如监史，即一言一笑之细，亦纤细无遗，投老远行，供人描画"。而小报谣传更是铺天盖地，甚至有将李鸿章传作皇帝者。可谓名噪中外。李鸿章抵津归国，文自王文韶，武自聂士成以次迎于码头。

九月十五日，李鸿章受慈禧召见至颐和园，受慈禧赐宴赐戏。随后李鸿章携两名幕僚往游圆明园，遭人告发。至于何人告发，说法不一。程演生《圆明园考》称："召见赐戏之余，公偕幕僚马建忠诸君往游圆明园废园，守园老监奉接极殷，意欲公赠献，公未理。明日，孝钦太后慈禧来游，守监遂奏李某游园，孝钦未置意。越数日，德宗亦来游，园守监又奏之，德宗归燕京，告之翁叔平相国。"因而被翁同龢告发；又有徐珂《清稗类钞》

孝钦显皇后（慈禧）朝服像

云："尝失礼于李莲英，莲英衔之。一日，谓文忠曰：老佛爷欲修圆明园，但国帑支绌，不欲拨款兴修；公为国家重臣，何不报效为诸臣倡？文忠欣然诺之。莲英复曰：吾先导公入园，验其应修之处，庶入告时，较有把握。文忠信之，莲英乃使人导之入，而乘间奏其擅入禁地。"然而以上所载人、地、事、时又均不甚可靠。翁同龢日记言："文忠自海外归来，自以优游闲散之身，一领京官风味，不料有伺隙者也。"言外似揭发者又另有他人。

告发者虽然难以考证，但处罚李鸿章的动机的确出于光绪帝。农历九月十八日，命李鸿章在总理各国事务衙门行走，并将李擅自游园事交部议处。二十四日，部议以李擅游，应革职，旨改罚俸一年。光绪帝此举，似为一种敲打，警告其莫得意忘形。

李鸿章擅游事件发生时，正值圆明园修复的小高潮。光绪二十一年九月，内务府就接到慈禧懿旨："饬将圆明园、长春园内殿宇，择要量加粘补修理。"光绪二十二年慈禧太后曾先后五次、光绪皇帝先后四次前来圆明园视察工程，当年估算修理银两41500两。光绪二十三年全年共领工程用银96521两。光绪二十六年（1900）8月14日，八国联军侵入北京。兵匪浩劫之下，圆明园再遭抢掠，御园重修，终成泡影。

（柳华霆）

英法联军火烧圆明园

清代皇帝深厌北京城溽热（城市地势低洼、地下多水，城市建筑密集），自雍正后，除各种必要典礼外，基本在圆明园办理朝政，故称圆明园为"御园"，使之成为大清王朝的政治、经济、文化诸多方面政策的决策地和发展的发动机。

经过康熙、雍正、乾隆、嘉庆、道光五朝150余年的经营，圆明园成为一座大型皇家集锦式审美空间。

这里集中了传统中国数千年来最为成熟的文化、审美、技术。

从休闲娱乐的角度讲，这里是集大成式的大型皇家园林群落，是万园之园，是清代帝后活动的大型空间。

从园林学、美学的角度讲，这里是中国一切园林设计、建造、赏析的理念的集中呈现地，是中国人工美学理念和技术的集中展现地。

从文化来讲，这里是中国最大型的博物馆、美术馆、典籍馆，集中展示了中国一切最为成熟的传统知识、技术。

总之，这里是人类文明史上无可比拟的智慧结晶，是无可比拟的文化珍宝。

但是，在那一天，在1860年10月18日，这一切都被付之一炬，文明被彻底毁坏，破坏者，是本该远在千里之外、却踏上中国国土的英国、法国侵略者。

这是人类文明史上耻辱的一天。尤其是在近代文明史上，这一天显得更加的耻辱，因为他们自诩是文明。

圆明园的毁灭是人类文明史上最大的悲剧之一，但是，这一切的发生却不能仅仅从这一个事作本身进行考量。

这一时段前后的国际形势、时代特点、中西往来都需要纳入总体思考，才能明了事情的前因后果。

15—18世纪（明清两代），欧洲国家陆续兴起，为了寻找黄金、传播基督教，打破奥斯曼帝国对东西贸易的阻隔，不断进行海外航线的寻找，葡萄牙、西班牙、荷兰、英国、法国等国家陆续到达非洲、美洲，并在当地进行屠杀、掠夺，建立殖民地。

中国产的茶叶、瓷器、丝绸是欧洲各国的必要消费品，尤其是茶占据了绝对的大头儿，而欧洲各国的产品，如自鸣钟、玻璃、皮毛等虽然在中国也很受欢迎，但更多地还是局限在上层消费，而不是大众必需品。

欧洲各国利用掠夺来的黄金、白银作为与中国贸易的媒介，随着时间的推移，大量贵金属源源不断的涌入中国。

黄金、白银源源不断的涌入中国，但欧洲国家在殖民地掠夺的黄金、白银却不是源源不断、永远在增长的。如何改变与中国贸易的逆差，就成为欧洲人最大、最急迫的问题。据庄国土《茶叶、白银和鸦片：1750—1840年中西贸易结构》(《中国经济史研究》1995年03期)统计，随着18世纪60年代以后英国对华进出口贸易迅速扩大，英国贸易逆差越发严重。1765—1766年度，英国东印度公司（英国女王授权的垄断权贸易的组织，并拥有协助英国统治和军事的职能）从中国输入商品是对华出口商品值的三倍（302%）。

此外，至18世纪中叶，英国人瓦特改良了蒸汽机，用以替代人力工作，生产效率不断提高。蒸汽机、煤、铁、钢成为经济发展的重要因素，轮船、火炮、枪械制造技术也得到进一步的提高。

为了开拓中国市场，扭转贸易逆差，乾隆五十七年（1792），英国派遣马戛尔尼使团访华，希望通过与清朝谈判，让清政府取消在对英贸易中的限制。

马戛尔尼使团出发时，内务部长敦达斯特地告诫他："您一到便要受到接见，您要服从中国朝廷的礼仪，既不要损害自己君主的尊严，又不要被礼仪上的小事束缚住手脚。"

敦达斯特的告诫，马戛尔尼未必没有听进去。

在马戛尔尼的心里，中国是世界的光明。因为从到中国的传教士书信里欧洲人对中国充满了崇拜。伏尔泰说："在道德上欧洲人应当成为中国人的徒弟"。莱布尼茨说，中国老百姓"服从长上，尊敬老人。……中国（即使）农夫与婢仆之辈，日常谈话或隔日会面之时，彼此非常客气，其殷勤程度胜过欧洲所有贵族。"

但是，当他的脚一踏上中国的土地，看到清王朝的一切景象时，马戛尔尼内心的蔑视顿时升起，这完全不是他想象中的样子。敦达斯特的告诫，顿时化作了乌有，骄傲在内心升腾。尤其是当他听说，要向皇帝跪拜时，马戛尔尼立刻忘记了他来时敦达斯特的告诫："您要服从中国朝廷的礼仪，既不要损害自己君主的尊严，又不要被礼仪上的小事束缚住手脚。"

接到两广总督奏折，英吉利使者来华陛见消息的皇帝很是重视。

依惯例，海上到达中国的外国贡使一律由广州上岸，皇帝特别批准英吉利人可以破例由天津登陆。

皇帝还连颁数道谕旨，亲自确定了体恤优礼的接待方针，不仅破例允许使团从天津上岸，而且命令沿海各省地方官做好接待工作，向使团提供丰富的食物供应。

乾隆五十八年（1793）六月廿三日，马戛尔尼使团到达天津。

钦差大臣徵瑞亲赴天津接待，随后入京。

由于此时皇帝正在热河行宫（今承德避暑山庄）避暑，使团在北京稍事停留后，主要成员在徵瑞的陪同下赶赴热河，谒见皇帝。

矛盾这时候发生了，那就是英使以何种礼节拜见中国皇帝。按照传统，外国来使当然要遵从中国礼仪，行三跪九叩之礼。马戛尔尼丢掉了内务部长敦达斯特要求他按中国礼节交涉的告诫，坚决拒绝如此行礼。

皇帝已经听闻了消息，既然不愿按照本国礼仪行礼，又何必来？他下令降低接待规格，以为告诫。

在妥协下，英国人于八月十三日乾隆皇帝八十大寿这天到避暑山庄谒见皇帝。拂晓4点左右，英国人与上千名天朝官员、各国贡使、仆役先后进入山庄，觐见了皇帝。

行礼后，双方互相交换礼物。皇帝命人陪英使参观行宫。当英国人看到园内楼里到处堆放的西洋玩具、挂钟和地球仪，感到十分扫兴，因为这些东西让他们的礼品顿时黯然失色。陪同马戛尔尼游览的官员甚至告诉他，比起圆明园内西洋珍宝馆收藏的东西，这些都算不了什么。

清政府认为，进贡、祝寿已毕，英国使团即该打道回府；但是，在将英王国书译出后，马戛尔尼急切地要求谈判，他向清政府提出了六项要求：

允许英商到宁波、舟山和天津贸易；

准许英商像以前俄商一样，在北京设立商馆；

将舟山附近一处海岛让给英国商人居住和收存货物；

在广州附近划出一块地方，任英国人自由来往，不加禁止；

英国商货自澳门运往广州者，享受免税或减税；

确定船只关税条例，照例上税，不额外加征。

以现代规则而言，这些要求或者有侵略性，或者属于改善贸易关系的正常要求；但是，在当时清朝的规定里，这些基本都属于无理要求，何况再经历了行礼的不愉快之后，这些要求就更显得无理而气人了。

大清不需要西洋那些玩意儿，即便需要，也有法兰西等遵守中国规则、礼仪的西洋诸多供应，不懂礼仪的夷人最好的回复就是让他们滚。皇帝毫不犹豫的拒绝了英国人的所有要求。皇帝让马戛尔尼使团于十月七日离京。由于马戛尔尼的自大与固执，中英第一次国家间交往就在没有举行谈判的情况下失败了，英国使团毫无收获的踏上了归程。

从马后炮的角度来说，马戛尔尼访华失败，对中国来说，丧失了一次与近代工业文明接触，认识世界，改变封闭状态的良好机遇。这也确实让人遗憾，正如佩雷菲特先生所说：

如果这两个国家能增加它们间的接触，能互相吸取对方最为成功的经验；如果那个早于别国几个世纪发明了印刷与造纸、指南针与舵、火药与火器的国家，同那个驯服了蒸汽并即将驾驭电力的国家把它们的发现结合起来，那么中国人与欧洲人之间的文化交流必将使双方都取得飞速的进步，那将是一场什么样的文化革命呀！

但是，历史从来都不是如后人所愿。

灰溜溜返回英国的马戛尔尼使团为了推卸出使失败的责任，开始了他们对清朝的无尽诋毁。

英国人的贸易逆差仍然在拉大，罪恶的英国人借助了罪恶的鸦片。

鸦片出产于埃及、中东一带，公元 1 世纪，经希腊传入欧洲大陆。唐代，阿拉伯商人将鸦片传入中国。中文"鸦片"、"阿芙蓉"、"芙蓉"等名称即源于阿拉伯语的"Afyun"。

在中西贸易中，葡萄牙人最先将印度产鸦片作为商品输入中国，但规模不大，在 1767 年以前，每年输入量约 200 箱。但是，英国人改变了这一切。

巨大的贸易逆差甚至导致东印度公司在广州的资金周转屡屡发生困难。为了平衡茶叶贸易造成的巨额逆差，东印度公司决定大量向中国出口鸦片。

为了保证对鸦片输华的管理，东印度公司专门成立鸦片事务局，强迫印度进行鸦片种植，并垄断印度鸦片生产和出口。

据庄国土《茶叶、白银和鸦片：1750—1840 年中西贸易结构》（《中国经济史研究》1995 年 03 期）统计，1779 年，鸦片在广州的售价每箱为 500—600 银元，是最初鸦片价格的三倍。在 18 世纪最后十年中，每年从印度销往中国的鸦片约为 2000 箱；其后输入数量每十年即翻倍增长，到 1838 年，竟然高达到 40000 箱。

1818—1833 年，英人输入中国的鸦片价值 104302948 银元，平均每年 6518934 元，等于东印度公司从中国的全部出口商品总值。也就是说，英国人用鸦片就换走了中国 25 年不断向英国提供的茶叶、瓷器、丝绸等商品。

鸦片不仅盗取了中国无尽的白银，还使得中国地方秩序混乱，官兵体质下降，官场秩序进一步腐败，人民困苦流离失所。

正当中国政府严厉禁行鸦片的时候，英国人于道光二十年（1840）发动了强迫中国政府开放市场为名的第一次鸦片战争，获得胜利后，割取了香港岛，强迫中国开放广州、厦门、福州、宁波、上海等五处为通商口岸，准许英国派驻领事，准许英商人及其家属自由居住等权利。

咸丰四年（1854），英国人借《南京条约》届满十二年，要求修改条约，法国、美国也要求修改他们与清政府签订的条约，为清朝拒绝。于是，英国人、法国人决定发动另一场战争。

两年后，也即咸丰六年十月二十九日，英国海军攻入广州。次年春，英国议会通过扩大侵华战争的提案。3月，英国政府任命前加拿大总督额尔金为全权专使，率军来华；同时，照会法、美、俄等国，提议联合出兵，迫使清政府签订新的不平等条约。10月，英法联军到达香港，美英公使也赶到香港，与英、法合谋，研究侵华策略。12月，英、法组成联军，共5600多人，先是占领广州，继而北上。

咸丰八年4月，英、法、美、俄等国军舰陆续来到大沽。5月20日，英法联军攻占大沽炮台。26日，到达天津城外。清政府急忙于29日派大学士桂良、吏部尚书花纱纳到达天津，与英、法等国代表分别签订《天津条约》。

此时，正是太平天国（1851—1864）期间，英法诸国为了攫取更多利益，不断加码。

咸丰十年（1860）春，英、法以换约为名，将军舰开到中国，7月底集结大沽口外，攻占天津，提出必须全部接受《天津条约》外，另要增开天津为通商口岸，增加赔款，英法各带兵千人进京换约。

外人带兵进京，自然威胁皇帝安全。清政府对此予以拒绝，侵略军接着从天津向北京进犯。

清政府再派怡亲王载垣、兵部尚书穆荫取代桂良，到通州南张家湾议和。谈判再次破裂，清政府将英国派往负责洽谈停火谈判代表巴夏礼等带往北京，此外还有战争中俘虏的士兵数十人，往刑部拘禁，其他英法战俘由巡防大臣"分交各州县看押"。

接着，英法联军攻占张家湾。咸丰皇帝以六弟恭亲王奕訢为钦差大臣，留守北京，主持和议，带领后妃、皇子、亲王、大臣逃往热河行宫。

10月2日，清廷将巴夏礼、洛克等从刑部提出，"于德胜门内高庙暂住，仍以礼相待"。10月5日，又将另外两名法国人"亦由刑部移禁该处"。

10月6日，英法联军侵入北京，直扑圆明园——他们知道皇帝在圆明园。当天下午，法军经海淀，傍晚至圆明园大宫门。晚7时，法军攻占圆明园。7日早晨，英军也来到圆明园。

侵略军头目以胜利者的姿态巡视了圆明园，当看到堆积如山的珍宝后，掠夺者的面目立刻凸显，他们成立"协派英法委员，各三人，合议分派园内之珍物。"法军司令孟托邦当天即函告法外务大臣：

予命法国委员注意，先取在艺术及考古上最有价值之物品。予行将以法国极罕见之物由阁下以奉献皇帝陛下（拿破伦三世），而藏之于法国博物院。

紧接着，军队开始失控——实际上，在侵占张家湾后，英法联军的秩序就已经失控，军官、士兵纷纷投入抢劫。他们不仅劫掠了圆明园，还劫掠了附近的其他皇家园林、私人宅邸。

所有人都满载而归。

10月14日，联军进入北京城。15日，所有英法战俘都被释放。

英法联军从香港出发时，还是春天，所有的军官和士兵都是身着春装北上，北京到了11月天气就已经变冷，天气寒冷对英法军队是非常不利的，所以英法联军在出发的时候就定下了撤军的日期，在11月1号以前，要撤离北京。

由于英法联军提出的条件非常苛刻，奕訢不敢私自接受，他需要请示热河的哥哥，不敢跟英法接触。

10月17日，英国首席代表额尔金以清政府"不讲道义，不顾国际法"，造谣清政府将捕获英法"侨民"十八人虐待致死，照会清政府：

圆明园者，英法侨民所受痛心疾首惨刑而死之地也。（英国）誓必毁为平地。

英国人的焚毁圆明园的主张，遭到了法国人的反对，因为他们自诩是文明人，文明人除了抢劫，似乎是不应该放火的。

英国人没有理会法国人的反对。10月18日，英军第一师第60来复枪团、第15旁遮普团，连同骑兵旅共约3500人，向圆明园进发。

在焚毁圆明园之前，圆明园和附近街镇又遭受了一次新的、更大规模的洗劫。邓恩上尉毫不讳言地说："对圆明园和附近官员府邸的第二次抢劫，比第一次更有收获。"

英国人点燃了罪恶的火把。

圆明园干透的、木石结构的建筑迅速被点燃，并不断燃烧、蔓延，数以千计、万计的房屋、树木、亭台被点燃，火光、烟尘笼罩了天地。英国领事兼翻译郇和等目击者称：

夜色温柔，而圆明园里，屋顶接二连三地坍塌下来，压倒了燃烧中仍然挺立的墙壁，吐出大团大团的浓烟，圆明园立刻呈现出一派混乱和劫后的荒凉，但宫中仍有大量可以抢走的东西，既然抢劫已经得到允许，大批无所事事的士兵把抢掠的范围进一步扩大到每一个隐蔽的角落，碰巧旁遮普团就这样得到了一大笔金子，一个军官据为己有的金子竟然相当于九千磅之巨。

法国方面，对英国人的恶行，有的表示反对，也有的如瓦兰（杜潘上校）则表示赞同，他认为：

毁灭圆明园是一次残酷的行动，但也是一次必不可少的行动，最终缔结和约，就应该归功于这次行动。

这就是自白，英国人焚毁圆明园就是为了胁迫清政府尽快接受他们的讹诈条件，好趁寒冬来临之际迅速南下，与什么子虚乌有的英法俘虏遭遇虐待没有关系。

据粗略统计，圆明园文物被掠夺的数量达150万件以上——道光皇帝曾把京西其他园林主要陈设撤至圆明园，上至中国先秦时期的青铜礼器，下至唐、宋、元、明、清历代的名人书画和各种奇珍异宝。

可以说，中国文化精粹几乎被英法联军一网打尽。

圆明园还在熊熊燃烧之时，奉命留守北京的恭亲王奕䜣全部答应了侵略者的一切条件。不久，即分别与英、法、俄诸国交换了《天津条约》文本，签订了《北京条约》。这样，帝国主义列强霸占了中国的九龙半岛和北部的大片领土，勒索去 1600 万两白银的巨额军费赔款。

法国著名作家维克多·雨果在《就英法联军远征中国给巴特勒上尉的信》中写道：

我们欧洲人是文明人，中国人在我们眼中是野蛮人。这就是文明对野蛮所干的事情。

将受到历史制裁的这两个强盗，一个叫法兰西，另一个叫英吉利。不过，我要抗议，感谢您给了我这样一个抗议的机会。治人者的罪行不是治于人者的过错；政府有时会是强盗，而人民永远也不会是强盗。

法兰西吞下了这次胜利的一半赃物，今天，帝国居然还天真地以为自己就是真正的物主，把圆明园富丽堂皇的破烂拿来展出。我希望有朝一日，解放了的干干净净的法兰西会把这份战利品归还给被掠夺的中国，那才是真正的物主。

现在，我证实，发生了一次偷窃，有两名窃贼。

罪犯不仅坦然地犯了罪，在回到欧洲，遭遇到道义的指责后，开始进一步制造谣言为自己的罪恶解脱，谈判代表和俘虏遭受了非人的折磨就是这样被炮制和扩散开来的：

《泰晤士报》记者鲍尔比第四天死去，尸体在牢房里放置三天，后被扔到野地里，让野狗吃了；安德森中尉，手脚被勒得生出了蛆虫，他看着手上的蛆虫满身蔓廷，精神错乱，大叫三天，死去；一位法国犯人，蛆虫进了他的嘴巴、耳朵、鼻子，也疯了……一个幸存者居然还在狱中数蛆来着，说，一天可繁殖1000只蛆虫！

　　侵略者偷走的东西还在，它们出现在拍卖会的画册中，出现在英法博物馆的展览中，也出现在喜爱圆明园、喜爱中国文化人的心里。

（樊志斌）

保卫圆明园的最后一人——技勇太监任亮

1983 年的夏天，在清华大学的一处施工工地上，出土了这么一块朴素的石碑，碑身高 131.5 厘米，宽 60 厘米，厚 18 厘米，碑文上书：

"皇清圆明园技勇八品首领（讳）亮（字）明亭任公之墓。"

咸丰十年八月二十二日，明亭公在出入贤良门内遇敌人接仗，殉难身故，技勇三学公中之人念其平生正直，当差谨慎，又遇此大节，实堪景慕，因建立碑文记其名氏，以期永垂不朽。云'勇哉明亭，念食厚禄，奋力直前，殉难身故，遇难不恐，必要作忠，寡弗敌众，忠勇可风'。咸丰辛酉四月，河间王云祥撰，并书技勇三学。

墓碑文字并不古奥，简单记述了一位名叫任亮的八品首领太监的生平，大意就是说任亮这个人在咸丰十年八月二十二日这一天，在圆明园出入贤良门内迎战敌军，以身殉职，他的同僚为了纪念这个人为人正直，当差谨慎，忠贞勇武，所以建立碑文记载他的姓名，希望使其永垂不朽。而正是这块纪念墓碑的出现，揭开了一位在史书中从未见过其踪影的太监的壮烈人生，使其英雄事迹得以重现于世，昭示后人。

圆明园始建于康熙年间，它是由圆明园、长春园、绮春园三园组成，后来康熙帝把这个园子赐给了四子胤禛，也就是后来的雍正帝，并赐名叫做圆明园。经过雍正、乾隆、嘉庆、道光、咸丰五位皇帝历时 150 多年的扩建，花费了无数的人力财力物力，最终把它精心营造成一座规模宏伟、景色秀丽的皇家园林，后来清朝的历代皇帝每到盛夏时节就喜欢来到这里避暑、听政及处理军政事务，因此，圆明园也被称为"夏宫"。因为圆明园凝聚了古今中西园林艺术之精华，一直被胜誉为"万园之园"。

因为圆明园在清朝中期以后长期作为皇帝居住、办公的重地，清朝的历代皇帝都会选派精锐部队来护卫圆明园。自从雍正二年起，雍正皇帝就在圆明园设置了"圆明园护军营"。

根据《大清会典》的记载，圆明园护军营护军三千八百人，另有教养兵四百八十人。所谓教养兵，是指那些八期子弟中的孤儿等，朝廷给予一定的饷银，赡养长大，并教以一些技艺，培养成人后以备军队选取补充兵员。而按照《八旗通志》中关于"兵制"的记载，圆明园八旗护军营最初的建制是三千名，乾隆十二年以后，增设了一些，定额为每一旗四百五十九人，八旗一共就是一共三千六百七十二名。另外，养育兵最初设置名额是九十六名，乾隆三年增设为三百八十四名，乾隆三十六年定额为一千名。这样，护军营加上养育兵，一共就是四千六百七十二名。《清兵制考略》中则记载"圆明园六千五百八名"。

在圆明园的周围建造了八所营房，由八旗护军营驻扎，每天由营总四人、护军参领八人、署护军参领十六人、护军一千人负责轮值。这些兵丁就专门负责守卫圆明园，每当皇帝来往于皇宫和圆明园时，沿途皆由圆明园护军营负责保卫。

那么，碑文中的这个"技勇八品首领"又是什么官职呢？圆明园中除了上述的护军守卫之外，院子里当然也少不了太监这一特殊的人群。按照《国朝宫史》中"官制"记载，圆明园、长春园、静寄山庄中一共设置的宦官员数如下：

总管三员，内六品宫殿监一员，七品执守侍二员，每月俱银五两、米五斛、公费银一两；

首领十名，俱七品执守侍，每月银四两、米四斛、公费银一两；

副首领十八名，俱八品侍监，每月银四两、米四斛、公费银七钱三分三厘；

委署首领四十二名，无品级，每月银三两、米三斛、公费银七钱三分三厘；

太监四百六名，内各处当差太监三百三十六名，每月银二两、米一斛半，技勇太监七十名，每月银三两、米四斛、公费银俱六钱六分六厘。

统计下来，整个圆明园里一共有大大小小的太监479名，其中有技勇太监70名，地位是太监中最低的一批，大概只比负责伺候人的普通太监高了一点点。

其实，这个"技勇太监"的设置，也是清朝的一个独创，最早设置于雍正时期，而且只有圆明园里才有，就是选一些年轻精干、身体比较好的太监，教给他们一些简单的武术器械技艺，再由这些技勇太监中挑选出一批御前小太监，他们的职责是负责园子里帝后寝宫附近的巡更侍卫。此后技勇太监的设置一直被延续下来。

进入清朝中后期，八旗军队的战斗力其实已经大大下降，军备废弛，使得皇帝都很不满意。早在雍正九年，皇帝甚至还曾颁下谕旨，命令技勇太监去教习八旗中懦弱无能兵丁的骑射技艺，至少能够说明这些技勇太监的武艺与许多八旗兵丁相比还算过得去。

到了道光、咸丰皇帝时期，大概是觉得京畿重地之内没有什么危险，加上军费耗资巨大，皇帝索性大量裁撤了圆明园的护军数量和编制。而为了保证皇家地盘内的绝对安全，道光皇帝甚至还曾经下圣旨，命令皇宫内苑原设的器械火器等必须全部上交，不准私自留存，只有圆明园技勇三学内可以保留一些长枪腰刀等冷兵器，除此之外皇宫和圆明园内都不许收存军器，所有守卫武器全部更换成木棍。由此，这个规模庞大的皇家园林卸去了武装，而圆明园内这群技勇太监的责任变得更加艰巨起来，开始担任起了圆明园的守卫工作。前文发现石碑上提到的"技勇八品首领"任亮就承担着这样的重担。

任亮，字明亭，直隶河间（今属河北）人，出身于一个穷苦家庭，自幼就净身入宫做了一名太监，后来经过训练成为了一名八品技勇太监。

1856年，英法两国在美俄的支持下，对清朝发动了第二次鸦片战争。咸丰十年（1860）八月，英法联军先是占据了天津，继而进攻通州。当时的咸丰皇帝已经带着后宫妃嫔狼狈逃亡热河，命令恭亲王奕訢留守京城，僧格林沁、瑞麟率军守城。英法联军绕经北京城的东北直扑海淀，在遭遇了不多的抵抗后，英法联军挥军攻陷了海淀，而本应守卫京城、守卫皇宫的"禁兵不战自溃"，让这两支侵略者长驱直入，一路畅通无阻的闯到了圆明园的大门前。

当法军首先来到圆明园，守卫京师的军队已经纷纷溃散，圆明园护军也不战而逃。此时，八品首领太监任亮接到手下报告，说贤良门外有不少人员马匹正在行进，任亮随即带领二十多名技勇太监携刀剑鸟枪，伏在出入贤良门附近，准备伏击入侵者。

圆明园出入贤良门，俗称"二宫门"，位置在大宫门以北，门内就是皇帝临政的正大光明殿了，这已经是圆明园的最后一道防线。

当这支三千多人的侵略军来到出入贤良门前，正在为园内的富丽堂皇惊叹的时候，遭受到了任亮为首的二十多位太监的攻击，而他们用来攻击的武器仅仅是长枪腰刀这些简陋的冷兵器，在法军的火器面前毫无作用。由于寡不敌众，再加上武器实力悬殊，最终包括任亮在内的二十多名技勇太监全部倒在了血泊之中，用生命履行了他们最后的职责，全部壮烈殉国。至此，英法联军已经消灭了圆明园内的唯一抵抗力量，完全占领了圆明园。管园大臣、都统文丰、主事惠丰无力反抗，投身福海自杀而死。此后，英法联军在对圆明园的珍宝进行疯狂掠夺之后，一把大火将其焚毁。

十月，清朝与英法两国的议和已经达成，英法两国以使节曾经被囚禁圆明园并死亡大半作为理由，又一次袭扰海淀，火烧圆明园，冲天大火延绵三日不绝，圆明园、清漪园、静明园、静宜园、畅春园及海淀镇均被烧成一片废墟，这座集数代之力修建的皇家园林，曾经号称为"万园之园"的伟大园林被毁于一旦。

在这场震惊世界的野蛮事件中，圆明园中发生的唯一一次战斗就是任亮为首的技勇太监的拼死抗争，我们在任何史料中都找不出有关这次战斗、这些太监的记录，民间更是毫无传闻与传说，他们都是一群在历史中默默无闻的小人物。如果说他们的英勇行为是抵抗侵略者，充满"国家兴亡，匹夫有责"的高尚情怀，也许是过于拔高了他们的出发点，作为一座园林、一座宫殿的守卫下人来说，他们也许只是朴素的想着"我的职责就是守卫这座园子，有人想闯进来，不管是谁，都要奋力抵抗，把他们打出去"。隔着一道宫门，难道任亮不知道门外至少有数千携带武器的进攻者吗？肯定是知道的。但是这二十多个籍籍无名的小人物仍然义无反顾的冲了上去，明知不可为而为之，明知不敌而拼死血战，试图用自己的血肉之躯去阻挡入侵者。

正是这种无畏的精神，使劫难之后幸存下来的人们对他们的行为充满了崇敬之情，他们给一位太监立下石碑，记录其功绩，期盼能够使之流传后世。石碑上的碑文充满着对任亮的尊敬之情，全文无一处提到太监二字，而且还尊称其为"公"，石碑的中央更是深深地刻画着"万古流芳"四个大字。

（李静）

兽首回归之路

2020 年 12 月 1 日，圆明园流失文物马首铜像终于正式回归圆明园，1860 年至 2020 年，经过 160 年的漂泊，成为第一件回归圆明园的流失海外重要文物。

这件马首铜像，出身于圆明园西洋楼区域的海晏堂前。"海晏"一词取自于"河清海晏，国泰民安"，其命名有着风调雨顺、国泰民安的美好寓意。海晏堂建成于乾隆二十四年（1759），是圆明园三园之一——长春园西洋楼建筑群里最大的一组建筑。整个西洋楼区域位于长春园以北，占地不足圆明园整体面积的 2%，但却是我国首次仿照西洋建筑方式营建的一组建筑与花园，同时又兼具中国传统建筑手法，在有着"万园之园"美誉的圆明园中也是独树一帜，别具特色。

海晏堂由乾隆时期的宫廷画师、意大利人郎世宁和法国人蒋友仁设计监制，不同于中式传统风格。海晏堂主楼整体建筑坐东朝西，上下两层，各有十一间，在大门西部建有巨大的阶梯式喷泉水池，水流分级倾泻而下形成瀑布，最后流进石阶下的大型喷水池中。水池边有十二座生肖像呈八字形，排列于这个喷水池的南北两侧，南侧为子鼠、寅虎、辰龙、午马、申猴、戌狗；北侧为丑牛、卯兔、巳蛇、未羊、酉鸡、亥猪。这十二座生肖像都是兽首人身，头部为铜质，身躯为石质，雕刻极为精细，身披袍服，手持玉笏，正襟危坐。那么这些雕像又是做什么用的呢？

实际上，海晏堂前的这一组巨大的喷泉水池建筑还有一个名字，

圆明园十二生肖兽首之马首

叫做"水力钟"。这些雕像中空，内部连接着喷水管，每隔两个小时，代表该时段的生肖像就会从口中喷水，水柱呈抛物线汇聚到中间的池中，即子时（23 时至次日 1 时），鼠首铜像口中喷射水柱，丑时（1 时至 3 时）牛首铜像口中喷射水柱，以此类推，到了正午十二点，十二生肖像则会同时涌射喷泉，场面很是壮观。人们只需要看到哪个生肖头像在喷水，就能知道当时的时间。这一组喷泉组成了一个巨大别致的水力时钟，全称为"十二生肖报时喷泉"。

这里还有一个小插曲。据说，因为整体西洋楼景观为西式园林建筑，郎世宁最初设计了西方建筑中最常见的裸体女性雕塑，但被乾隆皇帝认为不雅驳回，之后才吸取借鉴了中国传统文化中"十二生肖"造型，塑造了这组中西结合的喷泉建筑。

1860 年，圆明园遭遇浩劫，英法联军洗劫烧毁了这座建筑园林中的瑰宝，圆明园内无数珍宝被劫掠一空，便于携带的战利品几乎全部都被搬走，而那些不方便携带的则被砸碎烧毁。雕塑精美的十二生肖兽首就此被窃，石制身体被毁，而兽首铜像自此流失海外，在此后的上百年时间里杳无音信，成为中国文物流失的一个缩影。

1985 年，一位美国商人在加利福尼亚州一处私人住宅内无意中发现了圆明园马首、虎首和牛首三座铜像，据说当时牛首被放置在浴室内挂浴巾，虎首和马首则被当成了普通的园艺装饰品摆放在花园水池旁。这位商人最终以每尊 1500 美元的低价买下了这三件铜首。之后几年，这三件兽首以及猴首铜像相继出现在纽约和伦敦的拍卖会上，当时最高成交价是马首，拍卖价为 25 万美元。

2000 年 4、5 月，圆明园海晏堂十二兽首中的牛首、猴首和虎首铜像再次现身在佳士得和苏富比中国香港拍卖会上。当时，这两家拍卖公司拍卖流失文物的做法引起了国内社会各界的极大愤慨。最终，致力于抢救保护流散海外中国珍贵文物的保利集团参与竞拍，并以总价超过 3000 万港币的高价拍得三件兽首，其中牛首以 774.5 万港币拍得，猴首以 818.5 万港币拍得，而虎首则以 1544.475 万港币高价拍得。这三件兽首最终入藏了位于北京东四十条新保利大厦的保利艺术博物馆。

2003 年初，中华抢救流失海外文物专项基金在美国寻访到猪首的下落，经过努力争取，美国收藏家同意将猪首转让给基金会。9月，由全国政协常委、港澳知名爱国人士何鸿燊先生出资六百多万港币，将猪首铜像购回并捐献给国家，同样入藏于保利艺术博物馆。这是兽首漫漫回家路上唯一一件没有拍卖公司介入，而是以公益方式回归的兽首铜像。

到了 2007 年 8 月，苏富比拍卖公司再次发布消息，以"八国联军——圆明园遗物"专拍名义拍卖马首铜像。这个消息一传出，再次引起了各界哗然。中华抢救流失海外文物专项基金率先发表声明，"坚决反对公开拍卖马首铜像"，提出应该以公益方式实现马首回归。最终经过协商，仍是由爱国人士何鸿燊在拍卖会举行之前，以 6910 万港币购得马首铜像，并宣布将其捐赠国家。此后多年，马首临时存放在澳门新葡京酒店，并最终在 2019 年 11 月 13 日由捐赠者何鸿燊先生的代表何超琼女士正式捐献给国家文物局。2020 年 12 月 1

日，国家文物局、北京市人民政府在圆明园正觉寺举行了"圆明园马首铜像划拨入藏仪式"，圆明园马首铜像终于结束了一百多年的流离，成为第一件回归圆明园的流失海外重要文物。

圆明园兽首，有文物专家认为其只是皇家园林中的建筑构件，离开了建筑，它本身的价值就大大被降低，单从其文物价值来说还远远称不上国宝级别。但是正因为其流失于鸦片战争之后的侵略劫掠中，反而承载着亿万中国人的一种沉重爱国情怀。所以何鸿燊先生频频出资，甚至拿出将近七千万港币，相当于五千六百万人民币的高价购得马首铜像，避免其再次流失海外，这与最初每尊1500美元的价格相比不啻为天价。但是，这种爱国热情却不断在被海外商家和收藏者所利用，海外遗失兽首不断出现，并且次次叫出高昂的价格。

2009年2月，佳士得公司再次在法国巴黎举办"伊夫·圣罗兰与皮埃尔·贝杰珍藏"专场拍卖，拍卖品中就包括流失海外多年的圆明园鼠首和兔首铜像。在拍卖会正式开始前，这两件拍品的估价就到了800万至1000万欧元，总价已经高达2亿元人民币。

这次拍卖激起了中国民众更大的愤慨，一些爱国人士迅速组成了近百人的律师团队，以欧洲保护中华艺术联合会的名义展开跨国追索行动。他们向法国法院提出申请，希望法院在拍卖开始前下达"禁拍令"，但是这个请求被法院迅速驳回，2月25日的拍卖会仍旧照常进行。

这次兽首拍卖，最终以一种令人意想不到的方式结束。2月26日，佳士得法国拍卖会上，圆明园兔首、鼠首分别以1400万欧元被一位神秘买家拍下。随后，一位中国厦门的商人蔡铭超表示，他就是这两件兽首的幕后买家，但却并不打算付款，最终导致两件兽首

圆明园十二生肖兽首之兔首、鼠首

流拍。蔡铭超的这一拒绝付款行为引起了各方议论纷纷，他本人认为做这件事是放弃了自己的所有信誉，有学者认为这种行为违背了契约精神不值得提倡，也有文物工作者认为这种行为造成的既成事实就是更加炒高了兽首的价格，客观上反而成为利益商人手中的一颗棋子。当然，更多的老百姓们则是纷纷拍手称快，舆论风向两极分化。不论这件事最终结论如何，理性看待以及处理流失文物回归问题，慢慢成为人们的一种共识。

好在，这件事最终还是以一种相对妥善的方式画上句点，这两座兽首后来被法国皮诺家族买下，并于2013年4月26日在北京宣布，将向中国无偿捐赠流失海外的圆明园鼠首和兔首。2013年6月28日，皮诺家族正式将两座兽首铜像捐赠给中国，目前收藏于中国国家博物馆。

到目前为止，算上法国皮诺家族归还的两件兽首，十二件圆明园兽首中已经有七件重新回到了人们的视线中，另有一座龙首雕像，据说目前保存在台湾。令人遗憾的是，蛇首、羊首、鸡首、狗首四座兽首至今仍旧下落不明。

保利艺术博物馆曾邀请有关专家对保存在博物馆的几座兽首进行鉴定，虽然这些铜像色泽深沉、内蕴精光，历经百年而不锈蚀，却也留下了累累伤痕，诉说着曾经流离上百年的曲折经历：在猪首的顶部有一处凹坑；虎首的虎须只剩下一根，内部连接喷水管的榫卯处已经残破；猴首的右侧有一个非常明显的凹坑；虎首和牛首上也可看到不同程度的划痕。对于猪首和猴首上的凹坑，据专家推测，极有可能是当年英法侵略者为了摘取兽首而使用枪托砸伤所致。

在百年战乱中流失海外的中国珍宝远远不止是几座青铜雕像，中国追索海外流失文物的行动也仍旧是困难重重。圆明园兽首回归之路任重而道远，希望有朝一日，十二生肖兽首铜像能够再次重聚，回归到祖国的怀抱。

（李静）